Darja Alexandra Pisetzki

Konzepte des Jüdischen: Ausstellen, Aufklären, Erinnern

Darja Alexandra Pisetzki

Konzepte des Jüdischen: Ausstellen, Aufklären, Erinnern

Jüdische Museen und Vermittlungsprojekte im alemannischen Sprachraum

DE GRUYTER
OLDENBOURG

Dissertation der Universität Basel.
Erstgutachter: Prof. em. Dr. Jacques Picard
Zweitgutachter: Prof. Dr. phil. Erik Petry

Die Open-Access-Version dieser Publikation wird publiziert mit Unterstützung des
Schweizerischen Nationalfonds zur Förderung der wissenschaftlichen Forschung.

**Schweizerischer
Nationalfonds**

ISBN 978-3-11-078202-8
e-ISBN (PDF) 978-3-11-078218-9
e-ISBN (EPUB) 978-3-11-078228-8
DOI https://doi.org/10.1515/9783110782189

Library of Congress Control Number: 2022939174

Bibliografische Information der Deutschen Nationalbibliothek
Die Deutsche Nationalbibliothek verzeichnet diese Publikation in der
Deutschen Nationalbibliografie; detaillierte bibliografische Daten
sind im Internet über http://dnb.dnb.de abrufbar.

© 2022 Darja Alexandra Pisetzki, publiziert von Walter de Gruyter GmbH, Berlin/Boston.
Dieses Buch ist als Open-Access-Publikation verfügbar über www.degruyter.com.
Einbandabbildung: Rückkehr, Jüdisches Museum Basel, Oliver Kern.
Satz: bsix information exchange GmbH, Braunschweig
Druck und Bindung: CPI books GmbH, Leck

www.degruyter.com

Danksagung

Das vorliegende Buch wäre ohne die Unterstützung und den Beistand zahlreicher Personen nicht möglich gewesen. Daher gilt mein Dank an dieser Stelle meinem Doktorvater Prof. em. Dr. Jacques Picard und meinem Zweitgutachter Prof. Dr. phil. Erik Petry. Ein Dank geht auch an alle Interviewpartner, die mir nicht nur notwendige Informationen lieferten, sondern auch einen ganz eigenen Einblick in die Institutionen und Projekte erlaubten. Auch all denen, die sich mit mir auf stundenlange Diskussionen einließen und mir so neue Impulse für meine Arbeit gaben, sei herzlich gedankt.

Meiner Familie, die mir stets eine Stütze und Quelle für Inspirationen war, möchte ich ebenfalls einen großen Dank aussprechen.

Ein besonderer Dank geht nicht zuletzt an das Ernst Ludwig Ehrlich Studienwerk, das mich während meiner Arbeit am vorliegenden Buch sehr unterstützte.

Inhaltsverzeichnis

1 Einführung

„Der jüdische Chor hat viele Stimmen. Einen Juden stört diese scheinbare Disharmonie wenig."[1] – Mit diesen Worten beschrieb Ernst Ludwig Ehrlich die zahlreichen Strömungen, die unterschiedlichen Denk- und Handelsweisen innerhalb des Judentums. Die Ansicht, das Judentum sei eine in sich geschlossene Einheit, ist ein noch immer weit verbreiteter Fehlschluss. Durch eine weltweite Diaspora, die Reformbewegungen in den westlichen Ländern und die Gründung des Staates Israel hat sich die Vielfältigkeit dessen, was unter Judentum verstanden wird, enorm erweitert. Zahlreiche Formen des jüdischen Lebens haben sich herausgebildet.[2] Dabei wird das Judentum längst nicht mehr rein als Religion verstanden. Es ist zugleich Kultur, Nationalität, ein individueller Lebensentwurf und für viele Menschen einfach Teil ihrer Identität und Geschichte. Ob individuell oder in Gemeinschaft wird das Judentum in konstruierten Kategorien des Religiösen und Säkularen, des Nationalen und Kulturellen, des Globalen und Lokalen sowie anhand geschichtlicher Fragen stets immer wieder neu verhandelt und gelebt.[3] Bildungs- und Kulturinstitutionen, die es sich zur Aufgabe gemacht haben, Aspekte des Judentums zu vermitteln und zu präsentieren, stellt eben diese Vielfalt vor große Herausforderungen. Insbesondere Jüdische Museen sehen sich mit einer weiteren Schwierigkeit konfrontiert. Angesichts der weitgehenden Assimilation der europäischen Juden im 19. Jahrhundert und der Tatsache, dass oftmals nur jenen Juden die vollen Bürgerrechte zuerkannt wurden, die sich all der Merkmale entledigten, die sie von der Mehrheitsgesellschaft unterschieden,[4] stellt sich die Frage, was in Jüdischen Museen als *das Jüdische* präsentiert werden kann. Wenn die materielle Kultur kaum Unterschiede zu ihrer Umgebung aufweist, wozu braucht es dann ein Museum, das sich speziell der jüdischen Kultur widmet? Wird die Sachkultur auf Ritualgegenstände begrenzt, reduziert sich die Präsentation des Jüdischen auf die Religion, wodurch das alltägliche Leben und die immaterielle Kultur völlig außer Acht gelassen werden. Eine Exposition, die sich ausschließlich auf Judaika beschränkt, erzeugt oftmals bei den Rezipienten fälschlich den Eindruck, die jüdische Kultur sei eine exotisch fromme.[5] Was kann und sollte demnach in Jüdischen Museen präsentiert und vermittelt werden? Aufgrund eines vielerorts in Europa fehlenden *Gedächtnismilieus* als Folge der Shoah[6] sowie eines begrenzten Austausches zwischen

---

1 Ernst Ludwig Ehrlich: Pluralismus im Judentum, S. 341.
2 Ebd., S. 332–343.
3 Siehe Jacques Picard: Konfliktuelle Vielfalt und sekundäre Pluralisierung, S. 17–26.
4 Ernst Ludwig Ehrlich: Pluralismus im Judentum, S. 333.
5 Sabine Offe: Ausstellungen, Einstellungen, Entstellungen, S. 214 und 226.
6 Die Schweiz ausgenommen.

der jüdischen und nichtjüdischen Bevölkerung kommt Jüdischen Museen vermehrt das alleinige Recht zu, zu interpretieren, was als jüdisch zu betrachten ist.[7] So kann das Jüdische als etwas Exotisches oder als Teil der Nation, der lokalen und heutigen Gesellschaft präsentiert werden. Präsentationen können Aspekte des Jüdischen auf spezifische Merkmale und Dinge reduzieren, die zu verzehren, zu konsumieren, zu hören sind, oder Orte, die zu besuchen sind. Definitionen hängen stets davon ab, wer die Definitionen bestimmt.[8] Gerade an Orten, an denen der Austausch mit der jüdischen Bevölkerung fehlt bzw. die jüdische Gemeinschaft in den Prozess der Gestaltung und Entwicklung des Museums nicht eingebunden wird, finden sich nicht selten stereotype Abbildungen, Fremdzuschreibungen, eine Reduktion des Jüdischen auf religiöse Praxen sowie teilweise Uminterpretation der historischen und gesellschaftlichen Entwicklungen. Traditionell sehen sich Jüdische Museen in der Rolle, Aspekte der jüdischen Kultur und Religion zu vermitteln. Heute jedoch erstreckt sich das Aufgabenspektrum weiter. Von diesen Kulturinstitutionen wird erwartet, dass sie museal in einen öffentlichen Diskurs eintreten, einen Erziehungsauftrag erfüllen und aktuelle Themen ansprechen. In den Vereinigten Staaten von Amerika handelt es sich bei Jüdischen Museen um sogenannte *Identity Museums*. Der Vergleich ist insofern hilfreich, als sich hierin der Unterschied zu Europa deutlich zeigt. In den *Identitätsmuseen* werden allein das jüdische Leben sowie die Werte und Kultur vermittelt. In Europa hingegen gehen Jüdische Museen einen Schritt weiter, indem sie sich ebenfalls großen Themen wie Antisemitismus und Israel widmen. Beide Themen sind jedoch politisch und gesellschaftlich hoch brisant.[9] In diesem Zusammenhang werden insbesondere Fragen nach den Aufgaben, Freiheiten und Grenzen der Jüdischen Museen aufgeworfen und diskutiert.[10]

Neben Museen, insbesondere Jüdischen Museen, sind im europäischen Raum nach 1945 zahlreiche jüdische Kulturprojekte und -institutionen entstanden, die sich ebenfalls der Vermittlung und Darstellung jüdischer Themen verschrieben haben. Dabei zeigen sich zwei Bestrebungen: einerseits Angebote, die

---

7 Katrin Pieper: Die Musealisierung des Holocaust, S. 49.
8 Ruth Ellen Gruber: Virtually Jewish, S. 126.
9 Dies zeigt sich nicht zuletzt am aktuellen Beispiel des Jüdischen Museums Berlin: Ein Re-Tweet des Museumsleiters Peter Schäfer zum BDS-Beschluss des Deutschen Bundestages führte zur massiven Kritik am Jüdischen Museum und schlussendlich zum Rücktritt Schäfers. Siehe dazu Taz-Artikel vom 14.06.2019: https://taz.de/BDS-Tweet-des-Juedischen-Museums-Berlin/!5600322/ (zuletzt abgerufen 09.04.2022).
10 Am Beispiel des Jüdischen Museums Berlin zeigt sich auch, dass die Definition von Freiheiten und Aufgaben eines Jüdischen Museums von politischer und gesellschaftlicher Seite unter Umständen davon abhängt, inwieweit die jüdische Gemeinschaft in die Leitung und Entwicklung des Museums eingebunden ist.

sich vermehrt an die jüdische Bevölkerung richten, andererseits Veranstaltungen, die der gesamten Öffentlichkeit zugänglich sind. Die Vielfalt der Vermittlungsangebote ist beachtlich und wächst stetig, sodass immer mehr Lücken durch weitere Plattformen, Events und Kulturfestivals geschlossen werden. So vielschichtig das Vermittlungsspektrum ist, so breitgefächert ist das angesprochene Publikum – dies zumindest die Hoffnung der Veranstalter. Doch auch für Kultur- und Vermittlungsprojekte ist das Greifen und Präsentieren der Vielschichtigkeit dessen, was heute unter Judentum verstanden wird, oftmals eine Herausforderung, denn auch hier sind räumliche und zeitliche Grenzen gesetzt. Nicht zuletzt können Interessen und Motivationen der Veranstalter dazu führen, dass einseitig Facetten dargestellt bzw. in den Vordergrund gerückt werden, während andere bewusst nicht gezeigt oder vermittelt werden.

Für das breite jüdische Kulturangebot im alemannischen Sprachraum ist derzeit das entsprechende Publikum und Interesse in der Öffentlichkeit vorhanden. So sind Koexistenzen und Kooperationen zwischen den einzelnen Projekten und Organisationen möglich. Doch bringt das große Angebot an jüdischen Events, Festivals, Lesungen u. a. ebenfalls ein gesteigertes Gefühl jüdischer Präsenz mit sich. Dies auch in Regionen, in denen es tatsächlich nur wenige bzw. gar keine Juden mehr gibt.[11] So kann ein verfälschtes Bild von Minoritäten entstehen. Das Gefühl eines vermeintlich erneut lebendigen Judentums kann einerseits in der Gesellschaft vor dem historischen Hintergrund einen beruhigenden Effekt haben, zum anderen kann es jedoch im Gegenteil negativ als eine *Überpräsenz* interpretiert werden. So stellt sich die Frage, ob die real existierende jüdische Kultur bzw. existierendes jüdisches Leben dem vermittelten Bild entspricht. Bei den zahlreichen, auch stetig neu hinzukommenden jüdischen Projekten und Organisationen sollte hinterfragt werden, für wen die Programme konzipiert werden und insbesondere inwieweit auch kommerzielle Interessen im Vordergrund stehen, d. h. inwieweit ein Bild des Jüdischen bespielt wird, das eine breite Öffentlichkeit sehen will.

Die vorliegende Arbeit widmet sich den beschriebenen Problemstellungen. Dabei sind die Darstellungs- sowie Ausstellungkonzepte *des Jüdischen* sowie die dazugehörigen Vermittlungsangebote zu betrachten und zu untersuchen. Räumlich ist die Untersuchung auf den alemannischen Sprachraum begrenzt, d. h. es stehen der schwäbisch-alemannische Sprachraum in Deutschland (der größte Teil Baden-Württembergs und Bayerisch-Schwabens), das Elsass, die deutsch-

---

11 Dies wurde bereits mehrfach insbesondere in Deutschland und Österreich seit den 1980er Jahren beobachtet und beschrieben. Siehe dazu Katrin Pieper: Die Musealisierung des Holocaust und Ruth Ellen Gruber: Virtually Jewish.

sprachige Schweiz, das Fürstentum Liechtenstein und das österreichische Bundesland Vorarlberg im Fokus.[12]

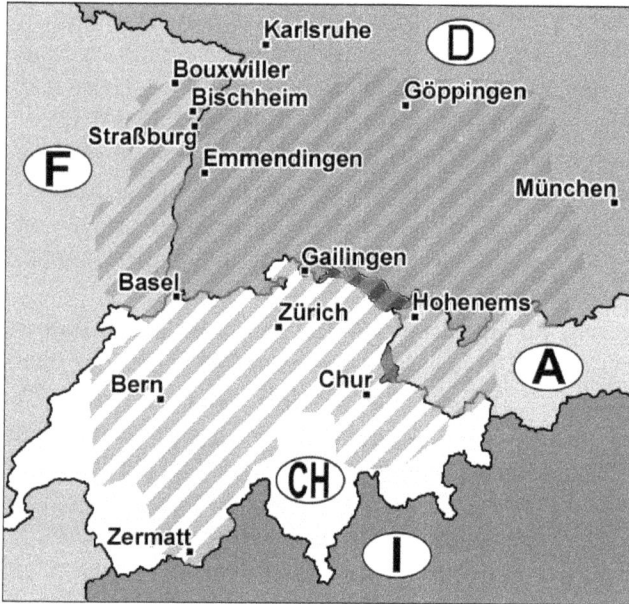

Abb. 1: Karte alemannischer Sprachraum. Grafik: Pawel Pisetzki.

1.1 Fragestellung und Vorgehensweise

Da es im alemannischen Sprachraum zahlreiche kleinere Ausstellungsräume und Ausstellungen zum jüdischen Leben sowie Kultursymbole im öffentlichen Raum der jeweiligen Regionen gibt, werden in der vorliegenden Arbeit nur die Projekte, Ausstellungen und Institutionen untersucht, die als *Jüdische Museen* bezeichnet werden, überregional einen besonderen Bildungsauftrag erfüllen und explizit als *jüdische* Veranstaltungen angeboten werden. Es wird somit keine vollständige Übersicht über alle existierenden Angebote, Ausstellungen, Projekte sowie Museen angestrebt, vielmehr steht die Untersuchung der Ausstellungs- und Vermittlungsangebote zu pointiert Jüdischem im alemannischen

---

12 https://alemannisches-institut.de/website.php?id=deralemannischeraum.htm (zuletzt abgerufen 20.08.2020). Bei dem alemannischen Sprachraum handelt es sich nicht um eine zeitgenössische Topografie. Vielmehr wird für die vorliegende Arbeit der Untersuchungsraum „künstlich" konstruiert.

Sprachraum im Zentrum. Der Fokus auf den alemannischen Sprachraum ist von Vorteil, da er einen Vergleich über Ländergrenzen (Schweiz, Deutschland, Frankreich sowie Österreich) ermöglicht. Im Einzelnen werden folgende Institutionen und Projekte einer genaueren Betrachtung unterzogen: das Jüdische Museum der Schweiz Basel, das Jüdische Museum Hohenems im österreichischen Bundesland Vorarlberg, das Jüdische Museum Gailingen in Süddeutschland, das *Museé Judéo Alsacien de Bouxwiller* im Elsass, *Omanut – Forum für jüdische Kunst und Kultur*, das Vermittlungsprojekt *Doppeltür* sowie der *Jom Ijun*. Weitere kleinere Jüdische Museen sowie jüdische Vermittlungsprojekte und -institutionen im alemannischen Sprachraum werden in einem Überblick kurz vorgestellt.

Auch wenn es sich um einen geografisch eher kleinen Raum handelt, liegt die Vermutung nahe, dass es in den jeweiligen Ländern aufgrund der individuellen Landesgeschichte ganz unterschiedliche Ausstellungs- und Vermittlungskonzepte gibt, unter anderem bedingt durch die Umgangsstrategien mit der Erinnerungskultur des Landes nach 1945. Daher sind Fragen nach der Entstehungsgeschichte sowie der Motivation zur Gründung des jeweiligen Jüdischen Museums bzw. der Kulturinstitution, des Vermittlungsprojekts für die vorliegende Arbeit von zentraler Bedeutung. Angesichts der Komplexität, der sich Jüdische Museen sowie Kulturprojekte und -institutionen jeweils bei der Präsentation und Vermittlung des Jüdischen stellen müssen, sind bei der Untersuchung der dahinterstehenden Konzepte stets folgende Fragen zu beachten: Aus welcher Perspektive geschieht die Präsentation bzw. Vermittlung? Für wen wird diese gemacht? Was ist die eigentliche Intention für die Präsentation bzw. das Vermittlungsprojekt und was wird tatsächlich gezeigt und vermittelt?[13] Welche Inhalte werden womöglich ausgelassen? Wo handelt es sich um Eigendarstellungen und was sind Fremdzuschreibungen? Und inwieweit werden Fremdzuschreibungen und Stereotype von Juden, Jüdinnen und Jüdischen Institutionen vor Ort entkräftet oder, im Gegenteil, bestätigt? Um Jüdische Museen sowie jüdische Kulturinstitutionen und Vermittlungsprojekte auf diese Fragestellungen hin zu untersuchen, sind drei Ansätze verfolgt worden: 1. Eingehende Literaturrecherche, 2. Experteninterviews, 3. Museums- und Ausstellungsanalyse.

Ziel der eingehenden Literaturrecherche war es, zunächst die historischen Hintergründe sowie kulturellen Gegebenheiten bezüglich des jüdischen Lebens in den einzelnen Regionen zu erforschen. Dies gab erste Einblicke darüber, inwieweit regional jüdische Gemeinden, Vereine zur Unterstützung des jüdischen Lebens oder zur Erhaltung des jüdischen Erbes bestehen. Zudem ergaben sich bereits hieraus Aufschlüsse über die jeweilige Entstehungsgeschichte sowie

---

13 Nicht immer stimmt das eigentliche Vorhaben mit der Präsentation bzw. mit den vermittelten Inhalten überein, daher müssen diese Fragen getrennt betrachtet werden.

Existenzgrundlage der Jüdischen Museen und einiger Vermittlungsprojekte. Dies bildete die Grundlage sowohl zur Auswahl einzelner näher zu untersuchender Projekte und Museen als auch zur späteren Erstellung der Fragebögen für die Experteninterviews.

Experteninterviews

Die Literaturrecherche und beobachtende Teilnahme an Projekten bzw. der Rundgang durch die gewählten Museen kann bereits einen breiten Überblick über die historischen Hintergründe zur Entstehungsgeschichte des Hauses und des jeweiligen Projektes bieten. Jedoch lassen sich oftmals nur durch ein *Informationsgespräch* mit Beteiligten die Motivation und Intention zur Gründung sowie die Grundgedanken zum Konzept der Kulturinstitutionen bzw. der Vermittlungsprojekte klären. Daher wurde für die vorliegende Arbeit das *Experteninterview* als ein methodischer Ansatz gewählt. Auch wenn es in letzter Zeit vermehrt Versuche gab, dem *Experteninterview* eine theoretisch-methodische Strukturierung zu geben, gibt es *das „Experteninterview"* nicht und es ist nicht zu erwarten, dass in naher Zukunft in der empirischen Sozialforschung ein einheitliches Konzept vorliegen wird. Das Spektrum, was unter dem Begriff *„Experteninterview"* verstanden wird, ist sehr weit gefasst und reicht von quantitativ orientierten Verfahren bis hin zu einem qualitativ orientierten Ansatz. Neben den Kriterien, die das *Experteninterview* von anderen Formen qualitativer Interviews abgrenzen, ist eine der grundlegenden Fragen, die immer wieder in diesem Zusammenhang diskutiert werden, die nach der Definition des sogenannten *Experten*, d. h. wer als solcher gilt und somit für ein solches Interview qualifiziert ist.[14] Für die hier vorliegende Arbeit wurde ein qualitativer Ansatz gewählt. Insgesamt wurden acht Interviews geführt, wobei hier *Experten* als Personen definiert werden, die eine Schlüsselposition in der untersuchten Institution bzw. im Projekt innehaben und somit über Hintergrundinformationen und das Wissen verfügen, die für den Fortschritt der Arbeit von Belang sind. Somit wurden Interviews mit Museumsleiterinnen und -leitern, dem Projektteam vom *Jom Ijun*, der Präsidentin des *Omanut*, der Chefredakteurin des Radiosenders *Radio Judaïca Strasbourg* sowie mit einem der Hauptinitiatoren des Projekts *Doppeltür* geführt.[15] Für jedes Interview wurde ein individueller Fragebogen erstellt. Um je-

---

14 Siehe dazu Alexander Bogner, Beate Littig, Wolfgang Menz (Hg.): Experteninterview, S. 13–17.
15 Die Interviews wurden zwischen Frühjahr 2018 und Herbst 2019 persönlich geführt. Leider war aufgrund der COVID-19 Pandemie im Frühjahr 2020 ein persönliches Interview mit

doch eine Vergleichbarkeit zu erreichen, wurden einige Fragen in jedem Interview beibehalten, so z. B. die Frage nach dem vermittelten Bild des Jüdischen, nach der Intention des Projekts bzw. der Institution sowie nach dem Zielpublikum. Weitere Fragen wurden nach einem Rundgang durch das Museum resp. nach einer beobachtenden Teilnahme jeweils individuell auf das Interview zugeschnitten. Im Verlauf der ersten *Experteninterviews* erwies es sich als durchaus hilfreich, die Struktur des Interviewverlaufs trotz des Leitfadens relativ offen zu halten, da sich hier aufschlussreiche Aspekte entdecken ließen.

Für die Auswertung wurden die geführten Interviews transkribiert und kodiert.[16] Bei der Interviewauswertung durfte nie vergessen gehen, dass die Experten keine neutralen Informationsgeber sind. Sie sind Repräsentanten des Projekts bzw. der Institution, d. h. sie vertreten im Interview ein eigenes Interesse. Dementsprechend muss zwischen Sach- und Deutungswissen unterschieden werden. Auch ist zu hinterfragen, inwieweit die gegebenen Informationen mit den Erfahrungen aus der beobachtenden Teilnahme und den Präsentationen in den Museen übereinstimmen. Somit gilt es an dieser Stelle zu überprüfen, inwieweit sich die gegebenen Informationen mit der Darstellung decken, welche Aspekte ausgelassen und aus welcher Perspektive die Aussagen getroffen werden.

Das *Experteninterview* ist für die vorliegende Arbeit neben der beobachtenden Teilnahme und der Museums- und Ausstellungsanalyse ein wichtiges Instrument zur Informationsgewinnung. Denn zum einen liegt zu einigen untersuchten Jüdischen Museen und Projekten bisweilen keine Literatur vor, die herangezogen werden könnte, zum anderen bietet das *Experteninterview* exklusive Einsichten in die Abläufe und Strukturen der Institutionen. Zudem lassen sich durch eine reflektierte Auswertung des Interviews Intentionen und Aspekte der Konzepte erkennen, die nicht offen sichtbar oder zugänglich sind.

Museums- und Ausstellungsanalyse

In den Museumswissenschaften gab es insbesondere in den letzten Jahrzehnten zahlreiche Entwicklungen, die sich jedoch nicht auf eine einheitliche Linie zusammenführen lassen. Eine der hier zu beachtenden Entwicklungen ist die „kritische Museumswissenschaft", die die Vielfalt und Komplexität der Museen heu-

---

Raymond Levy, dem Leiter des Museé Judéo Alsacien de Bouxwiller im Elsass, nicht mehr möglich, daher wurde es am Telefon geführt. Aus selbigem Grund war ein persönliches Interview mit Sybille Zaktreger, der Chefredakteurin von Radio Judaïca Strasbourg, nicht möglich, daher wurde es schriftlich durchgeführt.

16 Zum Auswertungsverfahren siehe Alexander Bogner, Beate Littig, Wolfgang Menz: Interviews mit Experten.

te erkennt und die Forderung formuliert, ein entsprechend breites Spektrum an Zugängen und Perspektiven zu schaffen, um Museen in ihren vielschichtigen Dimensionen zu begreifen.[17] Die kritische Museumswissenschaft brachte unter anderem zwei Gedanken hervor, die bezeichnend sind: Zum einen, dass sich die Bedeutungen von Museumsobjekten je nach Ausstellungsort und Zeit verändern, zum anderen, dass Museen mit ihrer Arbeit und den in Präsentationen formulierten Aussagen Sichtweisen auch außerhalb ihrer Mauern prägen können.[18] Mit diesen Blickfeldern befasst sich Jana Scholze in *Medium Ausstellung*. Sie geht grundlegend davon aus, dass Museen als soziale Institutionen auf interdisziplinäre Analysen angewiesen sind. Der Fokus der Analysen richtet sich vordergründig auf die in und von der Institution geschaffenen Diskurse und die öffentliche Präsentation. Dabei wird die Semiotik und speziell die Kultursemiotik zur Analyse der Fragen nach Bedingungen der Vermittlung und Rezeption der Botschaft angewendet.[19]

Exponate als Zeichen

Objekte, die aufgrund von Wertzuschreibungen als Elemente für museale Sammlungen ausgewählt werden, erfüllen stets wesentliche Bedingungen: 1. Es handelt sich bei den Objekten um Originale, sie sind dementsprechend authentisch. 2. Die Objekte sind unter Umständen ästhetisch ansprechend, erregen somit Aufmerksamkeit und wecken Emotionen bei den Betrachtern. 3. Sie haben eine kulturelle und eine individuelle Zuschreibung, was den Objekten einen Wert oder Nicht-Wert verleiht. Ausschlaggebend für die Auswahl des Objekts ist nicht nur die Materialität oder Funktion, sondern auch die Geschichte der möglichen Bedeutung. Bevor ein Objekt in die Museumssammlung gelangt, besitzt es eine Gebrauchsfunktion. Als Museumsobjekt wird das Objekt aus seinem ursprünglichen Kontext herausgenommen und verweist lediglich auf seine Gebrauchsfunktion und seine sozialen, kulturellen und funktionellen Kontexte. Das Objekt wird somit zum Träger von Bedeutungen. Diese Eigenschaft des Verweisens zeugt vom Zeichencharakter der Museumsobjekte. Daher ist eine semiotische Analyse einer Ausstellung naheliegend. Dabei steht bei der Analyse die Frage im Fokus, ob und in welcher Form der Prozess der Sinngebung in einer Ausstellung gesteuert wird bzw. gesteuert werden kann.[20]

---

17 Sharon Macdonald: Museen erforschen, S. 49 f.
18 Ebd., S. 59.
19 Jana Scholze: Kultursemiotik, S. 121.
20 Ebd., S. 16–21.

Codierungs- und Decodierungsprozesse

Ausgehend von der Annahme, dass Ausstellungen Orte sind, an denen Kommunikations- und Signifikationsprozesse stattfinden, formuliert Scholze in ihrer Arbeit die These, dass „grundsätzlich [...] jede Ausstellungskonzeption ein Versuch der Begrenzung und Ordnung von Bedeutungen mittels mehr oder weniger konkreten Codierungen sei; und jede Ausstellungsgestaltung [...] die Konkretisierung dieser Codierungen im Raum"[21]sei. Als Codierung werden Prozesse bezeichnet, in denen Ausstellungskuratoren zunächst ihre Absichten, Erwartungen und Inhalte formulieren, die wiederum von Ausstellungsgestaltern in räumliche Anordnungen übertragen werden. Idealerweise machen Besucher Erfahrungen und sammeln Erkenntnisse in den Ausstellungen, die mit den formulierten und zu vermittelnden Inhalten übereinstimmen. Codes sind nicht statisch, sie können sich je nach Wertesystem ändern. So sind sie abhängig von Ort, Zeit, der Gemeinschaft und auch von den individuellen Erfahrungen. Daher werden Rahmenbedingungen für den Ausstellungszusammenhang festgelegt. Um möglichst viele Besuchergruppen anzusprechen, werden in Ausstellungen gleichzeitig mehrere Inhalte vermittelt, d. h. es existieren unterschiedliche Codes. Zwar bietet die Pluralität von Codes den Vorteil, dass ein breites Publikum angesprochen wird, jedoch ist zugleich die Gefahr gegeben, dass die unterschiedlichen Inhalte und Botschaften für Verwirrung sorgen und miteinander konkurrieren. Daher ist eine Hierarchisierung und Ordnung der Codes mit Hilfe von Objektarrangements, farblichen Betonungen und gezielter Beleuchtung notwendig. Dennoch ist keine Sicherheit gewährleistet, dass die Besucher die Codes in der Weise decodieren (entschlüsseln), wie es von den Ausstellungsmachern intendiert war. Da keine Vorhersagen über Gedankengänge möglich sind, bleibt ein gewisser Raum für Deutungsfreiheit erhalten.[22]

Exkurs: Wirkmächtigkeit von Symbolen und Zeichen

Codierungs- und Decodierungsprozesse finden sich überall dort, wo Kommunikation stattfindet. So ist die menschliche Sprache durchdrungen von unsichtbaren Codes. Besonders deutlich wird dies beim Gebrauch von bildlicher Sprache. In der Verwendung von Metaphern werden Analogien oder Vergleiche hergestellt. Bei diesem Vorgang legt der Sprecher bzw. Sender der Aussage einen

---

21 Jana Scholze: Medium Ausstellung, S. 267.
22 Ebd., S. 12–15 und S. 24.

Code in die Nachricht hinein, die vom Empfänger wiederum decodiert wird.[23]
Ebenso verhält es sich in der visuellen Kommunikation. Besonders in Städten
und von Menschen eingenommenen Räumen sind Zeichen und Symbole[24] omni-
präsent. Wer im öffentlichen Raum eine Botschaft oder Meinung zum Ausdruck
bringen will, tut dies anhand von Zeichen und Symbolen.

In früherer Zeit war das Lesen von Spuren überlebensnotwendig. Vor allem
tierische Spuren verrieten, ob eine unmittelbare Gefahr drohte und aus welcher
Richtung sie stammte. Was anfangs instinktiver Natur war, entwickelte sich zu
einer bewussten Handlung. Die Konzentration auf Spuren führte mit der Zeit
dazu, dass Menschen begannen, absichtlich eigene Spuren und Zeichen zu hinterlassen. Heute verlagert sich das Leben verstärkt in den urbanen Raum und so
wird der Urinstinkt nicht mehr zwingend für das Überleben gebraucht. Zeichen
und Symbole dienen dennoch dazu, dass sich Menschen in ihrer Umgebung zu-
rechtfinden, denn Zeichen werden immer mehr stellvertretend zur Kommunikation genutzt. Das Lesen von Zeichen ist, anders als in früheren Zeiten, nun ein
Vorgang des Assoziierens und Interpretierens. Bedeutungen und Wertungen
entstehen, indem Zeichen aus verschiedenen Perspektiven betrachtet und in das
eigene Erfahrungssystem eingeordnet werden.[25] So wie sich die Gesellschaft von
Generation zu Generation verändert, ändert sich der Bezugsrahmen für die Deutung von Zeichen. Symbole und Zeichen sind in ihrer Bedeutung nicht festgesetzt, sie können sich ändern oder gar ihre Aussagekraft verlieren. Nach dem
Ende des Zweiten Weltkrieges entstand die Metapher des „gepackten Koffers"
als sinnbildliche Beschreibung des Befindens von Tausenden von Juden, die in
Deutschland nach 1945 in den Displaced-Persons-Camps sprichwörtlich auf ihren „gepackten Koffern" auf ihre Ausreise warteten. Viele von ihnen blieben jedoch, obwohl sie Deutschland zuerst nur als eine Zwischenstation auf dem Weg
nach Amerika oder Israel gesehen hatten. Sie gründeten die ersten jüdischen Gemeinden, Jugendzentren und jüdischen Volkshochschulen nach Ende des Zweiten Weltkrieges. Sie trugen so allmählich zur Wiederbelebung des jüdischen Lebens in Deutschland bei. Doch trotz dieser Entwicklungen steuerte die kleine jüdische Gemeinschaft in Deutschland aufgrund von Überalterung und
demografischer Stagnation auf eine endgültige Auflösung zu. Mit der Ankunft
von etwa 200.000 Juden aus der ehemaligen Sowjetunion in den 1990er Jahren

---

23 Piotr Sadowski: From Interaction to Symbol, S. 180 f.
24 Hier wird von der folgenden Definition von Zeichen ausgegangen: Zeichen sind Netzwerke
wechselseitiger Beziehung von Ausdruck und Inhalt. (Siehe dazu Umberto Eco: Semiotik,
S. 76 f.) Ein Symbol hingegen „basiert auf Phänomenen aus dem Sachbereich der physischen
Realität, die Medien für die Kommunikation von Nachrichten aus *anderen* Bereichen dienen".
(Zit. nach Horst Jürgen Helle: Soziologie und Symbol, S. 26.)
25 Markus Hanzer: Krieg der Zeichen, S. 15 f.

wurde das unausweichliche Ende der jüdischen Gemeinschaft zwar abgewendet, jedoch brachten die „russischen Juden", wie sie vereinfacht in der Migrationsforschung beschrieben werden, auch Herausforderungen mit sich. Denn in ihren „gepackten Koffern" brachten sie ihre eigenen Erfahrungen, Ansichten und ihre Kultur mit. Während der 70 Jahre andauernden Sowjetdiktatur erlebten Juden eine systematische und schrittweise Zerstörung ihrer Einrichtungen und Traditionen. Die Säkularisierung unter den „russischen Juden" war daher weit stärker ausgeprägt als unter den Juden in West- und Mitteleuropa. Das Jüdische definierten sie eher als ethnische Zugehörigkeit, Interesse an der jüdischen Geschichte, Philosophie und Antisemitismuserfahrungen. Oftmals vermischen sich Elemente der russischen und jüdischen Kultur in Bezug auf die Auslegung, was Judentum für sie bedeutet.[26] Der Kontext der Metapher des „gepackten Koffers" änderte sich im Laufe der Zeit und kann heute auf eine andere Bezugsgruppe übertragen oder aber in Anbetracht der ursprünglichen Parameter als aufgelöst betrachtet werden. Aussage und Botschaft von Symbolen und Zeichen liegen somit im Vorgang der Interpretation. Metaphern im Sinne von Symbolen sowie Zeichen vermitteln nicht eigenständig eine eindeutige Bedeutung, diese wird ihnen erst durch jene zugeschrieben, die sich auf sie beziehen. Mit anderen Worten definiert der Empfänger bzw. der Betrachter des Symbols oder Zeichens die Bedeutung, wodurch dieses jeweils eine andere Wirkung entfalten kann.[27]

Absichtlich hinterlassene bzw. gesetzte Zeichen dienen dazu, das Verhalten der Empfänger zu beeinflussen, indem eine Botschaft ausgesendet wird. So veranlasst eine auf Rot geschaltete Ampel die Verkehrsteilnehmer anzuhalten. Diese Wirkung kann das Zeichen jedoch nur dann entfalten, wenn es als Teil eines gesellschaftlichen Systems verstanden wird und alle im gleichen Maße betrifft.[28] Der Verkehrsfluss kann daher nur funktionieren, weil dieses Zeichen für die Gesellschaft als relevant kommuniziert und akzeptiert wird. Die Fähigkeit, ein Symbol bzw. Zeichen zu deuten, bedarf eines Lernprozesses, der darin besteht, Assoziationen zwischen kulturrelevanten Zeichen und ihrer Bedeutung zu erlernen. Es muss also zunächst die Verbindung zwischen der roten Ampel und der damit einhergehenden Botschaft anzuhalten hergestellt werden, um die allgemein geltende Bedeutung dieses Zeichens zu kennen und danach zu handeln.

Es sind jedoch nicht nur Zeichen und Symbole im öffentlichen Raum, die einen Einfluss auf das menschliche Verhalten haben. Am Körper getragene Sym-

---

26 Siehe dazu Elke-Vera Kotowski: Kulturelle Identität und die Metapher von den gepackten Koffern.
27 Markus Hanzer: Krieg der Zeichen, S. 56. In diesem Zusammenhang siehe Kapitel 3.3. Abschnitt *Doppeltürhäuser – Zwischen Konvivenz und Segregation*.
28 Markus Hanzer: Krieg der Zeichen, S. 96.

bole und Zeichen senden ebenfalls Botschaften aus. So verweisen permanenter Körperschmuck und Symbole, die am Körper getragen werden, auf ethnische Zugehörigkeit, sozialen Status, geschlechterspezifische Rolle oder Lebensstadien des Trägers. Die äußere Erscheinung ist eine Art symbolischer Sprache, die ursprünglich auf einem sozialen Instinkt basiert, körperliche Zeichen zu lesen und somit relevante Emotionen und Intentionen zu erkennen.[29] Mit dieser Art der Symbole und Zeichen gehen ebenfalls Bestrebungen und Hoffnungen einher, mit anderen Worten stehen diese zugleich für den angestrebten oder erhofften sozialen Status oder das Lebensstadium. Diese Aussagekraft und gleichzeitige Wirkmacht der Symbole und Zeichen wird von zahlreichen Industriezweigen und Branchen genutzt. Eine Marke, sei es beispielsweise in der Bekleidungs- oder Automobilindustrie, wird stets mit einem bestimmten sozialen Status und einem Lebensgefühl assoziiert. Beim Erwerb eines Objekts bzw. Produkts steht so eine Zusage im Mittelpunkt, ein Anstreben bzw. eine Sehnsucht zu befriedigen.

Die Wirkmächtigkeit von Zeichen und Symbolen geht über den reinen Kommunikationscharakter hinaus. Bewusst gesetzt, sind sie Mittel der Manipulation. Dies in dem Sinne als sie das menschliche Verhalten und Denkmuster beeinflussen.

Kommunikationsmodelle in Ausstellungen

Ihren Untersuchungen stellt Jana Scholze die Hypothese voran, dass Ausstellungen grundsätzlich auf drei Arten von Mitteilungen aufbauen, die sie als *Denotation*, *Konnotation* und *Metakommunikation* beschreibt. Diese These bezieht sich auf die Objekt- und Raumarrangements sowie den allgemeinen Ausstellungskontext.

Die *Denotation* bezieht sich auf das einzelne Ausstellungsobjekt und meint den Prozess, bei dem die Besucher die (ursprüngliche) Gebrauchsfunktion oder den Verwendungszusammenhang des Museumsobjekts decodieren. Dabei reicht für das Erkennen bzw. Benennen des Museumsobjekts aus, dass das Objekt noch über seine signifikanten Merkmale verfügt, auch wenn es sonst beschädigt ist.[30] Die *Konnotation* umfasst „das Eingebundensein des Objekts in kulturelle Vorgänge, Norm- und Wertesysteme bis hin zu individuellen Lebensgeschichten"[31]. Somit betreffen Konnotationen die mit den Objekten verbundenen Zu-

---

29 Piotr Sadowski: From Interaction to Symbol, S. 105 und S. 115–119.
30 Jana Scholze: Medium Ausstellung, S 30 f.
31 Zit. nach ebd., S. 32.

schreibungen und Wertungen. Diese werden von Codes der äußeren Objektgestalt wie Formsprache, Spuren etc. und Beziehungen zu anderen Objekten, Orten und Zeiten abgeleitet. Sind die Museumsobjekte beispielsweise mit historischen Ereignissen verbunden, sind aufgrund verschiedener Interpretationskontexte auch unterschiedliche Deutungen möglich. Durch Akzentuierung in der Präsentation können bestimmte Inhalte hervorgehoben und somit bestimmte Deutungen beeinflusst werden.[32] Die Gestaltung der Präsentation gibt wiederum Auskunft über die Intention, Philosophie und Ethik der Ausstellungsmacher bzw. der Institution. Diese Vorgänge zählt Jana Scholze in ihrer Untersuchung zur *Metakommunikation*. Als *Metakommunikation* einer Ausstellung werden alle Kommunikationsphänomene gesehen, die sich weder auf die Ausstellungsthematik noch direkt auf die Objektgeschichte beziehen. Vielmehr betrifft die *Metakommunikation* die akademischen, museologischen, politischen und individuellen Standpunkte, die der Präsentation zugrunde liegen.[33]

Ausstellungstypologie

Präsentationsformen sind stets beeinflusst von historischen Hintergründen, wissenschaftlichen Erkenntnissen, Ideologien u. v. m. Deshalb beschränkt Jana Scholze ihre Untersuchung auf den europäischen Kulturkreis. In diesem geografischen Raum unterscheidet sie zwischen vier grundlegenden Präsentationsformen: *Klassifikation*, *Chronologie*, *Inszenierung* und *Komposition*.

Die *Klassifikation* ist ein nach Systematik strebendes Ordnungsprinzip, bei dem die Präsentation auf formale und funktionale Eigenschaften reduziert wird. Sowohl die Sammlung als auch die Ausstellung sind objektbezogen. Bei der Ausstellung der Objekte lassen sich eine Einteilung in typologische Objektklassen und die Präsentation der „Objektreihen" erkennen. *Klassifizierende* Ausstellungen präsentieren die Exponate als Repräsentanten des jeweils verwendeten wissenschaftlichen Klassifizierungssystems. So werden die Objekte exemplarisch für ihre Objektgruppe gezeigt, jedoch sind sie auch austauschbar. Den Exponaten fehlen zudem oft soziale, regionale und kulturelle Kontexte.[34]

Als *Chronologien* bezeichnet Jana Scholze „tempusgerichtete Präsentationen", in denen wissenschaftliche, historische Themen in chronologischer Abfolge vorgestellt und verhandelt werden. Die zeitbezogene Gliederung der konzeptuellen Präsentation des Themas wird in räumliche Ordnungen übertragen. Da-

---

32 Ebd., S. 32 f.
33 Ebd., S. 35 f.
34 Ebd., S. 41, S. 82 f. und S. 87.

bei weist der Ausstellungsaufbau eine lineare Strukturierung auf, eine verfolgte Storyline. Damit die Besucher die visualisierte „Erzählung" auch als solche wahrnehmen, werden an konkret festgelegten Orten der Präsentation Museumsobjekte eingefügt, welche die themen-, zeit- und raumbezogenen Codierungen festlegen. Den Exponaten wird so ein Begründungscharakter auferlegt, der die Wahrhaftigkeit der präsentierten Erzählung, aber auch die Legitimation der intendierten Interpretation belegen soll. Hierbei besteht laut Jana Scholze die Gefahr, dass die Ausstellungsobjekte rein auf ihre Illustrationsfunktion reduziert werden. Zugleich werden die Exponate dem begleitenden Text untergeordnet, da nicht auf die Kommunikationsfähigkeit der Objekte allein vertraut werden kann. Texte hingegen vermitteln die beabsichtigten Inhalte eindeutig und lassen kaum Spielraum für anderweitige Interpretationen. Wenn Ausstellungstexte jedoch den größten rhetorischen Anteil der Ausstellungskommunikation ausmachen, besteht die Möglichkeit, dass Besucher die Texte nur partiell lesen und somit die zu vermittelnden Inhalte nicht vollständig aufnehmen.[35]

Der Fachausdruck *Inszenierung* leitet sich etymologisch vom französischen „mise en scéne" ab, was übersetzt „In-Szene-Setzen" bedeutet. Jana Scholze definiert den Terminus als eine szenische Konstruktion, die sich in räumlicher Gestaltung auf historische oder aktuelle Orte sowie Kontexte bezieht, jedoch nicht den Anspruch stellt, eine reale Rekonstruktion seiner Vorbilder zu sein.[36] Im Gegensatz zu den Präsentationsformen *Klassifikation* und *Chronologie* wird bei der *Inszenierung* weniger an den Wänden der Ausstellungsräume gearbeitet. Es wird vielmehr in den Raum hinein gebaut. So sollen Situationen und Orte durch das Erleben und Erfahren der szenisch gestalteten Ausstellung kommuniziert werden. Die Auseinandersetzung mit dem Gezeigten wird durch die sinnliche Wahrnehmung der Besucher angeregt.[37] Im Vergleich zur *Chronologie* werden Inhalte bei dieser Präsentationsform möglichst frei von Texten vermittelt. Nur wenn es sich um komplexe, eindeutige oder abstrakte Sachverhalte handelt, werden zusätzliche Informationsmedien herangezogen.[38]

Eine gänzlich andere Präsentationsform ist die *Komposition*. Im Zusammenhang mit Ausstellungen definiert Jana Scholze die *Komposition* als ein bewusst gestaltetes „In-Beziehung-Setzen von Ausstellungsobjekten und Ausstellungsraum als räumlicher, sinnlich wahrnehmbarer Ausdruck einer theoretischen Auseinandersetzung"[39]. Ähnlich wie bei der *Inszenierung* steht hier der sinnliche

---

35 Ebd. S. 122 f., S. 130 und S. 140.
36 Ebd., S. 148–150.
37 Ebd., S. 192 f.
38 Ebd., S. 202.
39 Ebd., S. 264.

Eindruck des ästhetisch gestalteten Raums im Vordergrund. Dabei werden auch bei dieser Form der Präsentation Inhalte weniger anhand von Texten vermittelt.[40]

1.2 Museen und Projekte als Kommunikationsphänomene

Durch das Anlegen von Sammlungen und die damit einhergehenden Entscheidungen, welche kulturellen Objekte in eine Sammlung aufgenommen werden, kreiert das Museum nicht nur ein bestimmtes Bild, das es mit Ausstellungen nach außen trägt, es entscheidet auch darüber, welche Gruppen es anerkennt und welche es übergeht.[41] Somit erfassen Museen kulturelles Erbe, materialisierte Erinnerungen. Folglich werden in Ausstellungen, durch das Anordnen von Sammlungsobjekten und damit das Formulieren von Inhalten, zugleich Identitäten in Szene gesetzt und geformt.[42] Vor dem Hintergrund einer weltweiten Diaspora und eines heute eher fließenden Begriffs der Identität stellt sich die Frage, ob und inwieweit das Museum multikulturelle und sich stetig verändernde Identitäten präsentieren kann, d. h. ob der Darstellung in einem statischen Medium Grenzen gesetzt sind.[43] Um zu verstehen, welches Bild des Jüdischen Jüdische Museen im alemannischen Sprachraum darstellen und folglich in der Gesellschaft prägen, ist es notwendig, die Präsentationen in ihrem gesamten Spektrum zu begreifen. Für die nähere Betrachtung von Jüdischen Museen und insbesondere ihrer Dauerausstellungen ist aufgrund der vielschichtigen Vermittlungsebenen ein methodisches Vorgehen sinnvoll, um sich nicht nur von persönlichen Erfahrungen leiten zu lassen. Die von Jana Scholze in *Medium Ausstellung* vorgestellte Vorgehensweise bietet sich in diesem Zusammenhang an. Sie bietet auf gleich mehreren Ebenen des Ausstellungswesens ein theoretisches Werkzeug, mit dem sich Bedeutungen von Exponaten bis hin zu intendierten Aussagen der Ausstellungsmacher bzw. des Museums insgesamt erfassen lassen. Ausgehend von der These, dass Museen und Ausstellungen Kommunikationsphänomene sind und Positionen auch außerhalb ihrer Mauern beeinflussen können, sind Ausstellungsanalysen der zu betrachtenden Jüdischen Museen in der folgenden Untersuchung unabdingbar. Dementsprechend werden im ersten Teil der vorliegenden Studie die Jüdischen Museen im alemannischen Sprachraum untersucht. Zunächst erfolgt ein allgemeiner Überblick über die Jüdischen Muse-

---

40 Ebd., S. 266.
41 Sharon Macdonald: Museen erforschen, S. 53.
42 Ebd., S. 59.
43 Sharon Macdonald: Memorylands, S. 167.

en in diesem geografischen Rahmen. Dabei stehen die Entstehungsgeschichte, die Dauerausstellung sowie das Konzept des jeweiligen Hauses im Fokus. Im Anschluss werden die Jüdischen Museen Gailingen, Hohenems, das Jüdische Museum der Schweiz und das *Museé Judéo Alsacien de Bouxwiller* genauer besprochen und analysiert. Da die Erinnerungskultur nach 1945 für die Entstehung der Jüdischen Museen in Deutschland und Österreich von entscheidender Bedeutung war, wird im einleitenden Teil der Arbeit ein thematischer Exkurs zu den Gedächtniskulturen nach dem Zweiten Weltkrieg eingefügt.

Ebenso wie Museen erfüllen Kulturorganisationen und Vermittlungsprojekte einen Bildungsauftrag und formen Bilder von Kulturen und Religionen, die die Gesellschaft prägen. Denn auch sie sind öffentlich zugänglich, spiegeln ein Bild des Jüdischen wider, haben das Ziel aufzuklären, erzählen oftmals die Geschichte oder auch Geschichten, präsentieren Aspekte des Judentums als Kultur, Religion, Identität usw. Doch im Gegensatz zu Museen und Ausstellungen sind Projekte in ihren Strukturen meist weniger statisch angelegt, sodass sie die Möglichkeit haben, auf aktuelle wissenschaftliche, gesellschaftliche und politische Entwicklungen und Erkenntnisse flexibler, womöglich zeitnah, reagieren zu können. Daher sind auch jüdische Vermittlungsprojekte und Kulturorganisationen als Kommunikationsphänomene für diese Studie von Belang. Diese werden im zweiten Teil der vorliegenden Arbeit vorgestellt und näher untersucht. Dabei werden zunächst exemplarisch vier Projekte und Institutionen im alemannischen Sprachraum kurz betrachtet, in einem zweiten Schritt wird der Fokus auf die Schweiz gelegt. Hier werden folgende drei Projekte eingehend untersucht: das sich im Aufbau befindende Vermittlungsprojekt *Doppeltür, Omanut – Forum für jüdische Kunst und Kultur* und der *Jom Ijun*.

Im dritten Teil werden die Präsentations- und Vermittlungskonzepte des Jüdischen im alemannischen Sprachraum noch einmal vor dem Hintergrund der eingangs skizzierten Fragestellungen zusammengeführt und in ihrer Gesamtheit betrachtet. Hierbei soll ebenfalls auf noch bestehende Forschungslücken eingegangen werden.

1.3 Wissenschaftliche Verortung

Wissenschaftliche, insbesondere vergleichende, Studien zu Jüdischen Museen im europäischen Raum gibt es bereits relativ viele. Einen wichtigen Grundstein im deutschsprachigen Raum hat Sabine Offe mit ihrer Untersuchung *Ausstellungen, Einstellungen, Entstellungen* gelegt, in der sie die Entstehungsgeschichten, Existenzgrundlagen und Präsentationskonzepte in Jüdischen Museen in Deutschland und Österreich nach 1945 aufzeigt. An dieser Stelle seien auch die vielfachen Studien von Sharon Macdonald erwähnt, in denen sie den Musealisierungsprozess, die Präsentation und Konstruktion von Erinnerungen sowie Identitäten in Jüdischen Museen in Europa untersucht.[44] Die bisherigen Untersuchungen konzentrieren sich auf die größeren Jüdischen Museen im europäischen Raum. Den kleineren Häusern, wie sie sich im alemannischen Sprachraum finden lassen, wurde aus wissenschaftlicher Sicht jedoch bisher kaum Beachtung geschenkt. Das Jüdische Museum der Schweiz in Basel, das Jüdische Museum Gailingen sowie das *Museé Judéo Alsacien de Bouxwiller* wurden aus kulturwissenschaftlicher Perspektive noch nicht untersucht. Zahlreiche Literatur findet sich ebenfalls direkt oder auch indirekt zu jüdischen Kultur- und Vermittlungsprojekten.[45] Dabei werden die Projekte oftmals nur vorgestellt, weniger auf ihr Konzept und Vermittlungsziel hin analysiert oder gar in ihrer Präsentationsform verglichen. Somit schließt die vorliegende Studie eine Lücke, indem sie Fragen nach der Pluralität des Jüdischen in der Selbst- und Fremdwahrnehmung in den Vordergrund rückt, dazu die dynamischen Projektangebote einbezieht sowie eine Länder übergreifende Perspektive berücksichtigt. Die Studie erweitert daher die bestehende wissenschaftliche Literatur zu diesem Themenbereich.

Exkurs: Erinnerungskulturen im alemannischen Sprachraum nach 1945

Jedes Jüdische Museum, das heute im alemannischen Sprachraum existiert, ist nach dem Ende des Zweiten Weltkriegs gegründet worden. Das Jüdische Museum der Schweiz in Basel war 1966 das erste Jüdische Museum im deutschsprachigen Raum, das seine Türen nach dem Ende des Zweiten Weltkrieges für Besucher öffnete. Erst einige Jahrzehnte später folgten weitere Museen im Elsass, in Vorarlberg und Süddeutschland. Insbesondere in Deutschland und Österreich waren die Gründungen der Jüdischen Museen mit einer intensiven Auseinandersetzung mit der jüngsten Geschichte und den Geschehnissen in der NS-Zeit verbunden. Diese Aufarbeitung spiegelt sich nicht nur in den Entstehungsgeschichten der Institutionen, sondern teilweise auch noch heute in den Konzepten und Präsentationen der Dauerausstellungen wider. Um den teils ambivalenten Charakter der Museen als Bildungsinstitution und zugleich Mahnmal greifbar zu machen, soll nun ein Exkurs zum Umgang mit der sogenannten *Erinnerungskultur* nach 1945 im jeweiligen Land erfolgen.

---

44 Siehe dazu Sharon Macdonald: Memorylands.
45 Siehe dazu u. a. Hans Erler (Hg.): Erinnern und Verstehen, S. 233–284 und Ruth Ellen Gruber: Virtually Jewish.

Deutsche Erinnerungskultur – „kollektives Gedächtnis ohne persönliche Erinnerung"

Die Entwicklungen der Erinnerungskultur in Westdeutschland sowie der Umgang mit der nationalsozialistischen Geschichte des Landes wird von sozialwissenschaftlich-historischen Studien in unterschiedliche Zeit- und Generationsphasen unterteilt.[46] Die erste Phase der Erinnerungskultur begann direkt nach dem Ende des Zweiten Weltkrieges und umfasst die 1950er Jahre. Auch wenn es vereinzelte Versuche der Auseinandersetzung mit dem nationalsozialistischen Regime gab, wird dieser Zeitabschnitt oftmals als die Zeit des „kollektiven Beschweigens"[47] bezeichnet. Über die jüngste Geschichte wurde im privaten und gesellschaftlichen Raum geschwiegen. Während auf politischer Ebene öffentlich Bekenntnisse gemacht wurden, verdrängte der Großteil der Bevölkerung jegliche Mitverantwortung an den Geschehnissen. In ihren Untersuchungen bezeichnet Aleida Assmann diesen Umstand als „offizielles Gedächtnis ohne biografische Erinnerung"[48]. In der gleichen Zeitspanne entstanden neue jüdische Gemeinden, oftmals gegründet von osteuropäischen Juden, die die Vernichtungs- und Konzentrationslager überlebt hatten und aufgrund von Verschleppung, Todesmärschen oder Flucht nach Deutschland gelangt waren und nach der Auflösung der Displaced-Persons-Camps geblieben sind.[49] Als Dachverband der jüdischen Gemeinden wurde 1950 der Zentralrat der Juden in Deutschland gegründet. Im Rahmen der Formulierung der Wiedergutmachungsgesetze für NS-Opfer

---

46 Der im Titel verwendete Begriff „kollektives Gedächtnis" bezieht sich an dieser Stelle auf den von Maurice Halbwachs geprägten Begriff, der ein gemeinsames gesellschaftliches *Gedächtnis* im Sinne von Riten, Symbolen und Geschichten als Bezugsrahmen versteht. (Siehe dazu Aleida Assmann: Das neue Unbehagen an der Erinnerungskultur, S. 16 f.) An dieser Stelle sei darauf hingewiesen, dass die Theorie hinter den sogenannten Erinnerungskulturen, die auf dem Verständnis eines „kollektiven Gedächtnisses" nach Maurice Halbwachs basiert, nicht unumstritten ist. Es gibt vermehrt Stimmen, die sich gegen die Vorstellung eines „kollektiven Gedächtnisses" stellen und Gegenentwürfe zu der von Jan und Aleida Assmann aufgestellten Theorie skizzieren. (Siehe dazu Erik Petry: Gedächtnis und Erinnerung.)
In Ostdeutschland kam es kaum zu einer kritischen Aufarbeitung der nationalsozialistischen Geschichte Deutschlands. In der sozialistischen Gesellschaftsordnung wurde der Nationalsozialismus als Faschismus gewertet, der seinerseits auf dem Kapitalismus beruhe. Demnach habe die neue gesellschaftliche Ordnung die Voraussetzungen für den Nationalsozialismus beseitigt, weshalb die Inhalte und Folgen der NS-Zeit nicht mehr zur Eigengeschichte Ostdeutschlands gehörten. (Siehe dazu M. Rainer Lepsius: Das Erbe des Nationalsozialismus und die politische Kultur der Nachfolgestaaten des „Großdeutschen Reiches", S. 247–264.)
47 Aleida Assmann: Persönliche Erinnerung und kollektives Gedächtnis in Deutschland nach 1945, S. 135.
48 Zit. nach ebd.
49 Vgl. Sabine Offe: Ausstellungen, Einstellungen, Entstellungen, S. 98.

und Wirtschaftshilfe für Israel entfalteten sich in den 1950er Jahren die ersten offiziellen Beziehungen zwischen dem Zentralrat und Vertretern der deutschen Regierung.[50]

Die zweite Phase der Erinnerungskultur begann in den 1960er Jahren und umfasste die Zeitspanne bis Anfang der 1980er Jahre. Während die erste Phase von Schweigen geprägt war, gab es in nun einen radikalen Umbruch. Die nationalsozialistische Vergangenheit wurde zum Gegenstand eingehender Fragen und systematischer Untersuchung durch Historiker.[51] Die Entwicklung stand im Zusammenhang mit einschneidenden Ereignissen, die das öffentliche Bewusstsein veränderten, – darunter der Eichmannprozess 1960/61 in Jerusalem, die kontinuierliche Berichterstattung über die Auschwitzprozesse und andere NS-Verbrecherprozesse in den folgenden Jahren, studentische Proteste gegen die Nichtanerkennung des Staates Israel durch die Bundesrepublik Deutschland aus Rücksicht auf die arabischen Staaten und der Kniefall Willy Brandts vor dem Mahnmal am Warschauer Ghetto am 7. Dezember 1970.[52] Politische und gesellschaftliche Ereignisse dieser Zeit ermöglichten eine Verankerung der Erinnerungen an Orte und ließen konkrete Zuschreibungen und Verknüpfungen zu realen Personen zu. Eine weitere Verdrängung war daher kaum mehr möglich und so begann die Zeit der Aufarbeitung.

Die dritte Phase begann in den 1980er Jahren. Durch die schwindende Zahl der Zeitzeugen wurde die bereits in den 1970er Jahren begonnene *Medialisierung* der Erinnerungen nun weiter vorangetrieben. Institutionen, die sich mit der Sicherung von Material befassen wie Museen und Gedenkstätten, aber auch Denkmäler und Massenmedien traten verstärkt in den Vordergrund. Auf der Ebene der Politik stand die Bewahrung und Vermittlung der Geschichte im Fokus. Die Einführung des 27. Januars, des Tages der Befreiung des Konzentrationslagers in Auschwitz, als nationaler Gedenktag, der Beschluss des Bundestags zur Errichtung eines zentralen Holocaust-Denkmals und die Erhebung der Gedenkstätten zur politischen Verantwortung waren für diese Zeitspanne ausschlaggebend.[53] Zugleich steigt in der deutschen Gesellschaft das Interesse an der Geschichte sowohl der jüdischen Geschichte in Deutschland als auch an der Wahrheit über die nationalsozialistischen Verbrechen. Die Folge ist eine „Renaissance" jüdischer Themen in der Öffentlichkeit, angeregt durch die Vorbereitungen zu Gedenkfeiern zum 50. Jahrestag der Novemberpogrome 1988. Initiiert und getragen

---

50 Katrin Pieper: Die Musealisierung des Holocaust, S. 33.
51 Aleida Assmann: Persönliche Erinnerung und kollektives Gedächtnis in Deutschland nach 1945, S. 135 f.
52 Y. Michal Bodemann: In den Wogen der Erinnerung, S. 66 f.
53 Aleida Assmann: Persönliche Erinnerung und kollektives Gedächtnis in Deutschland nach 1945, S. 135 f.

von regionalen, überwiegend nichtjüdischen Bürgerinitiativen begann eine Suche nach Spuren jüdischer Kultur und Geschichte in Deutschland. Die Wiederentdeckungen ehemaliger Synagogen, Schulen und ehemaliger Wohnhäuser bekannter Juden beeinflussten maßgeblich die Entstehung neuer Jüdischer Museen und Ausstellungsprojekte über jüdische Geschichte in Deutschland.[54]

Durch den Zusammenbruch der Sowjetunion und die damit einhergehende Wiedervereinigung Deutschlands rückte die Erinnerung an die NS-Vergangenheit zunächst in den Hintergrund. Seit den 1990er Jahren kehrte sie wieder in das Bewusstsein der Gesellschaft zurück. Jedoch zeigt sich innerhalb der Gesellschaft vermehrt eine unterschwellig negative Haltung, wenn nicht gar ein Überdruss gegenüber der Erinnerungskultur.[55] Aber auch aus wissenschaftlichen Kreisen gibt es einige kritische Stimmen gegenüber der deutschen Erinnerungskultur, die auf eine Umstrukturierung und ein Umdenken pochen.[56]

Österreichisches Geschichtsgedächtnis nach 1945 – Österreich als Opfer einer äußeren Aggression

Unmittelbar nach dem Ende des Zweiten Weltkrieges begann in Österreich die Entnazifizierung. Die Basis für diesen Prozess bildeten zwei verabschiedete Gesetze: zum einen das Kriegsverbrechergesetz von 1945, zum anderen das Gesetz über das Verbot der NSDAP, welches sowohl das Verbot der Partei, der ihr angeschlossenen Organisationen als auch den Umgang mit ehemaligen Nationalsozialisten in Österreich regelte. Auch wenn einige Details noch zur späteren Regelung offenblieben, wurden der Entzug der politischen Rechte und die Verpflichtung zu Arbeitseinsätzen zur Beseitigung von Kriegsschäden sofort wirksam. Dies hatte im September 1946 Auswirkungen auf rund 537.000 Personen, welche in Österreich als ehemalige Mitglieder der NSDAP registriert waren[57]. Nachdem die österreichische Regierung die alleinige Kompetenz über Entnazifizierungsfragen im Februar 1946 übernommen hatte, setzte sie sich für eine Änderung der Gesetzgebung ein, sodass Differenzierungskriterien je nach Position innerhalb der Parteiordnung zur Heraushebung besonders belasteter Personen eingeführt wurden. Das Verbotsgesetz wurde 1947 eingeführt und führte schließlich im April/Mai 1948 auf Grundlage eines Vorschlages der sowjetischen Vertreter zu

---

54 Katrin Pieper: Die Musealisierung des Holocaust, S. 35 f.
55 Siehe dazu Aleida Assmann: Das neue Unbehagen an der Erinnerungskultur.
56 Siehe dazu Harald Welzer, Dana Giesecke: Das Menschenmögliche.
57 Zu den Registrierten zählten insbesondere diejenigen, die bereits vor 1938 Mitglieder der NSDAP waren, d. h. als die Partei noch verboten war und sich die Personen somit des Hochverrats an Österreich schuldigmachten.

einer generellen Amnestie der sogenannten „Minderbelasteten". Damit waren
90 % der registrierten Nationalsozialisten, also rund 487.000 Personen, von der
Amnestie betroffen. Für diese Personengruppe war hiermit der Entnazifizie-
rungsprozess abgeschlossen.[58] Obwohl die Ausführung des Verbotsgesetzes der
österreichischen Regierung oblag, wurde es von Beginn an als von den Alliierten
aufgezwungenes und ungerechtes Gesetz empfunden. Insgesamt zeichnete sich
in Österreich nach dem Ende des Krieges eine vollkommene Schuldabwehr und
Tendenz zum Opfernarrativ ab. Statt einer Reflexion über das Geschehene oder
Betroffenheit standen Leugnung und Rechtfertigung im Vordergrund. In der
Moskauer Deklaration von November 1943 wird Österreich von den Alliierten als
das erste Opfer der Aggressionstaktik der Nationalsozialisten bezeichnet, was
nach dem Ende des Krieges eine fruchtbare Grundlage dafür bot, den Nationalsozialismus in Österreich ausschließlich aus dem Blickwinkel einer Fremdherr-
schaft zu thematisieren.[59] In den 1940er bis Ende der 1960er Jahre fanden nur
wenige öffentliche Gedenkveranstaltungen statt, jedoch widmete sich die Presse
immer wieder ausführlich in Erinnerungsbeiträgen der jüngsten Geschichte. Dabei verfestigte sich das Bild Österreichs als Opfer einer äußeren Aggression. Es
finden sich zahlreiche Erklärungsversuche, wie es zur historischen Entwicklung
kam, wobei oftmals Fakten umgedeutet oder gar umgeschrieben wurden, jedoch
fehlten Angaben darüber, was passiert ist. Erst Ende der 1970er Jahre rückte
eine jüngere Generation ins Zentrum der Gesellschaft, eine Generation, die nicht
direkt an den historischen Ereignissen beteiligt war und Interesse an der Geschichte zeigte. Ähnlich wie in Westdeutschland begann auch in Österreich allmählich eine Aufarbeitung der Geschichte, die Wiederentdeckung jüdischer
Orte und jüdischer Geschichte. Die Abspaltung der Gesellschaft von der eigenen
Geschichte und der Mitverantwortung an den Geschehnissen führte jedoch zu
fehlenden Grundsteinen einer Erinnerungskultur. So rückte zwar eine neue Generation nach, die weder aktiv noch passiv unmittelbar Zeuge war, dennoch
blieben die wesentlichen Muster innerhalb der Gesellschaft bestehen. Die neue
politische Ordnung sah es nicht vor, eine politische Wertehaltung zu institutio-
nalisieren, die sich klar von der NS-Vergangenheit distanzierte. Im Versuch der
Etablierung des „Opfernarrativs" zeigt sich die indirekte Gleichstellung der österreichischen Bevölkerung mit den tatsächlichen Opfern des Nazi-Regimes und
damit eine Bagatellisierung des Holocausts.[60] Zwar gab es seit den 1970er Jahren
regionale Bemühungen und Initiativen zur Aufarbeitung der lokalen jüdischen
Geschichte, aber keine Grundlage für eine landesweite Bewegung. Denn auch

---

58 Meinrad Ziegler, Waltraud Kannonier-Finster: Österreichisches Gedächtnis, S. 54 und S. 59.
59 Ebd., S. 31.
60 Ebd., S. 36 f.

die regionalen Initiativen sahen sich oftmals mit Hindernissen aus Politik und Gesellschaft konfrontiert, sobald das konstruierte Selbstbild in Frage gestellt wurde, was sich unter anderem in der Geschichte des Jüdischen Museums Hohenems gleich an mehreren Etappen widerspiegelt[61].

Nationale Erinnerungskultur in Frankreich seit 1944 – der lange Atem des Résistance-Mythos

Die deutsche Besatzungszeit und die Jahre von 1939 bis 1944 wurden in Frankreich öffentlich über einen sehr langen Zeitraum aus einer einseitigen Perspektive betrachtet. Unter dem Einfluss eines drohenden Bürgerkriegs wurde nach der *Libération* zunächst das Bild eines einheitlichen Frankreichs heraufbeschworen. *Le Gouvernement provisoire de la République française* prägte eine Erinnerung an den Zweiten Weltkrieg als einen Teil eines langwährenden Konflikt- und Kriegszeitraums von dreißig Jahren. So war das Gedenken mit der Erinnerung an den Ersten Weltkrieg verknüpft, wodurch das Bild der Kämpfer und Opfer der Kriege vereinheitlicht wurde. Die Differenzierung von Ort und Parteizugehörigkeit oder gar, wer an welcher Seite während des Zweiten Weltkrieges gekämpft hatte bzw. gezwungen war zu kämpfen, fiel weg.[62] In den Fokus wurden vermehrt positiv besetzte Bilder gerückt, wie z. B. das Bild der kämpfenden französischen Bevölkerung, die der deutschen Besatzung die Stirn bietet. Die Schlüsselrolle wurde hier den Widerstandskämpfern zugesprochen. Auch wenn sich die Gaullisten und Kommunisten im Verlauf der Résistance nicht immer einig waren, so sorgten sie nach dem Ende des Krieges mit zahlreichen Publikationen für eine Gleichschaltung der Geschichtsdarstellung, die von der Gesellschaft zumeist gerne aufgenommen wurde, auch wenn sie nicht der Wahrheit entsprach. Dieses Geschichtsbild bot einen Weg, die eigenen Verfehlungen und Verflechtungen während der Kriegszeit auszublenden und mit der eigenen Geschichte Frieden zu schließen. Ein Teil der französischen Bevölkerung konnte sich mit diesem konstruierten Geschichtsbild jedoch nicht identifizieren, blieb aber damit vollkommen außen vor. Während zu Beginn der 1960er Jahre die Geschichtswissenschaften, die Medien und die Literatur die Résistance für sich entdeckten, wurden zahlreiche Opfergruppen, die Kollaboration mit den Deutschen und der Antisemitismus weiterhin totgeschwiegen.[63] Das Leiden der jüdi-

---

61 Siehe dazu Kapitel 2.3. Abschnitt *Jüdisches Museum Hohenems*.
62 Olivier Wieviorka: Divided Memory, S. 14–20.
63 Mechtild Giltzer: Denkmäler als Medien der Erinnerungskultur in Frankreich seit 1944, S. 27.

schen Deportierten traf auf Gleichgültigkeit seitens der Franzosen, die nur ihr eigenes Leid sahen und zu beklagen wussten. Erst nach 1968 nahm die nationale Verdrängung ein jähes Ende. Der Résistance-Mythos verlor mit dem Rücktritt von de Gaulle im April 1969 an Wirkung. 1973 setzte eine nationale Identitätskrise ein, die die bisherige Sichtweise endgültig in Frage stellen sollte. Ins Rollen brachte diese Entwicklung der amerikanische Wissenschaftler Robert Paxton. In seinem 1973 in französischer Fassung erschienen Buch *La France de Vichy* legt Paxton anhand von Dokumenten und Archivmaterialien die Kollaboration und Beteiligung des Vichy-Frankreichs bei Deportationen von Juden offen. Bereits zuvor gab es erste Versuche, den Résistance-Mythos ins Wanken zu bringen, doch wurden diese noch erfolgreich unterdrückt. So erschien beispielsweise Max Öphüls Film *Le chargin et la pitié* 1969 in den Kinos und konfrontierte die französische Gesellschaft erstmals in einem Film mit den Schattenseiten der eigenen Vergangenheit zur Zeit der deutschen Besatzung. Eine Ausstrahlung im Fernsehen wurde jedoch verboten. Erst nach dem Amtsantritt von Mitterrand konnte das Verbot aufgehoben werden. Ähnlich verhielt es sich mit dem 1972 gedrehten Film *Le Franc-Tireur*, der erst 2002 in den französischen Kinos zu sehen war, da die kritische Darstellung der berühmten Schlacht im Vercors-Massiv nicht dem konstruierten Geschichtsbild entsprach und somit von Widerstandskämpfern lange Zeit von der Öffentlichkeit ferngehalten wurde.[64]

Ähnlich wie in Deutschland und Österreich zeigte sich auch in Frankreich in den 1980er und 1990er Jahren ein gesteigertes Interesse an der Geschichte und den Geschehnissen des Zweiten Weltkriegs. In Frankreich hing dies jedoch insbesondere mit den öffentlich übertragenen Prozessen gegen den früheren Gestapochef von Lyon, Klaus Barbie, den ehemaligen Präfekten von Bordeaux, Maurice Papon, und den Milizchef Touvier zusammen. Durch die Prozesse wurden alte Narrative und Mythen aufgelöst und zerstört. Die vielbeschworene Résistance zeigte sich nicht mehr als eine einheitliche Bewegung, sondern vielmehr als vielschichtige Gruppierung von Menschen unterschiedlicher Herkunft, mit verschiedenen Interessen und politischen Ansichten. Erst in den 1990er Jahren wurde die Mitwirkung von ausländischen Personen im Widerstand thematisiert. Ebenfalls rückte in dieser Zeitspanne die Mitverantwortung an der Verfolgung und Ermordung der Juden während des Zweiten Weltkriegs in den Fokus der Erinnerungskultur. Jacques Chirac nahm 1995 als neugewählter Staatspräsident die Gedenkfeier zur Erinnerung an die Verhaftung von über zehntausend Pariser Juden im Juli 1942 zum Anlass, erstmals öffentlich von der Mitschuld der Franzo-

---

64 Ebd., S. 28 f.

sen an der Vernichtung der Juden zu sprechen. Es dauerte somit fünfzig Jahre, bis Frankreich seine Rolle bei der Shoah öffentlich eingestand.[65]

Mit der Wahl von Nicolas Sarkozy zum französischen Staatspräsidenten scheint es auf der politischen Ebene erneut zu einer Wende in der Konstruktion eines Geschichtsbildes gekommen zu sein. Zwar folgte Sarkozy bezüglich der Anerkennung der Opfer und Mitwirkenden weiterhin dem Weg seines Vorgängers, jedoch beschwor er erneut den Mythos der Résistance herauf, den Erkenntnissen und Offenlegungen der vorherigen Jahrzehnte bewusst trotzend.[66]

Geschichtsschreibung in der Schweiz nach 1945 – das bröckelnde Bild der Neutralität

In der Schweiz sah die Situation gänzlich anders aus, denn im Gegensatz zu Frankreich kam es nicht zu einer deutschen Besatzung, auch ist die Schweiz nicht, wie Österreich sich gern präsentiert hat, ein Opfer deutscher Aggression geworden, obwohl es dazu hätte kommen können. Der Großteil der Bürgerinnen und Bürger war antinationalsozialistisch eingestellt, daher fiel die Aufarbeitung der eigenen Verstrickungen in die NS-Politik nach dem Ende des Zweiten Weltkriegs schwer. Europaweit war die Wahrnehmung der Zeit des Nationalsozialismus in den ersten Jahrzehnten nach Kriegsende auf die jeweils eigene Nation reduziert. Davon war die Schweiz nicht ausgenommen. Die Schweiz schrieb sich das Bild einer „Insel" der Humanität und Neutralität zu. Dabei erfüllte die Verwendung des Begriffs „Neutralität" die Funktion eines Schutzschirms vor der Konfrontation mit Fragen zur Geschichte und führte zugleich dazu, dass die eigene Rolle in der Asyl- und Flüchtlingspolitik zwischen 1933 und 1952 legitimiert, wenn nicht gar verdrängt werden konnte.[67] Seitens der Alliierten wurde die „Neutralitätspolitik" der Schweiz jedoch bereits kurz nach dem Ende des Zweiten Weltkrieges in Frage gestellt. Zudem wurde die Überführung von Raubgold in die Eidgenossenschaft kritisiert. Ein Schuldeingeständnis vermeidend, verpflichtete sich die Schweizer Regierung im Washingtoner Abkommen vom Mai 1945 zu einer Zahlung in Höhe von 250 Millionen Franken als „freiwilligen Beitrag" zum Wiederaufbau Europas, die Goldimporte blieben dabei jedoch unberührt. International blieb die Schweiz trotz dieser Bemühungen und zu Beginn des Kalten Krieges noch isoliert, sodass ein Publikationsprojekt geplant

---

65 Ebd., S. 26 und S. 29.
66 Olivier Wieviorka: Divided Memory, S. 165–169.
67 Vgl. M. Azaryahu, U. Gehring, F. Meyer, J. Picard, C. Späti (Hg.): Erzählweisen des Sagbaren und Unsagbaren, Einleitung.

war, das die Politik des Bundesrates in den 1930er und 1940er Jahren erklären und rechtfertigen sollte. Das Projekt wurde allerdings 1947/48 aufgegeben. Ende der 1960er Jahre wurde der Umgang mit und die Politik gegenüber Schutzsuchenden an der Schweizer Grenze mit dem Buch *Das Boot ist voll* von Alfred A. Häsler zum öffentlichen Thema. Der Titel des Buches, ein Zitat aus dem Jahr 1942, verweist auf die Metapher und zugleich Legitimation der restriktiven Asyl- und Flüchtlingspolitik der Schweiz der Jahre 1933 bis 1945 – die Schweiz als ein volles Rettungsboot, das niemanden mehr aufnehmen konnte. Alfred Häsler setzte sich 1967 in seinem Buch als einer der Ersten kritisch mit der Schweizer Asyl- und Flüchtlingspolitik auseinander und machte dieses Thema einer breiten Öffentlichkeit zugänglich. Eine intensive Auseinandersetzung und ein selbstkritischer Umgang mit der jüngsten Geschichte setzte jedoch erst in den 1990er Jahren ein. Im Zusammenhang mit „nachrichtenlosen Vermögen" kam es zu einer öffentlich und international geführten Debatte, die das konstruierte Bild der „Neutralität" endgültig ins Wanken brachte. Als Reaktion auf die Diskussion wurde 1996 die Unabhängige Experten-Kommission Schweiz – Zweiter Weltkrieg (UEK) unter Vorsitz des Historikers Jean-François Bergier eingesetzt. Der Auftrag bestand darin, den „Umfang und [das] Schicksal der vor, während und unmittelbar nach dem Zweiten Weltkrieg in die Schweiz gelangten Vermögenswerte historisch und rechtlich zu untersuchen"[68]. Die breite und kritische Diskussion um den Umgang mit jüdischen Flüchtlingen an Schweizer Grenzen in den späten 1930er und zu Beginn der 1940er Jahre, die „nachrichtenlosen Vermögen" und schließlich die Arbeit der Unabhängigen Experten-Kommission Schweiz – Zweiter Weltkrieg haben zu einem Umbruch in der Vergangenheitspolitik der Schweiz geführt und zur Entwicklung eines kritischen Bewusstseins gegenüber der jüngsten Vergangenheit sowie dem damit einhergehenden konstruierten Selbstbild beigetragen.[69]

---

68 https://www.uek.ch/de/ (zuletzt abgerufen 24.09.2020).
69 Arnd Bauerkämper: Das umstrittene Gedächtnis, S. 284–292 und Jacques Picard: Über den Gebrauch der Geschichte, S. 391–406.

2 Darstellungskonzepte des Jüdischen: Jüdische Museen im alemannischen Sprachraum

Die Jüdischen Museen im alemannischen Sprachraum sind vergleichsweise kleine Museen. Sie sind an Orten angesiedelt, an denen sich einst bedeutende jüdische Gemeinden befunden haben.

Der überwiegende Teil der alemannischen Juden lebte im 18. und zu Beginn des 19. Jahrhunderts in Dörfern und Kleinstädten. Trotz der Weitläufigkeit des alemannischen Sprachraums und der politischen Grenzen waren die Juden in diesem Kulturraum durch die Ähnlichkeit der Sprache, der religiösen Praxis und ihrer Berufstätigkeiten vereint. Mitte des 19. Jahrhunderts begannen die Abwanderungsbewegungen vom Land stadtwärts, welche das Ende des alemannischen Judentums einläuteten. Doch trotz der Migration in die Städte blieben noch bis in die 1930er Jahre Reste dieser Kultur bestehen. Die Verfolgungs- und Vernichtungspolitik der Nationalsozialisten führte jedoch schlussendlich zur völligen Auslöschung des alemannischen Judentums außerhalb der Schweizer Grenzen.[1]

Die Besonderheit der Jüdischen Museen in diesem Kulturraum liegt in ihren Darstellungen der Lebensumstände sowie der kulturellen und religiösen Gepflogenheiten des alemannischen Judentums, das oftmals als sogenanntes „Dorfjudentum"[2] bezeichnet wird. Dieses Kapitel gibt einen Überblick über die existierenden Jüdischen Museen im alemannischen Sprachraum.[3] Dabei stehen das Konzept der Dauerausstellungen sowie die jeweilige Geschichte des Museums im Vordergrund.

Jüdische Museen in der Schweiz

Die Schweiz verfügt über ein einziges Jüdisches Museum, das Jüdische Museum der Schweiz in Basel. Das Jüdische Museum der Schweiz in Basel, 1966 eröffnet, war nach dem Zweiten Weltkrieg das erste jüdische Museum im deutschsprachigen Raum. Seit der Gründung des Museums oblag dessen Leitung Dr. Katia Guth-Dreyfus. Viele Jahrzehnte lang, bis 2010 Dr. Gaby Knoch-Mund ihre Stelle übernahm, leitete und unterstützte sie das Museum aus eigener Hand. Das Hauptziel des Museums lag in der allgemeinen Aufklärung über das Judentum

---

1 Stefanie Mahrer: Alemannisches Judentum, S. 29–48.
2 S. Manfred Bosch (Hg.): Alemannisches Judentum, S. 27 und S. 489–491.
3 Der Überblick über die Jüdischen Museen im alemannischen Sprachraum umfasst nur Jüdische Museen, die eigenständig existieren (d. h. nicht als Abteilung einer übergeordneten Kulturinstitution fungieren) und die Bezeichnung „Jüdisches Museum" tragen.

und insbesondere darin, die Kontinuität und Lebendigkeit des Judentums nach dem Ende des Zweiten Weltkrieges zu zeigen und zu betonen. Zum 50. Jubiläum präsentierte sich das Jüdische Museum im Herbst 2016 unter einer neuen Leitung von Dr. Naomi Lubrich mit einem neuen Design- und Ausstellungskonzept. Zudem änderte das Museum seine Ausrichtung vom ethnologischen hin zum kulturhistorischen Museum. Im Fokus stehen nun Judentum als Religion und die Themen Migration und Emanzipation.[4]

Jüdische Museen in Vorarlberg

Die erste jüdische Gemeinde in Hohenems entstand 1617, als Reichsgraf Kasper insgesamt 14 jüdischen Familien das Niederlassungsrecht gewährte, mit dem Ziel, die neu gegründete Residenzstadt wirtschaftlich zu fördern. Der Schutzbrief enthielt für die damalige Zeit vergleichsweise großzügige Bestimmungen. So war Juden unter anderem die freie Ausübung ihrer Religion in den Häusern, die Ausübung des jüdischen Rechts, der freie Handel und auch Geldverleih erlaubt.[5] Bis auf Episoden vorübergehender Vertreibungen in der zweiten Hälfte des 17. Jahrhunderts lebten Juden dauerhaft in Hohenems. Von anfänglich 60 jüdischen Einwohnern wuchs die jüdische Gemeinde 1866 bis auf 455 Personen. Die Zahl nahm jedoch einige Jahre später durch Aus- und Abwanderung rasant ab. Im Jahr 1938 zählte die Gemeinde nur noch 27 Juden, im darauffolgenden Jahr wurde die Gemeinde gänzlich aufgelöst und das Vermögen der Kultusgemeinde beschlagnahmt.[6]

Im April 1991 wurde das Jüdische Museum Hohenems in der Villa Heimann-Rosenthal[7] eröffnet und war innerhalb kurzer Zeit auch über Ländergrenzen in aller Munde. Das Konzept der Dauerausstellung, über das im Vorfeld offen und zum Teil heftig unter den Beteiligten diskutiert wurde, hob sich zu jener Zeit von anderen Jüdischen Museen in Europa ab. Grundfragen, wie die nach der Darstellung von regionaler jüdischer Geschichte, des jüdischen Lebens und auch der Religion, standen im Fokus der Diskussion. Seit 2005 arbeitete ein Museumsteam gemeinsam mit einem Ausstellungskurator an der Entwicklung einer neu-

---

4 Eine nähere Betrachtung und Untersuchung des Jüdischen Museums der Schweiz Basel erfolgt im gleichnamigen Abschnitt in Kapitel 2.2.
5 Esther Graf: Die jüdischen Gemeinden Hohenems und Sulz und der Minhag Schwaben, S. 12.
6 http://www.alemannia-judaica.de/hohenems_synagoge.htm (zuletzt abgerufen 17.11.2019).
7 Die Villa Heimann-Rosenthal ist nach Clara Rosenthal benannt. Sie war die Tochter von Charlotte und Anton Rosenthal, einer wohlhabenden Textilfabrikantenfamilie. Die Villa Heimann-Rosenthal war ihre Geburtsstätte und auch ihr langjähriger Wohnsitz, bis sie 1940 nach Wien zwangsumgesiedelt wurde.

en Dauerausstellung, die schließlich im April 2007 eröffnet wurde. Das erarbeitete Konzept stellte aktuelle Fragen in den Fokus, so nach der Bedeutung von Diaspora und Migration in der jüdischen Geschichte von Hohenems.[8] Die jüdische Geschichte von Hohenems nur anhand von individuellen Geschichten zu erzählen, wie dies hier der Fall ist, ist im alemannischen Sprachraum einzigartig. Daher soll das Jüdische Museum Hohenems im folgenden Kapitel neben anderen Jüdischen Museen im alemannischen Sprachraum exemplarisch näher betrachtet und analysiert werden.

Jüdische Museen in Süddeutschland

Der süddeutsche Raum verfügt über zahlreiche kleine Ausstellungsräume und Gedenkstätten. Derzeit gibt es in diesem Raum drei eigenständige Jüdische Museen: das Jüdische Museum Emmendingen, das Jüdische Museum Gailingen und das Jüdische Museum Göppingen. An jedem dieser Standorte hat sich einst eine jüdische Gemeinde befunden. In Emmendingen, nahe Freiburg im Breisgau, besteht seit 1995 erneut eine Gemeinde. Die jüdische Geschichte in Emmendingen reicht in das 17./18. Jahrhundert zurück. 1725 wurde in einem von einem jüdischen Händler erworbenen Haus zunächst ein Betsaal eingerichtet, in dem auch Zusammenkünfte und der Unterricht für Kinder stattfanden. Der Betsaal wurde 1763 schließlich zu einer Synagoge umgebaut, jedoch wurde diese bereits nach wenigen Jahrzehnten zu klein für die wachsende Gemeinde. 1823 wurde die neue Synagoge gebaut und bestand nach mehreren Erweiterungen bis zur Zerstörung während der Reichspogromnacht im November 1938. Die alte Synagoge diente bis zum Zweiten Weltkrieg weiterhin als Gemeindehaus und blieb bis heute erhalten. Nach der Rückgabe der alten Synagoge an die neue jüdische Gemeinde wird diese als Büro genutzt. Neben der Synagoge und dem Betsaal richtete die Gemeinde 1840 ein rituelles Bad am Mühlenbach ein. Nachdem die Mikwe 1988 wiederentdeckt worden war, wurde sie von dem damals gegründeten Verein für jüdische Geschichte und Kultur restauriert. Seit 1997 befindet sich hier das Jüdische Museum Emmendingen.[9] Im Kellergeschoss kann seither die Mikwe besichtigt werden. Zum 20. Jubiläum wurde hier die neue Ausstellung eröffnet, in der die Funktion und die Rituale rund um die Mikwe auf großformatigen Tafeln erläutert werden. Diese Ausstellung ist eine Erweiterung der Dauerausstellung im Erdgeschoss. Hier wird die Geschichte der jüdischen Gemeinde

---

8 Hanno Loewy, Interview am 07.06.2018, Jüdisches Museum Hohenems.
9 http://www.alemannia-judaica.de/emmendingen_synagoge_a.htm#Zur%20Geschichte%20des%20Betsaales%20/%20der%20Synagoge (zuletzt abgerufen 21.11.2019).

in Emmendingen zwischen 1716 und 1940 präsentiert. Ferner werden auch das
tägliche Leben und jüdische Feste im Jahresverlauf anhand von Judaika erklärt.
Im Obergeschoss befindet sich der Lese- und Seminarraum, in dem Bücher und
Videomaterial zu Judentum und jüdischer Geschichte zur Verfügung stehen.
Das Museum versteht sich als Lern- und Erinnerungsort, in dem jüdische Ge-
schichte und Judentum, vordergründig als Religion, vermittelt werden.

Auch in Gailingen im Kreis Konstanz, direkt an der Grenze zur Schweiz, ist
die Mikwe Teil des Jüdischen Museums. Das Museum, 2008 eröffnet, befindet
sich im ehemaligen Schul- und Gemeindehaus, das 1845–1847 errichtet wurde.
Die Mikwe befindet sich im Untergeschoss des historischen Gebäudes. Hier werden die Wechselausstellungen des Jüdischen Museums präsentiert. Die Dauerausstellung befindet sich im Obergeschoss. In acht Themenräumen stehen das
jüdische Leben, die Traditionen und die jüdische Geschichte von Gailingen im
Fokus. Erste jüdische Familien wurden bereits 1657 in Gailingen aufgenommen.
Bis zum 19. Jahrhundert stieg die Zahl der jüdischen Einwohner stark an. 1852
lebten 913 Juden im Ort, was mehr als der Hälfte der Einwohner entsprach. Die
Zahl sank jedoch, wie vielerorts, durch Abwanderung. Im Zweiten Weltkrieg
wurden 210 Personen aus Gailingen deportiert. Von 1945–1950 lebte erneut eine
größere Anzahl an Juden in Gailingen, seither existiert hier jedoch keine jüdische Gemeinde mehr.[10] Das Museum sieht seine Aufgabe darin, das jüdische
Erbe zu bewahren, die jüdische Geschichte in Gailingen zu erzählen und über
das Judentum als Religion und Kultur aufzuklären.[11] Im folgenden Kapitel soll
das Museum, insbesondere das Vermittlungskonzept der Dauerausstellung, näher betrachtet werden.

Das Jüdische Museum Göppingen in der Alten Kirche Jebenhausen wurde
1992 eröffnet. Seit 1966 wurde die Alte Kirche nicht mehr für Gottesdienste genutzt. 1985 beschloss der Gemeinderat der Stadt Göppingen, in der denkmalge-
schützten Kirche ein Jüdisches Museum einzurichten. Der eher ungewöhnliche
Ort für ein Jüdisches Museum hat jedoch Berührungspunkte mit der jüdischen
Geschichte der Stadt. Das ursprünglich 1862 für die Jebenhäuser Synagoge ange-
schaffte Gestühl sowie der Deckenleuchter kamen nach dem Abriss der Synagoge als Geschenk in die Alte Kirche. Die erste Dauerausstellung des Jüdischen
Museums erzählte die Geschichte der Juden in Jebenhausen und Göppingen anhand von sechs Ausstellungskapiteln: *Juden in Jebenhausen*, *Jüdisches Leben*,
Juden in Göppingen, *Wirtschaftsleben – der Beitrag der Juden zur Industrialisie-
rung Göppingens*, *Lebenswege* und *Unterm Nationalsozialismus*. Die Ausstellung

---

10 http://www.alemannia-judaica.de/goeppingen_synagoge.htm (zuletzt abgerufen
25.11.2019).
11 Joachim Klose, Interview am 12.06.2018, Jüdisches Museum Gailingen.

begann mit dem Jahr 1777, als die ersten jüdischen Familien nach Jebenhausen kamen. Mitte des 19. Jahrhunderts setzte auch hier die Landflucht ein. Aus Jebenhausen zogen zahlreiche Juden nach Göppingen. Nach schwierigen Verhandlungen mit der Muttergemeinde in Jebenhausen gründeten die jüdischen Bewohner in Göppingen 1867 ihre eigene Gemeinde. Wenige Jahre später wurde schließlich der Rabbinatssitz aus der schrumpfenden Gemeinde in Jebenhausen nach Göppingen verlegt. 1881 wurde die Synagoge in Göppingen eingeweiht. Die Synagoge in Jebenhausen wurde 1900 verkauft und fünf Jahre später schließlich abgerissen. Um 1900 lebten etwa 300 Juden in Göppingen. Bei einer Einwohnerzahl von fast 20.000 war die jüdische Bevölkerung eine kleine Minderheit. Während des Zweiten Weltkriegs wurden zahlreiche jüdische Bewohner, die bis 1942 noch nicht geflohen waren, aus Göppingen deportiert – dies war das Ende der jüdischen Gemeinde. Eingegliedert in die Architektur der Alten Kirche hob sich die Ausstellung mit ihrem modernen Design von den historischen Räumlichkeiten ab. Die Rauminstallationen bildeten einen Rundgang. Originaldokumente und Objekte waren in die Ausstellungsarchitektur integriert, dabei entsprach die Oberflächengestaltung der „Stimmung" des jeweiligen Kapitels. So erschienen die Themen der kulturellen Vielfalt des jüdischen Lebens im hellen Licht, wohingegen die Verfolgung und Vernichtung der Juden zur Zeit des Nationalsozialismus in dunklen Tönen und gedämpftem Licht präsentiert wurden.[12] Zum 25. Jubiläum eröffnete das Jüdische Museum Göppingen die neue Dauerausstellung in der Alten Kirche Jebenhausen. In der neugestalteten Dauerausstellung wird nun auch die Zeit nach dem Zweiten Weltkrieg berücksichtigt. Die juristische und gesellschaftliche Aufarbeitung der nationalsozialistischen Verbrechen wird in einem eigenen Kapitel dargestellt. Insgesamt hat sich der Aufbau der Dauerausstellung jedoch nicht grundlegend geändert. Im ersten Ausstellungskapitel werden zunächst das jüdische Leben und die dazugehörigen Bräuche anhand von wichtigen Lebensstationen und jüdischen Feiertagen vermittelt. In einem chronologisch aufgebauten Rundgang wird in den nächsten Ausstellungskapiteln die Geschichte der jüdischen Gemeinden in Jebenhausen und Göppingen erzählt. Auch in der neuen Dauerausstellung hebt sich das düstere Kapitel der Geschichte farblich ab. Die Entwicklungen im Nationalsozialismus bis 1945 werden in dunklen Farben präsentiert. Den Abschluss des Rundgangs bildet das neue Ausstellungskapitel zur juristischen und gesellschaftlichen Aufarbeitung der NS-Zeit. Der Einsatz von Hörstationen und Touchscreens ermöglicht es den Besuchern, an verschiedenen Stationen selbst aktiv zu werden und einzelne Aspekte der jüdischen Geschichte in Jebenhausen und Göp-

---

12 Vgl. Karl-Heinz Rueß (Hg.): Jüdisches Museum Göppingen in der Alten Kirche Jebenhausen.

pingen sowie des jüdischen Lebens zu ergründen. Das Konzept der ersten sowie
der zweiten Dauerausstellung weist zwei Schwerpunkte auf: die Aufklärung
über das Judentum als Kultur, jedoch vordergründig als Religion, und die Darstellung der jüdischen Geschichte in Jebenhausen und Göppingen bis in die
zweite Hälfte des 20. Jahrhunderts. Das Jüdische Museum Göppingen in der Alten Kirche Jebenhausen ist seit 2017 ebenfalls Teil des Erinnerungsweges in Jebenhausen. Der Erinnerungsweg führt in neun Stationen durch die Gemeinde.
Glasstelen mit kurzen Texten verweisen auf wichtige Gebäude der ehemaligen
jüdischen Gemeinde und geben Informationen zu einstigen jüdischen Bewohnern und zu Themen rund um das Judentum.

Jüdische Museen im Elsass

Neben zahlreichen kleinen Ausstellungs- und Kulturorten, an denen das jüdi-
sche Erbe bewahrt und präsentiert wird, existieren im Elsass drei eigenständige
Jüdische Museen: das *Museé Judéo-Alsacien de Bouxwiller*, das *Museé du Bain
Rituel Juif* (Museum des Jüdischen Ritualbades) in Bischheim, einem Vorort von
Strasbourg, und das *Museé du Patrimoine et du Judaïsme* in Marmoutier.
    Die jüdische Gemeinde in Bischheim existiert bereits seit dem 16./17. Jahr-
hundert und zählte bis zur Französischen Revolution zu den bedeutendsten im
Elsass. Bis 1850 wuchs die jüdische Gemeinde auf bis zu 750 Mitglieder heran.
Wie vielerorts im Elsass zogen jedoch Ende des 19. Jahrhunderts Juden in die
Städte, aus Bischheim insbesondere in das nahegelegene Strasbourg. So wurden
um 1900 nur noch 298 jüdische Einwohner gezählt. Bis in die 1930er Jahre ging
die Zahl noch weiter zurück. Im Zweiten Weltkrieg wurden die noch verbliebe-
nen Juden im Ort nach Südfrankreich deportiert und viele von ihnen in Vernich-
tungslagern ermordet. Nach Ende des Krieges wurde eine neue jüdische Gemeinde gegründet, die zunächst auf bis zu 360 Mitglieder anwuchs, jedoch heute nur
noch acht Familien zählt.[13] Dies ist einer der Gründe für das Entstehen des Jüdischen Museums in Bischheim. Vordergründig wird hier das Ziel verfolgt, das
vorhandene jüdische Erbe zu bewahren. Das *Museé du Bain Rituel Juif* befindet
sich im ehemaligen Gutsherrensitz der Familie Boecklin aus Boecklinsau[14].
Nachdem das Anwesen im 18. Jahrhundert von Baruch Lévy, einem wohlhaben-

---

13 http://www.alemannia-judaica.de/bischheim_synagogue.htm und https://www.sr.de/sr/
sr3/sr_3_aktionen/tour_de_kultur/museum_des_juedischen_ritualbads100.html (zuletzt abgerufen 06.11.2019).
14 Boecklin aus Boecklinsau (oder oftmals nur Böcklin) ist der Name eines der ältesten elsässischen Adelsgeschlechter. Im 13. und 14. Jahrhundert ist es der Familie möglich, bedeutenden
Grundbesitz zu erwerben. Im Jahre 1411 erwirbt Boecklin ebenfalls das Dorf Bischheim. (Siehe

den elsässischen Juden, erworben wurde, ließ dieser eine Mikwe im Untergeschoss einrichten. Neben der Mikwe, die aufgrund ihrer besonderen und im Elsass einzigartigen Gestaltung[15] das Hauptaugenmerk bildet, verfügt das Museum über eine kleine Dauerausstellung. Die Präsentation der Sammlung, überwiegend aus Judaika bestehend, weist zwei Erzählstränge auf. Zum einen wird anhand von Sammlungsstücken die jüdische Geschichte von Bischheim dargestellt, zum anderen wird das Judentum vordergründig als Religion präsentiert. Zwei Persönlichkeiten der jüdischen Geschichte von Bischheim werden hier besonders hervorgehoben: Emile Waldteufel, der als Vater des französischen Walzers bezeichnet wird und 1865 als Direktor für Tanzmusik an den Hof des Kaisers Napoleon III. berufen wurde, und David Sintzheim, Rabbiner in Bischheim, der 1807 der erste Großrabbiner in Frankreich war. [16] Das *Museé du Bain Rituel Juif* ist eingegliedert in den *Parcours du judaïsme de Bischeim*. Der Rundgang zur jüdischen Geschichte Bischheims umfasst neben dem Mikwe-Museum acht weitere Stationen, darunter die Synagoge, das Haus der ehemaligen Talmudschule, den Friedhof, den ehemaligen Wohnsitz der Musikerfamilie Waldteufel u. a.[17] Somit ist das Museum nur ein Teil eines Vermittlungskonzepts mit dem Ziel, das jüdische Erbe bzw. die Geschichte der Juden in Bischheim zu bewahren und den Besuchern der Stadt näher zu bringen.

In Marmoutier befand sich eine der ältesten und bedeutendsten jüdischen Gemeinden des Elsass. Trotz mehrfacher Versuche, Juden aus dem Ort zu vertreiben, sowie Plünderungen blieb die Gemeinde erhalten und wuchs von nur 30 Mitgliedern 1650 Ende des 18. Jahrhunderts bis auf knapp 300 Mitglieder heran. Ihre Blüte erlebte die Gemeinde in der zweiten Hälfte des 19. Jahrhunderts mit 405 Mitgliedern, was zur damaligen Zeit etwa 20 % der Bevölkerung des Ortes ausmachte. Jedoch setzte auch hier Ende des 19. Jahrhunderts und zu Beginn des 20. Jahrhunderts die Abwanderung in die Städte ein, sodass die jüdische Ge-

---

http://www.crdp-strasbourg.fr/data/histoire/alsace_XV-XVI/boecklin.php?parent=7, zuletzt abgerufen 04.11.2019).

15 Die Einzigartigkeit der Mikwe liegt insbesondere an ihrem Zugang. Die zur Mikwe führende Wendeltreppe im Renaissancestil ist spiralförmig angelegt, die Stufen und Mittelsäulen drehen sich in ihrem Verlauf umeinander herum. Auf 20 der insgesamt 48 Stufen, die zur Mikwe führen, sind Zeichen der Steinmetze zu erkennen, was eine Datierung auf das letzte Viertel des 16. Jahrhunderts ermöglicht. (Vgl. https://courdesboecklin.ville-bischheim.fr/data/courdesboecklin.ville-bischheim.fr/users/museum-des-judischen-ritualbaden_bischheim.pdf?time=1523111494424&modified=previewUrl&modified=selectItem, zuletzt abgerufen 04.11.2019).

16 Ebd.

17 https://www.bischheim.alsace/fileadmin/MES_LOISIRS/Culture/La_cour_des_Boecklin/Musee/Parcours_du_judaisme/parcours_du_judaisme_bischheim.pdf (zuletzt abgerufen 08.11.2019).

meinde 1939 nur noch 50 Personen zählte. Nach dem Zweiten Weltkrieg kehrten nur wenige Juden nach Marmoutier zurück. Das Gemeindeleben erlosch 1960 endgültig.[18] Von den Blütejahren der Gemeinde zeugt das dreistöckige 1590 im Renaissancestil errichtete Patrizierhaus, in dem sich heute das *Museé du Patrimoine et du Judaïsme* befindet. Das 1977 gegründete Museum wurde zunächst als reines Volksmuseum gegründet, jedoch wurde vom Verein Freundeskreis des Museums nach kurzer Zeit beschlossen, im Museum eine jüdische Abteilung einzurichten[19]. Damit sollte der Einfluss der Juden auf die Geschichte und Entwicklung von Marmoutier gewürdigt werden. Heute verfügt das Museum über eine reiche Sammlung an Judaika, Handwerks- sowie Alltagsgegenständen aus dem Elsass, die vom jüdischen Leben erzählen und zeugen. Im Erdgeschoss des Museums befindet sich die Ausstellung zum Kunsthandwerk sowie der Zugang zur Mikwe, die im 18. Jahrhundert eingerichtet wurde. Das 1. Geschoss ist fast ausschließlich der Präsentation des Judentums gewidmet. Im 2. Obergeschoss werden Keramiken und Porzellan präsentiert. Der Schwerpunkt der Sammlung und der Präsentation des Museums liegt vordergründig auf der elsässischen und jüdischen Kultur, vergleichbar mit den Themenschwerpunkten des *Museé Judéo-Alsacien de Bouxwiller*.

Im Jahr 1998 wurde das Jüdisch-Elsässische Museum, *Museé Judéo-Alsacien de Bouxwiller*, in der ehemaligen Synagoge der Kleinstadt eröffnet. Anhand von inszenierten Präsentationen wird die Geschichte der Juden in Bouxwiller bzw. im Nordelsass erzählt. Dabei stehen neben der Religion insbesondere die Bräuche und Berufe der jüdischen Bewohner im Fokus. Durch die untypische Wahl von *Inszenierungen* als Präsentationsform, sticht das *Museé Judéo-Alsacien de Bouxwiller* nicht nur im Elsass, sondern im ganzen alemannischen Sprachraum hervor. Daher soll das Jüdisch-Elsässische Museum im folgenden Kapitel neben weiteren Jüdischen Museen exemplarisch näher betrachtet und analysiert werden.

---

18 http://www.alemannia-judaica.de/marmoutier_synagogue.htm (zuletzt abgerufen 08.06.2020).

19 Auch wenn das Museé du Patrimoine et du Judaïsme zunächst nicht als ein jüdisches Museum geplant und gegründet wurde, nimmt die Präsentation der jüdischen Kultur und Religion einen Großteil des Museums ein. Insbesondere der Umstand, dass es sich hierbei ursprünglich um ein jüdisches Wohnhaus mit einer noch erhaltenen Mikwe handelt, und die Änderung des Museumsnamens mit der Betonung, dass es sich hierbei auch um ein Museum *du Judaïsme* handelt, sprechen dafür, das Museum in die Übersicht der Jüdischen Museen im alemannischen Sprachraum einzubeziehen.

2.1 Ausstellungskonzepte in Jüdischen Museen

Obwohl Jüdische Museen im alemannischen Sprachraum in ihren Präsentationen ein ähnliches Themengebiet erschließen, sind die Wege der Ausstellungsgestaltung und somit die vermittelten Aussagen gänzlich unterschiedlich. In den folgenden Ausführungen werden vier Jüdische Museen im alemannischen Sprachraum exemplarisch für diese Region betrachtet und untersucht, darunter das Jüdische Museum der Schweiz (Basel), das Jüdische Museum Hohenems (Vorarlberg), das Jüdische Museum Gailingen (Süddeutschland) und das *Musée Judéo-Alsacien de Bouxwiller* (Elsass).

Vor dem Hintergrund politischer Grenzen und historischer Ereignisse sowie des Umgangs mit der Erinnerungskultur nach 1945 im jeweiligen Land sollen die Intentionen für das Bestehen der Museen sowie die Konzepte der Präsentationen in den Jüdischen Museen näher betrachtet werden. Neben den historischen Hintergründen, die zur Gründung der jeweiligen Museen geführt haben, steht eine Analyse der Dauerausstellungen der Museen im Fokus, die im Sinne der von Jana Scholze in *Medium Ausstellung* erörterten Vorgehensweise[20] vorgenommen wird. Anhand dieser Methode ist es möglich, die Konzepte, Präsentationen und formulierten Aussagen in den Dauerausstellungen differenziert darzustellen. So sollen anhand der vier gewählten Beispiele die Ausstellungskonzepte und intendierten Darstellungen des Jüdischen genauer betrachtet werden, insbesondere unter Berücksichtigung der These, dass Museen stets durch ihre Präsentationen kommunizieren und somit Vorstellungen und Meinungen in der Gesellschaft prägen können.

2.2 Jüdisches Museum der Schweiz Basel

Am 12. Juni 1966, anlässlich des 100. Jahrestags der Emanzipation der Schweizer Juden, wurde das Jüdische Museum der Schweiz als erstes Jüdisches Museum im deutschsprachigen Raum nach dem Zweiten Weltkrieg in Basel eröffnet. Die Idee für die Gründung eines Jüdischen Museums kam 1964 vom Verein *Espérance*. Der Verein, der 1864 als Beerdigungsgesellschaft gegründet wurde und sich auch gesellschaftlichen Aufgaben widmete, setzte sich für die Umsetzung des Vorhabens ein. Aus einem Artikel des *Tagesanzeigers* vom April desselben Jahres geht hervor, dass die Geschäftsleitung des Schweizerischen Israelitischen Gemeindebundes (SIG), den Anregungen der Kulturkommission folgend, einen Antrag auf Bestandsaufnahme aller Gegenstände und Dokumente stellte, die die

---

20 Jana Scholze: Medium Ausstellung.

jüdische Geschichte und Kultur in der Schweiz betreffen.[21] Dem Jahresbericht des SIG von 1964 zufolge waren die Voraussetzungen für die Gründung eines Jüdischen Museums gegeben. Das Landesmuseum in Zürich und das Museum für Volkskunde erklärten sich bereit, ihre Exponate als Dauerleihgaben zur Verfügung zu stellen. Darunter befand sich die Sammlung jüdischer Kultgegenstände des Basler Völkerkundemuseums, dessen Aufbau sich der Volkskundeprofessor Eduard Hoffmann-Krayer bereits seit 1909 zur Aufgabe machte.[22] Noch während der Planung des Museums konnte die Sammlung durch Gaben des Historischen Museums Bern, des Historischen Museums Basel und der Universitätsbibliothek Basel erweitert werden.[23] Die anfängliche Sammlung des Museums wurde im Verlauf der Zeit durch Objekte aus der ganzen Schweiz, insbesondere aus den ehemaligen Surbtaler *Judendörfern* Endingen und Lengnau, aus Europa, Nordafrika und Israel ausgebaut. Das Sammlungsziel lag vordergründig darin, jüdische Kultgegenstände aus der Schweiz zu sammeln, die kunstwissenschaftlich interessant waren und eine volkskundliche Bedeutung hatten. So fanden Zeremonialobjekte aus Silber, Textilien aus dem 17. bis 20. Jahrhundert sowie Dokumente zur Kulturgeschichte der Juden in der Schweiz ihren Weg in die Sammlung des Museums. Die aktuelle Sammlung weist einen weiteren Schwerpunkt auf: zeitgenössische Judaika sowie Alltags- und Kunstobjekte.[24]

Als das Museum 1966 eröffnet wurde, bestand die Dauerausstellung zunächst aus zwei Räumen. Entsprechend dem von Bernhard Prijs entwickelten Konzept wurde die Ausstellung in drei Themengebiete unterteilt: *Die Lehre*, *Das jüdische Jahr* sowie *Das tägliche Leben*. Im größeren der beiden Ausstellungsräume wurde *Die Lehre* in der Mitte des Raums insbesondere anhand von Torarollen und Toraschmuck dargestellt. Diese zentrale Präsentation dieses Themenabschnitts verweist auf die Intention, die Lehre als Mittelpunkt der jüdischen Religion zu vermitteln. *Das jüdische Jahr* wurde in den übrigen Vitrinen des Raums thematisiert. Im kleinen Raum wurde *Das tägliche Leben* von der Geburt bis zum Tod dargestellt.[25] Diese Anordnung der Ausstellung als allgemeine Darstellung des Judentums mit Betonung der jüdischen Traditionen und insbesondere der Fokus der Dauerausstellung auf religiöse Brauchtümer kann als Reaktion auf den Standort Basel und auch auf das Entstehungsjahr des Museums gelesen werden. Als erstes Jüdisches Museum im deutschsprachigen Raum nach dem

---

21 Heidi Brunnschweiler Spoendlin: „Gebt kund von eurem Volkstum, vom Schatz eurer Religion, eurer Überlieferung!", S. 171 f.
22 Ebd., S. 174.
23 Ebd., S. 172.
24 https://juedisches-museum.ch/de/museum-531.html (zuletzt abgerufen 09.08.2019).
25 Heidi Brunnschweiler Spoendlin: „Gebt kund von eurem Volkstum, vom Schatz eurer Religion, eurer Überlieferung!", S. 175 f.

Zweiten Weltkrieg und der beinahe gänzlichen Auslöschung der europäischen Juden lag der Vermittlungsschwerpunkt der Dauerausstellung zunächst auf der Präsentation von Einheit, Kontinuität und Vitalität des Judentums. Die Dauerausstellung wurde 2001 um einen Raum und somit um einen Themenbereich erweitert. Der dritte Ausstellungsraum war der jüdischen Hochzeit gewidmet.[26] Unter der Leitung der Gründungsdirektorin Dr. Katia Guth-Dreyfus sowie von Dr. Gaby Knoch-Mund, die die Leitung 2010 übernahm, wurden das Museum und die Dauerausstellung nicht wesentlich verändert. Somit lag das Vermittlungskonzept vordergründig darin, über das Judentum allgemein aufzuklären. Dies änderte sich im Herbst 2016. Unter der neuen Leitung von Dr. Naomi Lubrich zeigte sich das Jüdische Museum der Schweiz mit einem strukturell, ästhetisch und didaktisch veränderten Konzept. Ein grundlegender Wandel zeigt sich in der Ausrichtung des Museums vom ethnologischen hin zu einem kulturhistorischen Museum. Dementsprechend liegt der Fokus der neugestalteten Dauerausstellung darin, die Geschichte der Schweiz aus der Perspektive der Juden zu erzählen und zugleich das Judentum in seiner Vielfalt als Religion, Kultur sowie „Ausdruck eines individuellen Lebensentwurfs"[27] darzustellen.

Abb. 2: Eingangsbereich des Jüdischen Museums der Schweiz Basel. Foto: Autorin.

---

26 Ebd., S. 176 f.
27 Zit. Dr. Naomi Lubrich, Interview am 08.05. 2018, Jüdisches Museum der Schweiz, Basel.

Neben den drei bestehenden Ausstellungsräumen wurde die Dauerausstellung seit 2016 um Online-Ausstellungen und eine Galerie erweitert, in der aktuell noch Wechselausstellungen zu sehen sind. Bereits unter der Leitung von Dr. Gaby Knoch-Mund entstand der Wunsch nach neuen und größeren Räumlichkeiten für das Museum. Zunächst standen für einen Umzug die Räumlichkeiten am Petersgraben 31, in denen sich die Galerie des Museums befindet, zur Diskussion. Seit Herbst 2020 hat das Jüdische Museum der Schweiz jedoch einen neuen Standort in Aussicht. Für die Liegenschaft in der Vesalgasse 5 (beim Spalentor) wurde ein Mietvertrag unterschrieben. Das neue Haus bietet mit ca. 750m^2 genügend Platz für die Dauer- und Wechselausstellungen. Zudem sollen hier die Werkstatt- und Veranstaltungsräume, Bibliothek und Büro ihren Platz finden. Aktuell steht allerdings noch die Baubewilligung aus, die die Voraussetzung für den Ausbau und Bezug des Hauses ist. Bis zur geplanten Neueröffnung 2023 bleibt das Museum am alten Standort in der Kornhausgasse 8 für Besucher geöffnet. Das neue Haus liegt unweit des aktuellen Standorts des Museums. Das Gebäude grenzt an den Petersplatz und an das Kollegienhaus der Universität Basel. Damit würde das Museum in der Nähe der Basler Synagoge und des Ortes bleiben, an dem sich im 13. Jahrhundert der erste Jüdische Friedhof auf dem Gebiet der heutigen Schweiz befunden hat.[28] Mit dem Museum soll neben der ehemaligen Ruhestätte neues jüdisches Leben entstehen.[29]

Ausstellungsrundgang

Vom neugestalteten Eingang gelangt der Besucher zunächst zum Museumshof, in welchem sich Grabsteine vom jüdischen Friedhof beim Petersgraben aus den Jahren um ca. 1220–1334 neben großformatigen farbenfrohen Werken des Künstlers Shai Yehezkelli aneinanderreihen.[30] Im Museum beginnt der Ausstellungsrundgang mit dem Ausstellungsraum *Kult*. Anhand von jüdischen Feiertagen und bedeutenden Stationen des Lebens wird das Judentum als ordnendes Element des Lebens dargestellt. In den großen an den Wänden entlang verlaufenden Holzvitrinen werden überwiegend Judaika ausgestellt. Dabei sind die Vitrinen in drei Kategorien unterteilt: in die Etappen des Lebens von der *Geburt* bis

---

28 Ausgewählte Exemplare der Basler Grabsteine, die beim Bau des Kollegienhauses ausgegraben worden sind, sind seit der Eröffnung des Jüdischen Museums ausgestellt.
29 Rundbrief des Jüdischen Museums der Schweiz Basel, Oktober 2020; Dr. Naomi Lubrich, Telefoninterview am 17.11.2020.
30 Stand Frühjahr 2018. Der Innenhof wird als ein weiterer Ausstellungsraum des Jüdischen Museums genutzt. Die ausgestellten Werke, die sich zwischen die historischen Grabsteine einreihen, wechseln in regelmäßigen Abständen.

zum *Tod*, den *Schabbat* und die jüdischen Feiertage. An den Ausstellungsraum *Kult* angrenzend befindet sich der größte Ausstellungsraum des Museums, der sich der *Kultur* zuwendet.

Abb. 3: Der Ausstellungsraum „Kultur " des Jüdischen Museums der Schweiz Basel erzählt die Geschichte der Juden auf dem Gebiet der heutigen Schweiz in chronologischer Abfolge. Darstellungen der Gründungen jüdischer Gemeinden auf einer großformatigen Karte verweisen auf den Wendepunkt zur „Rückkehr" der Juden. Foto: Autorin.

In chronologischer Reihenfolge, im Uhrzeigersinn, wird hier die Geschichte der Juden auf dem Schweizer Gebiet erzählt. Neben den Themen *Judäa* und *Verfolgung* steht *Basel*, insbesondere als Zentrum des hebräischen Buchdrucks in der Frühen Neuzeit, im Fokus. Auf einem großformatigen Banner werden die Gründungen jüdischer Gemeinden seit 1500 auf dem Gebiet der heutigen Schweiz veranschaulicht. Angrenzend wendet sich der Ausstellungsverlauf thematisch der schrittweise verlaufenden *Rückkehr* der Juden zu. In einer Kabinetthängung wechseln sich Dokumente, dreidimensionale Exponate und kleinformatige Bilder in Hängevitrinen ab. Neben einer Multimediainsel werden im letzten Abschnitt dieses Ausstellungsraums in großen Holzvitrinen zunächst die Themen *Gleichberechtigung* und *Judenstaat* dargeboten. Anhand von Dokumenten und einem dreidimensionalen Relief wird in der Vitrine *Judenstaat* Theodor Herzl und insbesondere seine Vision zur Gründung eines Judenstaates gezeigt. Die Vitrine *Überleben* zeugt vom Umgang der Schweiz mit jüdischen Flüchtlingen aus Deutschland während der NS-Zeit. Unter der Überschrift *Vielfalt* werden insbesondere kulturelle Aktivitäten der jüdischen Gemeinden in der Schweiz sowie die vielfältigen Lebensweisen und Ausdrucksformen jüdischen Lebens in der Welt thematisiert. Über den Eingangsbereich gelangt der Besucher zum zweiten Teil der Dauerausstellung. Im vorderen Bereich befindet sich die Bibliothek des Museums und zugleich die Präsentation des *Alltags*. Zum Ausstellungsraum *Feiertag* hin erstrecken sich an den Wänden zu beiden Seiten große Glasvitrinen. In der Vitrine zur linken Seite stehen Bekleidungsgewohnheiten im Fokus. Zugleich wird der Besucher dazu angeregt, die eigenen Gewohnheiten diesbezüglich zu hinterfragen und nach möglichen Gemeinsamkeiten oder Unterschieden zu suchen. Die Vitrine zur rechten Seite thematisiert die jüdischen Speisegesetze, welche anhand von Texten und kleinformatigen dreidimensionalen Objekten veranschaulicht werden. Der anliegende Ausstellungsraum *Feiertag* nähert sich dem Judentum als Religion des Buches an. So wird vor einem Toraschrein in der Mitte des Raums eine Torarolle präsentiert. In den an den Wänden entlang verlaufenden Vitrinen sind zahlreiche Torazeiger sowie Toraschmuck, Toramäntel und ein Toravorhang zu sehen. In erklärenden Texten im Eingangsbereich des Saals werden die unterschiedlichen Funktionen der Ausstellungsobjekte dargelegt.

Erweiterung der Ausstellungsräume

Bereits unter der Leitung von Dr. Gaby Knoch-Mund gab es den Wunsch und die ersten Bemühungen, das Jüdische Museum aus dem Hinterhof an einen neuen Standort zu verlegen. Kurze Zeit nach der Übernahme durch Dr. Naomi Lubrich bekam das Museum die Möglichkeit zur Erweiterung der Ausstellungsräume durch die Schaffung der Galerie des Jüdischen Museums. Aktuell sind seit September 2017 in der Galerie Wechselausstellungen zu sehen. Die erste Ausstellung *Kunst nach Chagall. Das Jahrhundert nach dem Durchbruch* entstand in Kooperation mit dem Kunstmuseum Basel, das gleichzeitig die Ausstellung *Chagall. Die Jahre des Durchbruchs 1911–1919* zeigte. Im Fokus standen Künstler, welche die Kunstwelt nach Mark Chagall prägten, darunter Paul Graubard, Yehuda Sprecher, Tobia Ravà, Shai Yehezkelli, Roger Reiss, Alice Guggenheim, Friedensreich Hundertwasser und Zoya Cherkassky. Es folgten die Ausstellungen *Das Tagebuch. Wie Otto Frank Annes Stimme aus Basel in die Welt brachte* und *ISREALITIES. Sieben fotografische Reisen*.

Erweitert werden die Ausstellungsräume des Museums und der Galerie durch die Online-Ausstellungen *Altland. Theodor Herzls europäisches Erbe* und *Glaubensdinge*. Die Ausstellung *Altland* widmet sich dem Leben und Wirken von Theodor Herzl. Anhand von Dokumenten und Exponaten aus der Sammlung des Jüdischen Museums wird Herzl als „scHreiber", „vErsammler", „politikeR", „Zionist" und „kuLtfigur" präsentiert. Im Gegensatz zur Vitrine *Judenstaat* in der Dauerausstellung des Museums, können Besucher der Online-Ausstellung die Dokumente und Exponate vergrößern und aus unterschiedlichen Winkeln näher betrachten.[31]

Mit der Unterstützung des Swisslos-Fonds Basel-Stadt war es möglich, 2017 das Projekt *Glaubensdinge* umzusetzen, aus dem eine weitere Online-Ausstellung hervorging. Das Projekt stellte die Frage in den Fokus, woran Jugendliche, die sowohl im gläubigen als auch nichtgläubigen Umfeld aufgewachsen sind, heute glauben. Im Verlauf von fünf Workshops wurden die „Glaubensdinge" der Jugendlichen vor dem Hintergrund der Sammlung des Jüdischen Museums näher betrachtet. Dabei wurden Inventarkarten, Zeichnungen, Gedichte, Polaroids, Zitate und Interviews erarbeitet, die anschließend in der Online-Ausstellung präsentiert wurden.[32]

Für beide Ausstellungen ist kein Enddatum festgelegt worden, d. h. sie bleiben verfügbar, solange sie zum Konzept des Museums passen.[33]

Religion, Migration und Emanzipation – eine Betrachtung der Dauerausstellung

Ausstellungen können stets aus unterschiedlichen Perspektiven unter unterschiedlichen Fragestellungen betrachtet werden. Aufgrund der sich stets wandelnden Wertesysteme innerhalb einer Gesellschaft können Ausstellungsobjekte unterschiedlich in ihrer Funktion und Aussage gedeutet werden. So können Ausstellungsanalysen nur als Deutungen ihrer Zeit und unter Berücksichtigung der Herangehensweise gesehen werden. Auch die Untersuchung in der vorliegenden Arbeit strebt keine Allgemeingültigkeit an. Vielmehr geschieht die Analyse der Dauerausstellungen der Jüdischen Museen mit dem Fokus auf die Frage, wie und aus welcher Perspektive Jüdische Museen, in diesem Fall das Jüdische Museum der Schweiz in Basel, das *Jüdische* darstellen.

---

31 http://jms-altland.ch/?portfolio=mobile-attachment (zuletzt abgerufen 25.08.2019).
32 http://glaubensdinge.ch/glaubensdinge/glaubensdinge/ (zuletzt abgerufen 25.08.2019).
33 Dr. Naomi Lubrich, Interview am 08.05.2018, Jüdisches Museum der Schweiz, Basel.

Mit der Neugestaltung der Dauerausstellung hat sich neben dem Grundkonzept das Farbkonzept der Ausstellungsgestaltung verändert. Der Ausstellungsraum *Kult* ist in einem dunklen Rotton gehalten, der Ausstellungsraum, der sich dem Thema *Feiertag* annähert, in einem dunklen Blau. Die kleineren Ausstellungsräume erzeugen durch das gedämpfte Licht und die Farbgebung eine intime Atmosphäre, was durchaus bei der Gestaltung der Räume beabsichtigt war.[34] Durch die Größe der Räume und die Lichtverhältnisse bewegen sich die Besucher eher langsam durch die Ausstellungsräume, von einer Vitrine zur nächsten. Diesem Konzept entsprechend ist in beiden Ausstellungsräumen die *Klassifikation* als Präsentationsform gewählt worden, wobei Exponate gleicher Objektgruppen nebeneinander präsentiert werden. Diese Art der Darstellung lädt die Besucher dazu ein, bei den einzelnen Vitrinen zu verweilen und die Ausstellungsstücke zu studieren. Was Kennern einen Überblick über mögliche Entwicklungen über gewisse Zeitspannen hinweg sowie regionale Unterschiede in den Objektgestaltungen bieten kann, kann bei Laien den Eindruck von Fremdartigkeit der präsentierten Kultur hervorrufen oder verstärken. Ausstellungsstücke werden auf diese Weise trotz erklärender Texte womöglich eher als Kunstobjekte oder Kuriositäten denn in ihrer eigentlichen Funktion gesehen.[35]

Das Jüdische Museum der Schweiz wirkt dem mit einem Videoguide entgegen. Bei einem Ausstellungsbesuch werden den Besuchern Videoguides in Deutsch und Englisch kostenlos zur Verfügung gestellt, anhand derer ausgewählte Exponate aus unterschiedlichen Perspektiven näher beleuchtet werden. Den Objekten werden zusätzlich zu den Ausstellungstexten auf diese Weise neue *Konnotationen* zugeschrieben. Die unterschiedlichen Sprecher des Videoguides füllen die ausgewählten Exponate mit persönlichen Lebensgeschichten oder binden diese in historische, juristische und religiöse Hintergründe ein. So erfüllt der Videoguide zwei Funktionen: Zum einen führt der er die Besucher anhand von verschiedenen Exponaten durch die Ausstellung und verbindet gleichzeitig die Ausstellungsräume, welche durch den Eingangsbereich getrennt sind. Zum anderen werden zumindest einige der Exponate für die Besucher greifbarer, sodass dieser Teil der Ausstellung sowohl für jüdische als auch nichtjüdische Besucher zugänglicher erscheint.

---

34 Dr. Naomi Lubrich, Interview am 08.05.2018, Jüdisches Museum der Schweiz, Basel.
35 Siehe Kapitel 1.2.

Abb. 4: In der Vitrine „Toraschmuck" im Ausstellungsraum „Feiertag" des Jüdischen Museums der Schweiz werden Toraschilder, Torazeiger und Rimonim in Form der Klassifikation präsentiert, wobei Gegenstände gleicher Funktion nebeneinander ausgestellt werden. Foto: Autorin.

Im Ausstellungsraum *Kultur* hingegen, dem größten Ausstellungsraum des Museums, wird in *chronologischer* Abfolge die Geschichte der Juden auf dem Gebiet der heutigen Schweiz erzählt bzw. die Geschichte der Schweiz aus der Perspektive der Juden. Im Gegensatz zu den Ausstellungsräumen *Kult* und *Feiertag* können die Besucher die Ausstellung beim Eintreten sogleich überblicken und sich frei im Raum bewegen. Die Exponate werden hier in den Vitrinen, bis auf das Kapitel *Rückkehr*, weniger dicht präsentiert, sodass einzelne Objekte für sich allein betrachtet und gedeutet werden können. Wie für die *Chronologie* als Präsentationsform bezeichnend, werden auch hier den Ausstellungsobjekten symbolische Werte zugeschrieben. Dass in diesem Saal eher zurückhaltend mit begleitenden Texten umgegangen wird, lässt darauf schließen, dass die Ausstellungsmacher entweder auf die eindeutige Aussagekraft der präsentierten Objekte vertrauen oder den Besuchern bewusst Deutungsfreiräume lassen.[36] Letzteres lässt sich in dem Ausstellungskapitel *Rückkehr* erkennen. In einer Kabinetthängung werden hier unterschiedliche Objekte präsentiert, von kleinformatigen Bildern über Judaika bis hin zu alltäglichen Gebrauchsgegenständen. In diesem Kapitel werden ebenfalls mehrere Zizenhauser Terrakotten[37] ausgestellt. Die farbenfrohen Tonfiguren stellen Juden in stereotypen, mit Vorurteilen behafteten Szenen und Posen dar. In der heutigen Zeit werden diese Figuren mit ihren bezeichnenden Titeln als antisemitische Abbildungen gesehen. Die Präsentation der Zizenhauser Figuren inmitten von religiösen Darstellungen, Objekten religiösen und täglichen Gebrauchs verweist auf das schwierige Zusammenleben der jüdischen Minderheit in der Schweizer Gesellschaft im 17. und 18. Jahrhundert. Zugleich wird den Besuchern in diesem Ausstellungskapitel der Freiraum gelassen, diese Zusammenstellung an Exponaten für sich zu deuten und Assoziationen zu bilden. Denn an dieser Stelle gibt es einen kurzen Begleittext, der die intendierte Botschaft nur andeutet. In den übrigen Vitrinen des Ausstellungsraumes *Kultur* sind die Exponate als Repräsentanten des jeweiligen Kapitels bzw. Themas ausgestellt und haben somit einen Belegcharakter für die in der Ausstellung präsentierten historischen Ereignisse.[38] Durch den Verzicht

---

36 Siehe Kapitel 1.2. zur Chronologie als Ausstellungsform.

37 Der Künstler Anton Sohn (1769–1840) schuf seit 1799 in Zizenhausen Terrakotten nach unterschiedlichen Vorbildern, wobei Soldaten, Geistliche und Juden ein bevorzugtes Motiv waren. Die Darstellungen von Juden sind reich an Anspielungen auf verbreitete Vorurteile, insbesondere darauf, dass man Juden als Händler nicht trauen darf. Die farbenfrohen, kleinformatigen Tonfiguren waren sowohl im süddeutschen Raum als auch in der Schweiz, Frankreich und Belgien bekannt und begehrt. (Siehe Falk Wiesemann: Antijüdischer Nippes und populäre „Judenbilder" und https://bawue.museum-digital.de/index.php?t=sammlung&instnr=128&gesusa=282, zuletzt abgerufen 18.09.2019).

38 Siehe Kapitel 1.2 zur Chronologie als Ausstellungsform.

auf lange Textpassagen stehen die Objekte deutlich im Vordergrund und sprechen für sich.

Ein Ausstellungsobjekt, welches in diesem Raum aufgrund seiner Größe und Positionierung sehr präsent erscheint, ist die großformatige Karte an der hinteren Wand des Raums, die beim Betreten sogleich ins Auge fällt. Unter dem Titel *Vom Dorf in die Stadt* zeigt die Karte Gründungen der jüdischen Gemeinden seit 1500 auf dem Gebiet der heutigen Schweiz. Anhand von geografischen Karten lassen sich Geschichten und Geschichte bündeln und in Ausstellungen abstrahiert auf eine Abbildung bringen. So werden Landkarten für Darstellungen von Migration bzw. Migrationsbewegungen gerne eingesetzt.[39] Dabei können sie, wie andere Museumsobjekte auch, mehrere Deutungsebenen haben. Ein problematischer Aspekt von geografischen Karten im Kontext von Migration ist der Fokus auf Bewegung. Oftmals werden dabei Grenzen außer Acht gelassen. Landkarten werden zudem als objektive Abbildungen gesehen, ohne ihre Objektivität in Frage zu stellen. Doch Karten sind von ihrer Natur her stets das Resultat von Selektion, Abstraktion und Codierung. Sie stellen Entfernungen und geografische Flächen dar, sie erzählen Geschichten darüber, wie die Welt aussieht bzw. aussehen soll, jedoch wird hierbei die Perspektive, aus der die Betrachtung stattfindet, nicht reflektiert.[40] Die ausgestellte geografische Karte im Jüdischen Museum der Schweiz ist eine deutlich abstrahierte Abbildung aus dem Jahr 1686, ohne klar definierte Grenzen. Vor dem monochromen Hintergrund fallen die in Blau gekennzeichneten Gewässer bzw. Seen ins Auge und geben auf den ersten Blick eine Orientierung vor. Deutlich im Vordergrund stehen die in unterschiedlichen Rottönen gehaltenen Punkte, welche den jeweiligen Gründungszeitpunkt der jüdischen Gemeinden darstellen. Von dunkleren Tönen, die auf die ältesten Gründungen deuten, hin zu helleren Farbabstufungen, den neueren Gründungen, verweist die geografische Karte auf die Bewegung der jüdischen Bevölkerung vom Land hin zur Stadt im Verlauf der letzten Jahrhunderte. Ergänzt wird die Darstellung durch Hinweise auf weitere historische Gegebenheiten. Neben ihrem Charakter als Sinnbild für Migration und Migrationsbewegung erfüllt die Karte an dieser Stelle der Ausstellung gleich mehrere Funktionen. Zum einen verbildlicht sie die bisherigen Kapitel der chronologisch angeordneten Präsentation und gibt eine räumliche Vorstellung der ersten Gründungen jüdischer Gemeinden auf ländlichem Gebiet, zum anderen leitet sie das nächste Kapitel ein und zeigt die Migrationsbewegungen in die Städte der Schweiz. Zugleich gibt es Andeutungen der Diversität innerhalb des Judentums, indem auf Neugründungen von jüdischen Gemeinden in mehreren Städten neben bereits

---

39 Vgl. Kerstin Poehls: Europe Blurred, S. 337–353.
40 Ebd., S. 341.

existierenden Gemeinden seit den 1970er Jahren hingewiesen wird, ohne jedoch genauer auf diese Entwicklungen einzugehen.

In den Ausstellungsräumen *Feiertag* und *Kultur* wird jeweils eine Thorarolle in der Mitte des Raums präsentiert. Diese Platzierung der Thora verweist auf die zentrale Rolle der Schrift im Judentum. Bereits in der ersten Dauerausstellung des Museums war diese Art der Präsentation im großen Ausstellungsraum gewählt worden. Damals war der Raum *der Lehre* gewidmet, wobei die Thora das Zentrum der jüdischen Religion symbolisieren sollte. In den Ausstellungsräumen verweist die Thora nun eher indirekt auf die Lehre, umso mehr steht das Buch an sich im Vordergrund. Im Ausstellungsraum *Feiertag* wird das Judentum als Religion des Buches präsentiert. Auch in der Präsentation *Kultur* ist die ausgestellte Thora in die Thematik des Buchdrucks und Basel als Zentrum des hebräischen Buchdrucks in der Frühen Neuzeit eingebunden. Durch die Ausstellung der Thora in unterschiedlichen Kontexten und die unterschiedliche Codierung des Ausstellungsobjekts ist es den Besuchern möglich, die Thora in unterschiedlichen Aspekten zu erfahren, bzw. die Schrift als mehr als nur ein religiöses Symbol für das Judentum zu sehen. Auf der metakommunikativen Ebene verweist das Museum auch an dieser Stelle auf die Vielfalt und Vielschichtigkeit des Judentums. Es tritt einen Schritt zurück von der Vorstellung des Judentums allein als *eine (einheitliche)* Religion. Auch an anderen Stellen lässt sich diese Botschaft auf der metakommunikativen Ebene erkennen. So wird beispielsweise in den Vitrinen mit dem Titel *Vielfalt* einerseits auf die vielfältigen kulturellen Aktivitäten der jüdischen Gemeinden in der Schweiz hingewiesen, andererseits werden die verschiedenen individuellen Lebensentwürfe von Juden auf der ganzen Welt thematisiert. Des Weiteren werden die Besucher durch die Präsentation von unterschiedlichen Kopfbedeckungen in der großen Vitrine zur linken Seite in der Darstellung des *Alltags* erneut darauf aufmerksam gemacht, dass der Ausdruck des Glaubens heute individuell ist und dementsprechend unterschiedlich nach außen getragen wird.

Die Dauerausstellung richtet sich sowohl an jüdische als auch an nichtjüdische Besucher mit unterschiedlichem Vorwissen bzw. ohne Vorwissen. Daher ist die Dauerausstellung vielschichtig angelegt. Zum einen klärt die Ausstellung über die religiösen Aspekte und Traditionen des Judentums auf, zum anderen erzählt sie gleichzeitig die Geschichte der Juden auf dem Gebiet, das heute die Schweiz bildet. Eine Besonderheit der Dauerausstellung des Museums ist die Präsentation der aktuellen Zeit, wodurch ebenfalls das heutige Verständnis vom Judentum thematisiert wird.

Abb. 5: Die Kabinetthängung im Ausstellungsraum „Kultur" bietet anhand der Exponate Einblicke in die damalige jüdische Kultur sowohl aus der Perspektive der Selbstdarstellung als auch der Fremdzuschreibungen. Foto: Autorin.

Vom ethnologischen zum kulturhistorischen Museum

Während die Strategie der ursprünglichen Museumsleitung des Jüdischen Museums der Schweiz darin lag, das Museum bewusst klein und unauffällig zu halten, um mögliche negative Aufmerksamkeit zu vermeiden, präsentiert sich das Museum seit der Neugestaltung 2016 selbstbewusster und tritt aus seinem Schattendasein im Hinterhof heraus. Unter der neuen Leitung des Museums stehen jüdische Religion, Migration und Emanzipation im Fokus der Dauerausstellung, besonders die Frage, was Judentum heute ausmacht. Im Gegensatz zum alten Ausstellungskonzept werden nun gesellschaftliche und historische Umstände durchaus kritischer hinterfragt. So wird die Geschichte der Schweiz aus der Perspektive der Juden erzählt[41], wobei die Vertreibung und Unterdrückung ebenso präsentiert werden wie die Integration. Ferner wird der Umgang der Schweiz mit

---

41 Ebd.

deutschen Flüchtlingen in der Zeit des Nationalsozialismus thematisiert. Die ursprüngliche Zurückhaltung bei politischen Aussagen in der Öffentlichkeit beginnt nun einer bewussteren Auseinandersetzung mit Geschichte und Gesellschaft zu weichen. Auch der neue Schwerpunkt auf die Frage, was das Judentum heute ist, steht dem vorherigen Ziel des Museums entgegen. Die Betonung der Kontinuität und der Lebendigkeit des Judentums sowie der Aufklärungscharakter waren in der Konzeption der ersten Dauerausstellung vor dem historischen Hintergrund durchaus nachvollziehbar, sind jedoch heute, mehr als 70 Jahre nach Ende des Zweiten Weltkriegs, nicht mehr zeitgemäß. In einer Zeit, in der das Judentum nicht mehr nur als Religion, sondern auch als Kultur, Lebensart und insbesondere als ein grundlegendes Element der eigenen Identität gesehen wird, ist es unabdingbar, die Pluralität im Judentum zu thematisieren.[42] Das Jüdische Museum der Schweiz tut dies, wie oben dargestellt, an mehreren Stellen in der Dauerausstellung. Mit der Verlagerung des Schwerpunkts auf aktuelle Themen und Fragen, wie Migration, Identität, Emanzipation, aber auch mit der Erweiterung der Ausstellungsräume rückt das Museum mehr in den Fokus der heutigen Gesellschaft. Die Umgestaltung der Ausstellungsräume, mit einem neuen Farbkonzept und einem vereinheitlichten Design, lässt die Dauerausstellung für die Besucher moderner und einladender wirken. Auch didaktisch entspricht die Ausstellungsgestaltung, mit den Begleittexten und der übersichtlichen, klar formulierten Beschriftung der Exponate, den aktuellen Vermittlungsmethoden. Der zur Ausstellung produzierte Videoguide in zwei Sprachen bietet zusätzliche Zugangsmöglichkeiten zu den Exponaten, indem diese in lebendige Kontexte eingebunden werden.

Ein weiterer Schritt, mit dem das Jüdische Museum mehr Aufmerksamkeit und ein breiteres Publikum erreicht, sind die Online-Ausstellungen *Altland. Theodor Herzls europäisches Erbe* sowie *Glaubensdinge*. Die rund um die Uhr und von aller Welt aus einsehbaren Ausstellungen thematisieren zwei Aspekte, die dem neuen Konzept des Museums entsprechen. Die Ausstellung *Altland* erzählt nicht nur eine bedeutende Entwicklung der jüdischen Geschichte, sie zeigt zugleich die Verwurzelung mit dem Standort Basel auf. Die Ausstellung *Glaubensdinge* hingegen stellt sich der Frage, was Glauben und Religion heute bedeuten und welche Rolle sie im Leben der jüngeren Generation spielen. Sie verweist auf den gänzlich unterschiedlichen Umgang verschiedener Glaubensrichtungen mit Religion und ihren Einfluss auf die Identität. In Bezug auf das Jüdische Museum spiegelt diese Ausstellung die Auseinandersetzung mit der Frage wider, welche Rolle das Museum als Jüdisches Museum zu erfüllen hat

---

42 Voraussetzung ist, dass die Zeit nach dem Zweiten Weltkrieg und insbesondere die heutige Zeit Teil der Präsentation ist.

und wie es sich selbst sieht. Auch wenn das Jüdische Museum sich seit der Neukonzeption 2016 als kulturhistorisches Museum präsentiert, hat es sich dennoch
zur Aufgabe gemacht, sich dem Judentum auch als Religion zu widmen und es
als solche zu präsentieren. Trotz der Thematisierung aktueller gesellschaftlicher
Fragen in der neugestalteten und neukonzipierten Dauerausstellung wird nicht
tiefer auf diese eingegangen. Historische Diskurse aber auch gegenwärtige Fragen werden in der Ausstellung nur angedeutet. Dies trifft ebenfalls auf die
Wechselausstellungen in der Galerie des Jüdischen Museums zu. Es kann auf
den ersten Blick mit der Größe der Räumlichkeiten erklärt werden, jedoch spielt
die Struktur des Museums ebenfalls eine nicht unbedeutende Rolle. Das Museum wird vom Fachausschuss, dem Vorstand und dem Verein des Jüdischen Museums der Schweiz gestützt. Dies bedeutet auch, dass die Aktivitäten und Konzepte der Ausstellungen in der Regel jeweils besprochen und abgesegnet werden. Zudem ist das Museum seit dem Rückzug der Gründungsdirektorin und
Mäzenin des Jüdischen Museums, Katia Guth-Dreyfus, auf weitere finanzielle
Unterstützung des Kantons Basel angewiesen. Alle weiteren Kosten müssen eigenständig aufgebracht werden. Da für jedes Projekt, das außerhalb des be-
schränkten Budgets liegt, Förderanträge gestellt werden müssen, kann es unter
Umständen passieren, dass gewisse Pläne zunächst nicht umgesetzt werden
können, wenn keine Fördergelder zugesprochen werden. Aber auch von den finanziellen Aspekten abgesehen, kann sich die Museumsleitung nicht vollkommen frei entfalten, da sie sich stets breit abstützen muss, die Unterstützung des
Vorstands, aber auch des Umfelds braucht und diese auch bewusst sucht.[43] Es
bleibt zu beobachten, ob und wieweit es, insbesondere nach dem geplanten Umzug des Museums, erneut Veränderungen im Konzept der Ausstellung geben
wird und ob aktuelle religiöse und gesellschaftliche Diskussionen einbezogen
und ausführlicher dargestellt werden.

2.3 Jüdisches Museum Hohenems

Die Geschichte des Jüdischen Museums Hohenems reicht bis in die frühen
1970er Jahre zurück. Zu dieser Zeit entbrannte ein Streit über das Ortszentrum
von Hohenems, das aus zwei Straßen besteht: der ehemaligen „Judengasse"
und der ehemaligen „Christengasse". Nach der Zwangsauflösung der jüdischen
Gemeinde 1940 blieben ein städtebauliches Ensemble des früheren jüdischen
Viertels sowie der jüdische Friedhof im Süden der Stadt erhalten. Die Straßenna-
men im Zentrum des Ortes, welche auf jüdische Persönlichkeiten hinwiesen,

---

43 Dr. Naomi Lubrich, Interview am 08.05.2018, Jüdisches Museum der Schweiz, Basel.

wurden entsprechend der Intention des NS-Bürgermeisters zur „Ausmerzung [der] Erinnerungsstätten ehemaliger jüdischer Herrschaft in Hohenems"[44] nach Nationalsozialisten umbenannt. Nach dem Krieg wurden die zuvor als Helden gefeierten Nationalsozialisten aus dem Stadtbild verbannt. Die Wiederherstellung der vor dem Krieg verwendeten Namen schien zu dem Zeitpunkt unmöglich. So wurde die Straße, die durch das ehemalige jüdische Viertel führte, neutral „Schweizer Straße" benannt.[45] Als zu Beginn der 1970er Jahre der Abriss des ehemaligen jüdischen Schulhauses sowie möglicher weiterer Häuser drohte und somit das Verschwinden eines weiteren Teils der jüdischen Geschichte aus dem Ortsbild, kam die Frage nach einem Erinnerungsort für „Vorarlbergs vergessene Juden"[46] in Hohenems auf. Es wurde erstmals von einem Jüdischen Museum gesprochen.[47] Etwa zur gleichen Zeit hatte der Hohenemser Kulturkreis begonnen, die Geschichte der jüdischen Gemeinde in Hohenems aufzuarbeiten. Der Landesarchivdirektor und spätere wissenschaftliche Leiter des Projekts zur Entwicklung eines Museumskonzepts für das Jüdische Museum, Karl Heinz Burmeister, forschte und publizierte damals zur jüdischen Geschichte im Bodenseeraum. Von Bedeutung für das spätere Jüdische Museum war ebenfalls die Gründung der Johann-August-Malin-Gesellschaft zur Erforschung der Vorarlberger Zeitgeschichte 1982. Die in Bregenz gegründete Gesellschaft setzte unter anderem zahlreiche Impulse zur kritischen Aufarbeitung von Antisemitismus und Nationalsozialismus in Vorarlberg. Diese Entwicklungen und historische Aufarbeitung trugen schließlich dazu bei, dass das Projekt eines Jüdischen Museums in Hohenems auf einer fundierten wissenschaftlichen Grundlage aufgebaut werden konnte. 1983 wurde die Marktgemeinde Hohenems zur Stadt erhoben. Es folgte der Beginn einer Stadtreparatur und Stadterneuerung im historischen Zentrum. In diesem Zusammenhang wurde die Villa Heimann-Rosenthal von der Stadt Hohenems erworben, wobei die Verwendung des Gebäudes vorerst offen blieb. Im November 1986 wurde der Verein Jüdisches Museum Hohenems gegründet mit dem Ziel, die Gründung eines Museums voranzubringen. Der damalige Bürgermeister Otto Amann wurde zum engagierten Fürsprecher des Vorhabens. 1988 wurde die Sanierung der Villa Heimann-Rosenthal in Auftrag gegeben. Nun stand fest, dass das sanierte Gebäude das Jüdische Museum beherbergen soll. Unter der wissenschaftlichen Leitung von Karl Heinz Burmeister wurde im folgenden Jahr ein Team mit der Erarbeitung eines Museumskonzepts

---

44 Zit. nach Schreiben der Marktgemeinde Hohenems an Bezirkshauptmannschaft Feldkirch vom 13.09.1938, in: Archiv JMH.
45 Eva Grabherr: Das Gestalten der Erinnerung, S. 497.
46 Hanno Loewy: Das Jüdische Museum Hohenems, S. 19.
47 Hanno Loewy: Das jüdische Viertel, S. 13.

und der Zusammenstellung von Objekten und Dokumenten für die Ausstellung beauftragt.[48] Im Verlauf der Konzepterarbeitung ergaben sich hitzige Debatten darüber, aus welcher Perspektive die Ausstellung gestaltet und welche Aussage damit vermittelt werden sollte. Dies gründete darin, dass unterschiedliche Akteure mit unterschiedlichen Hintergründen und Motivationen an diesem Projekt beteiligt waren. So waren Wissenschaftler und Laien in den Prozess involviert, die eine eher positive Sichtweise auf die jüdische Geschichte des Ortes und das Zusammenleben der jüdischen Minderheit und der christlichen Mehrheit hatten. Dem stand eine neue Generation von Historikern und Historikerinnen entgegen, die kritische Fragen an die Landes- und Ortsgeschichte stellten und die idyllische Vorstellung vom Zusammenleben hinterfragten. Nicht zuletzt waren ebenso Kulturwissenschaftler und Kulturwissenschaftlerinnen involviert, die eine gänzlich andere Perspektive einnahmen und die jüdische Geschichte, die hebräische Sprache und die verschiedenen Strömungen innerhalb der jüdischen Kultur in den Vordergrund stellten. Die innerhalb des Diskurses entstandene Reibungsenergie wirkte sich jedoch positiv auf das Museumskonzept aus, da die Akteure letztlich dasselbe Ziel verfolgten: ein Jüdisches Museum aufzubauen, das von „Menschen in ihrer Lebenswelt sowie ihrem komplexen Verhältnis zur Gesellschaft und Tradition und Zukunftserwartungen"[49] erzählt. Dieses Ziel umzusetzen, gestaltete sich gerade in den Anfängen des Museums recht schwierig, da das Museum zu dieser Zeit noch über keine fundierte Sammlung verfügte und auf Behördenüberlieferungen im Landesarchiv und im Stadtarchiv angewiesen war. Insbesondere Egodokumente, Fotografien, Briefe etc. fehlten in der Sammlung, anhand derer Erfahrungen und Lebensgeschichten der jüdischen Einwohner hätten dargestellt und vermittelt werden können. Es mussten daher von der einen oder anderen Seite der Akteure Zugeständnisse gemacht werden. Bei der Eröffnung des Museums präsentierte das Haus schließlich eine Dauerausstellung, die aus kultursoziologischer und rechtshistorischer Sicht die Geschichte der regionalen jüdischen Gemeinschaft präsentierte.[50] Bereits während der Gründungsphase des Museums haben die ersten Nachkommen der ehemaligen jüdischen Gemeinde Kontakt zu Hohenems und zum Museum gesucht. Im Verlauf der darauffolgenden Jahre ist daraus ein reger Austausch entstanden. Die Nachkommen-Community hat die weitere Entwicklung des Museums in zweierlei Hinsicht beeinflusst. Zum einen wuchs die Sammlung des Hauses dank Schenkungen und Nachlässen seitens der Nachkommen, zum anderen erhielt das Museum durch die enge Verbindung zu den Nachkommen eine weitere

---

48 Vgl. Hanno *Loewy* (Hg.): Festschrift 20 Jahre Jüdisches Museum Hohenems.
49 Zit. nach Dr. Hanno Loewy, Interview am 12.06.2018, Jüdisches Museum Hohenems.
50 Ebd.

Funktion als Zentrum ihrer Familiengeschichte. Seit der Eröffnung des Museums fanden bisher drei Nachkommentreffen in Hohenems statt. Dabei stand das Museum als Zentrum der Familienarchive im Mittelpunkt. Nach dem ersten Nachkommentreffen im Jahr 1998 haben sich die zahlreichen, vorwiegend in den USA lebenden, Nachkommen zu einem Verein zusammengeschlossen, der das Museum auf verschiedenen Wegen in seiner Entwicklung ideell und finanziell unterstützt. Die *American Friends of the Jewish Museum Hohenems* geben zudem zweimal jährlich einen eigenen Newsletter heraus, in dem über aktuelle Ereignisse rund um das Museum und über Familiengeschichten, Persönlichkeiten sowie historische Begebenheiten informiert wird.[51] Durch den aktiven Austausch mit den Nachkommen, die auf verschiedenen Kontinenten der Welt verteilt sind, erhält das Museum eine globale Dimension. Wenn es zu Beginn der Gründungsphase noch vordergründig darum ging, mit dem Jüdischen Museum Hohenems die politische Öffnung des Landes zu symbolisieren und die Vergangenheit aufzuarbeiten, erfüllt das Museum nun mehr auch die Funktion eines zentralen Bezugspunkts für zahlreiche Nachkommen in aller Welt. Dies nicht zuletzt, da das Museum in Zusammenarbeit mit der Universität Innsbruck nach zahlreichen Jahren der familienbiografischen und genealogischen Forschung am Jüdischen Museum Hohenems die Genealogiedatenbank *Hohenemsgenealogie*[52] entwickelt hat, die im November 2010 online gestellt wurde. So ist es Angehörigen jüdischer Familien aus Hohenems möglich, biografische Daten, Migrationsgeschichten und Stammbäume zu recherchieren, unabhängig von ihrem derzeitigen Aufenthaltsort.[53]

Trotz der positiven Entwicklung des Museums kam es um die Jahrtausendwende zu ausgeprägten Konflikten zwischen der Leitung und dem Vorstand des Museums. Nach der Gründungsdirektorin Eva Grabherr übernahm zunächst für wenige Jahre Esther Haber die Leitung des Museums. Im Januar 1999 wurde Thomas Krapf als Nachfolger eingestellt. Bereits ein halbes Jahr später gab es die ersten Differenzen bezüglich der Programmgestaltung. Zunächst kritisierte der damalige Bürgermeister Christian Niederstetter den neuen Museumsdirektor für seine Themenwahl der gezeigten Ausstellungen. Doch auch museumsintern gab es Unfrieden. So wurde der Organisationsentwickler und Museologe Samy Bill engagiert, jedoch ohne den erhofften Erfolg, woraufhin der Stadtrat im Juli 2000 Thomas Krapf kündigte. Dies zog ein Gerichtsverfahren und großes öffentliches

---

51 https://www.jm-hohenems.at/ueber-uns/freunde/american-friends-of-jmh (zuletzt abgerufen 05.01.2020).
52 Als die Genealogiedatenbank online gestellt wurde, verfügte die Datenbank bereits über 10.000 Einträge. Diese Zahl verdreifachte sich in den darauffolgenden acht Jahren. Täglich wird die Datenbank erneuert und es kommen weitere Datensätze hinzu.
53 Vgl. Hanno Loewy (Hg.): Festschrift 20 Jahre Jüdisches Museum Hohenems.

Medieninteresse nach sich.[54] Wie bereits in der Gründungszeit des Museums kamen auch jetzt die unterschiedlichen Ansichten über die Funktion des Jüdischen Museums zum Vorschein, wenn auch in einem anderen Zusammenhang. Erneut stellte sich die Frage, ob das Museum den Charakter eines Heimatmuseums erhalten sollte und welche Themen und kritischen Fragen das Haus in den öffentlichen Raum stellen darf. Interimistisch übernahm Johannes Inama, der seit 1993 im Jüdischen Museum tätig war, dessen Leitung. Es folgte eine Umstrukturierung des Museums und seiner Ziele. Im Verlauf der Interimszeit beschloss der Vorstand des Museumsvereins ein neues Leitbild des Hauses. Auch die Trägerschaft wurde neu organisiert, wodurch die Unabhängigkeit des Jüdischen Museums gesichert war. Ein wissenschaftlicher Beirat zur fachlichen Unterstützung der Museumsleitung und des Vereinsvorstandes wurde eingerichtet. Im Januar 2004 ist Hanno Loewy zum neuen Direktor des Museums bestellt worden. Im darauffolgenden Jahr begann das Museumsteam in Zusammenarbeit mit einem Ausstellungskurator, verschiedenen Architekten und einem Designteam, eine neue Dauerausstellung zu entwickeln. Dank der gewachsenen Sammlung war es nun möglich eine Dauerausstellung zu gestalten, die sich den veränderten Fragen der Gegenwart, so beispielsweise nach der Bedeutung von Migration und Diaspora in der jüdischen Geschichte von Hohenems, stellte. Im April 2007 ist die Dauerausstellung des Jüdischen Museums neueröffnet worden.[55]

Das Museum ist auf unterschiedlichen Ebenen vernetzt. Neben dem Friedhofsverein und dem Verein Jüdisches Museum Hohenems, der sich intensiv um den Kontakt zu den Nachkommen in aller Welt kümmert, bestehen Verbindungen, die den Austausch mit anderen Institutionen fördern, darunter die AG Jüdische Sammlung[56] und die Vereinigung Europäischer Jüdischer Museen (AEJM)[57].

---

54 http://www.hagalil.com/archiv/2000/09/hohenems.htm und http://www.hagalil.com/archiv/2001/03/hohenems.htm (zuletzt abgerufen 05.01.2020).

55 Vgl. Hanno Loewy (Hg.): Festschrift 20 Jahre Jüdisches Museum Hohenems.

56 Die AG Jüdische Sammlung ist 1976 in Köln gegründet worden als loser Zusammenschluss Jüdischer Museen und anderer Institutionen, wie Gedenkstätten, ehemalige Synagogen, Archive, Forschungsinstitutionen und Bibliotheken. Ziel ist der fachliche Austausch und Vernetzung von Einrichtungen und Projekten, die sich jüdischen Themen und der Kultur widmen. Hierzu findet jährlich ein Treffen statt. (Vgl. http://juedische-sammlungen.de/about, zuletzt abgerufen 05.01.2020).

57 Die Association of European Jewish Museums ist 1989 gegründet worden und repräsentiert heute mehr als sechzig Jüdische Museen in Europa. Die Vereinigung setzt sich für professionelle Standards und Vermittlungtätigkeiten ein, sodass es den Museen möglich ist, das materielle und immaterielle jüdische Erbe zu bewahren und einen Diskurs über jüdische Kultur, Tradition und Geschichte zu fördern. (Vgl. https://www.aejm.org/about-us/, zuletzt abgerufen 05.01.2020.) Seit 2011 ist ein Ausbildungsprogramm für Mitarbeiter Jüdischer Museen entwickelt worden. Es finden zweimal jährlich Vermittlungstagungen für Kuratoren statt. Es gibt

Abb. 6: Außenansicht Jüdisches Museum Hohenems in der Villa Heimann-Rosenthal. Foto: Autorin.

In Bezug auf Forschung und auf wissenschaftlicher Ebene besteht eine Verbindung zum Verein *Alemannia Judaica* und insbesondere eine Vernetzung durch die Europäische Sommeruniversität für Jüdische Studien in Hohenems. Die Sommeruniversität begann 2005 ursprünglich als SommerUniversitätMünchen (SUM) des Lehrstuhls für Jüdische Geschichte und Kultur am Historischen Seminar der Ludwig-Maximillians-Universität in München.[58] Daraus entstand in den folgenden Jahren eine gemeinsame internationale Sommeruniversität für jüdische Studien der Universitäten München, Salzburg und Basel, die seit 2009 weiterhin jährlich in Hohenems stattfindet. Seit ihrem Bestehen hat sich der Kreis der beteiligten Universitäten erweitert: 2011 kam die Universität Wien, 2012 die

zudem ein Beratungsprogramm, das den Museen bei Problemen mit Sammlungen und Ausstellungen zur Seite steht. Für Museumspädagogen existiert ein gesondertes Austauschprogramm. Nicht zuletzt finden Spezialtagungen zu festgelegten Themen, wie beispielsweise Öffentlichkeitsarbeit, statt. (Hanno Loewy, Interview am 12.06.2018, Jüdisches Museum Hohenems).
58 https://www.jgk.geschichte.uni-muenchen.de/sommeruniversitaet/index.html (zuletzt abgerufen 07.01.2020).

Universität Zürich und 2015 schließlich die Universität Bamberg hinzu.[59] Jedes Jahr widmet sich die Sommeruniversität einem anderen Aspekt der jüdischen Lebenswelten. Die Themen reichen von Fragen der Identität, jüdischer Migration, jüdischer Geschichte, Bedeutung der Familie, Assimilation bis hin zu den unterschiedlichen Facetten von Macht. In Vorträgen und Workshops finden Diskussionen und ein reger Austausch statt. Bei der Sommeruniversität spielt das Jüdische Museum nicht nur als einer der Veranstaltungsorte in Hohenems eine Rolle. Als Mitglied des Gremiums, vertreten durch den derzeitigen Direktor, Hanno Loewy, nimmt es Einfluss auf die Auswahl und Entwicklung des jeweiligen Themas und Programms. Das Jüdische Museum ist somit engmaschig mit anderen Institutionen und Vereinen vernetzt. Zugleich ist es auf zahlreichen Online-Kanälen präsent, so beispielsweise auf Twitter, Facebook, YouTube und Instagram. Neben der digitalen Präsenz wird in gedruckter Papierform nach außen kommuniziert und informiert. So bleibt das Museum auch überregional stets im Gespräch. Der stetige Kontakt und Austausch, den das Museum pflegt, öffnet es für Impulse, Anregungen und aktuelle Diskussionen der Gesellschaft, die wiederum in das Programm des Museums einfließen.

Ausstellungsbegleitendes Programm

Im Oktober 1991, einige Monate nach der Eröffnung des Museums, wurde im Jüdischen Museum Hohenems eine Stelle für professionelle Museumspädagogik eingerichtet. Damit hatte das Museum, trotz seines eher abgelegenen Standortes, eine Vorreiterrolle in ganz Österreich. Die Einrichtung einer Vollzeitstelle für die Museumspädagogik ermöglichte Freiräume in der Gestaltung des ausstellungsbegleitenden Programms. Dies führte dazu, dass die Vermittlung und ein Museumsprogramm von Beginn an zum Konzept des Hauses gehörten. Ein vielschichtiges Vermittlungs- und Veranstaltungsprogramm prägt auch heute das Bild des Museums. Das Jüdische Museum sucht nach Interaktion und dem Austausch mit dem Publikum, regional wie international, und verfolgt zugleich das Ziel, auf historische und aktuelle Themen bzw. Umstände aufmerksam zu machen. Dabei kooperiert das Museum mit regionalen und internationalen Institutionen und Veranstaltungsorten. So besteht beispielsweise eine Zusammenarbeit mit dem schweizerischen Vermittlungsprojekt *Dialogue en Route*. Im Fokus der in diesem Zusammenhang angebotenen Führung, *An der Grenze. Flucht in die Schweiz 1938–1945* steht die ehemalige Fluchtroute von Hohenems in die

---

59 Vgl. https://www.jm-hohenems.at/programm/sommeruniversitat (zuletzt abgerufen 07.01.2020).

Schweiz. Dabei werden während des Spaziergangs, vom Jüdischen Museum Hohenems bis an den Alten Rhein und über die Staatsgrenze in die Schweiz, anhand eines dramapädagogischen Vermittlungsprogramms die Teilnehmenden mit historischen Gegebenheiten vertraut gemacht und für Erfahrungen von Flucht sensibilisiert.

Das Jüdische Museum Hohenems bietet ein strukturiertes und gezieltes Vermittlungsprogramm für verschiedene Altersgruppen. Für junge Besucher werden unterschiedliche Führungen, je nach Altersgruppe, durch das Museum, aber auch durch das jüdische Viertel und den Jüdischen Friedhof angeboten. Es besteht zudem für Gruppen von Schülern, Lehrlingen und anderen Interessenten die Möglichkeit, Projekte zu realisieren, die Berührungspunkte mit den ausgestellten Inhalten aufweisen. In den letzten Jahren sind daraus zahlreiche Projekte unter anderem zu historischen Aspekten des Ortes Hohenems und zu Themen wie Migration sowie Mehrsprachigkeit entstanden. Für die ältere Generation gibt es einen besonderen Rundgang durch die Dauerausstellung. Der Erzählrundgang *Erzählen und Zuhören im Museum* richtet sich speziell an (hoch-)betagte Menschen und ihre Begleitung. Hierbei werden die Teilnehmenden anhand von Ausstellungsobjekten dazu animiert, über ihre eigenen Erinnerungen zu sprechen. Weitere Führungen, wie beispielsweise Kuratorenführungen durch die aktuellen Ausstellungen, Führungen durch das jüdische Viertel des Ortes und zum Jüdischen Friedhof, stehen wiederum allen Interessierten offen.

Neben dem vielschichtigen Vermittlungsangebot bietet das Museum ein ebenso vielseitiges Veranstaltungsprogramm[60], das von Filmvorführungen, Lesungen, über Vorträge bis hin zu Symposien reicht.

Heimat Diaspora – Dauerausstellung des Jüdischen Museums Hohenems

Die Dauerausstellung des Jüdischen Museums Hohenems erstreckt sich über das 1. Ober- und das Dachgeschoss der Villa Heimann-Rosenthal. Der Ausstellungsrundgang ist chronologisch angelegt, beginnend mit der *Ansiedlung*. Neben der linear verlaufenden historischen Zeitleiste weist die Ausstellung einen zweiten Erzählstrang auf, den der zyklischen Zeit. Während entlang des linearen Zeitstrahls die historischen Entwicklungen und Umstände dargestellt werden, werden entlang des zyklischen Erzählstrangs die wichtigsten Stationen des Lebens und das jüdische Jahr thematisiert.

---

[60] Das Veranstaltungsprogramm des Jüdischen Museums ist sehr eng getaktet, sodass monatlich etwa zehn Veranstaltungen stattfinden, die allen zugänglich sind. (Siehe https://www.jm-hohenems.at/programm/alle-veranstaltungen, zuletzt abgerufen 10.01.2020).

Abb. 7: Im unteren Bereich der Vitrinen, auf Augenhöhe der jüngsten Besucher, befinden sich Scherenschnittbilder mit Textpassagen, die die Themen der „großen" Ausstellung aufgreifen und altersgerecht vermitteln. Hier im Dachgeschoss des Jüdischen Museums Hohenems im Kapitel „Nationalsozialismus" zu sehen. Foto: Autorin.

Auf der Augenhöhe von Kindern, eingebettet in die Dauerausstellung, verläuft die speziell für Kinder und Jugendliche entwickelte Ausstellung. Themen und Inhalte der Dauerausstellung werden an verschiedenen Stellen aufgegriffen und anhand von Scherenschnittbildern und kurzen Textpassagen an die jüngsten Besucher des Museums vermittelt. Der Ausstellungsrundgang beginnt zunächst mit einem kleinen Raum, der ausschließlich dem Leben und Werk von Salomon Sulzer[61] gewidmet ist. Im angrenzenden Ausstellungsraum beginnt der chronologisch verlaufende Rundgang durch die Dauerausstellung. Im ersten Ausstellungskapitel, *Ansiedlung*, steht zugleich die Frage „Warum sind wir hier?" im Fokus der Präsentation. Anhand der Unterthemen *Markt beleben*, *Vertreibung*

---

[61] Salomon Sulzer (1804–1890), in Hohenems geboren, war ein österreichischer Chasan und Sakralmusiker. Sein kompositorisches Hauptwerk „Schir Zion" (Gesang Zions) enthielt erstmals liturgische Gesänge mit Chorbegleitung. Dieses Werk beeinflusst noch heute den Gebetsstil in zahlreichen Synagogen.

und Wiederansiedlung und *Nützlichmachung* werden die historischen Ereignisse und die Lebensumstände der jüdischen Bewohner mit Hilfe von Textpassagen, Dokumenten, Briefen und einigen dreidimensionalen Exponaten beschrieben. In diesem Ausstellungskapitel werden zugleich in der zyklischen Zeitachse die Geburt sowie die jüdischen Feiertage *Simchat Tora* und Chanukka thematisiert. Im angrenzenden folgenden Raum steht die Frage „Wer sind wir?" und damit *Tradition und Aufklärung* im Mittelpunkt. Die dreidimensionalen Objekte, Briefe und andere Dokumente sowie Abbildungen verweisen auf das Spannungsverhältnis von Traditionen und kultureller Anpassung an die christliche Mehrheitsgesellschaft, angeregt durch die Aufklärung. Die Präsentation der Feiertage Purim und Pessach sowie die Bar/Bat-Mizwa finden sich ebenfalls in diesem Ausstellungskapitel. Der Frage „Was ist unsere Welt?" ist der nächste Ausstellungsraum gewidmet. Hier nähert sich die Ausstellung den Themen *Diaspora und Migration* an. Im 19. Jahrhundert waren die jüdischen Bewohner von Hohenems noch immer durch die gesetzliche und wirtschaftliche Lage eingeschränkt und zu einer hohen Mobilität gezwungen. Dokumente und andere Exponate zeugen von den Lebensumständen der jüdischen Familien im Ort. Eine Familie steht hier besonders im Fokus: die Familie Rosenthal, besonders Clara Heimann-Rosenthal. In diesem Ausstellungsraum wird ebenfalls die Hochzeit entlang der zyklischen Zeitachse exponiert. Das folgende Kapitel der Dauerausstellung wendet sich dem Individuum zu und damit dem Thema *Identitäten* und der Frage „Wer bin ich?". Was es bedeutet jüdisch zu sein, wird in der bürgerlichen Gesellschaft immer mehr zu einer persönlichen Angelegenheit. Die Werke des Rabbiners und Autors Aron Tänzer, darunter seine autobiografische Schrift *Ich als Objekt*, spiegeln die Entwicklungen der Zeit wider und stehen im Mittelpunkt des Ausstellungskapitels. Die zyklische Zeit wendet sich an dieser Stelle dem Ende bzw. dem Beginn des jüdischen Jahres sowie dem Ende des menschlichen Lebens zu. So werden in diesem Raum die Feiertage Rosch ha-Schana und Jom Kippur thematisiert. Im Übergang zum nächsten Ausstellungskapitel wird der im ersten Drittel des 20. Jahrhunderts aufkommende Antisemitismus in der Öffentlichkeit dargestellt. Die Präsentation des nächsten Raums knüpft hier an und vertieft dieses Thema im Ausstellungskapitel *Integration und Ausschluss* und zugleich in der zentralen Frage „Gehören wir dazu?". Anhand von Anzeigen, Dokumenten, Fotografien und einigen persönlichen Gegenständen nähert sich die Ausstellung insbesondere den gesellschaftlichen Fragen des *Nebeneinander oder Miteinander?* an. Der Erzählstrang der zyklischen Zeit endet hier mit den Thema Tod und mit dem jüdischen Fest Sukkoth. In dem chronologisch angelegten Rundgang wird an dieser Stelle unterbrochen. Durch das Treppenhaus gelangen die Besucher zum zweiten Teil der Dauerausstellung, im Dachgeschoss befindlich. Im Treppenhaus ist die Reproduktion eines Ansuchens um einen

Heimatschein von 1938 ausgestellt und verweist thematisch auf den folgenden Teil der Ausstellung. Die Präsentation im Dachgeschoss ist in sechs Themenbereiche unterteilt: in *Nationalsozialismus, Was nicht übrig blieb, Flucht, Vernichtung, Displaced Persons* und *Erinnern/Nicht-Erinnern*. In diesem Teil der Ausstellung zeugen Zeitungsartikel, Listen, Fotografien und persönliche Dokumente sowie Gebrauchsgegenstände von zahlreichen Schicksalen und Lebensgeschichten in der Zeit des Nationalsozialismus sowie nach dem Zweiten Weltkrieg. Das Ausstellungskapitel *Erinnern/Nicht-Erinnern* ist der Gründung des Vereins zur Erhaltung des jüdischen Friedhofs in Hohenems und der Gründung des Jüdischen Museums Hohenems gewidmet. Hierbei wird ein Schwerpunkt auf die Präsentation der Geschichte und den Umgang mit der ehemaligen Synagoge gelegt, die nach dem Zweiten Weltkrieg 1954/55 zu einem Feuerwehrgebäude und 2003 schließlich zum Salomon-Sulzer-Saal umgebaut worden ist. In dem kleinen Medienraum *Nachkommen erzählen* gibt es die Möglichkeit Interviews mit den Nachkommen der ehemaligen Hohenemser Gemeinde zu unterschiedlichen Themen, darunter *Nachkommenschaft und Erinnerung, Shoah und Migration* sowie *Religion und Familie*, zu sehen.

Die zyklische und lineare Zeit – Betrachtung der Dauerausstellung

Die Villa Heimann-Rosenthal, in der sich das Jüdische Museum Hohenems befindet, war von Beginn an ein wichtiger Teil des Museumskonzepts. Während das Museum zunächst wie ein Gast in dem üppigen Wohnhaus wirkte, wird dieses in der neugestalteten Dauerausstellung als Exponat des Museums begriffen. In der ersten Dauerausstellung des Museums wurde das großbürgerliche Ambiente des Hauses, das auch ein Zeuge der Ereignisse der jüngsten Geschichte war, bewusst inszeniert. Das erhalten gebliebene Mobiliar des Salons repräsentiert das vergangene Leben und rückt somit das historische Gebäude und seine Geschichte in den Vordergrund. Mit der Entwicklung des Museums und der Erweiterung der Sammlung änderte sich das Verhältnis des Museums zu seinen Räumlichkeiten. Seit der Neugestaltung im Jahr 2007 wird die Villa als ein Exponat der Dauerausstellung gesehen und dementsprechend thematisch in die Präsentation integriert.[62] Was zunächst auffällt, ist der Gegensatz zwischen der modernen, klar strukturierten Ausstellungsarchitektur und dem Haus. Die Ausstellungsvitrinen fügen sich in die Räume des ehemaligen Wohnhauses ein, ohne diese jedoch anzutasten. Die Atmosphäre und Ästhetik der Villa ist insbesondere

---

62 Hanno Loewy: Vorwort, S. 42 und Hanno Loewy (Hg.): Festschrift 20 Jahre Jüdisches Museum Hohenems.

im Eingangsbereich, dem Treppenhaus, aber auch in den einzelnen Ausstellungsräumen, nicht zuletzt durch das periodische Knarren der alten Holzdielen unter den Füßen der Besucher, erfahrbar. Das Haus und seine ehemaligen Bewohner werden an verschiedenen Stellen des Ausstellungsrundgangs selbst zum Thema und Ausstellungsobjekt. So werden die Besucher des Museums im Foyer des 1. Stocks mit der Geschichte des Museumsgebäudes vertraut gemacht, nähere Informationen zur Villa und zur letzten Bewohnerin des Hauses, Clara Heimann-Rosenthal, folgen insbesondere im Ausstellungskapitel *Diaspora und Migration*. Auch in der Kinderausstellung wird Clara Heimann-Rosenthals Leben und Geschichte in mehreren Stationen thematisiert. Die Kinderausstellung verläuft parallel zum Ausstellungsrundgang im 1. Ober- sowie im Dachgeschoss. Auf der Augenhöhe der jüngsten Museumsbesucher finden sich Schattenbilder mit kurzen Begleittexten, die durch das Betätigen eines Schalters jeweils beleuchtet werden und somit ihren Inhalt preisgeben. Die zahlreichen Stationen der Kinderausstellung greifen jeweils Fragen und Themen der „großen" Dauerausstellung auf und regen altersgerecht dazu an, sich mit Geschichte, Kultur, menschlichen Entscheidungssituationen und Konflikten zu befassen.

Die Dauerausstellung erzählt die Geschichte der jüdischen Gemeinschaft in Hohenems. Dabei stehen Menschen und ihre Geschichten, Lebensentwürfe und auch Schicksale im Fokus. Die Präsentation der Geschichte und der individuellen Geschichten erfolgt aus unterschiedlichen Perspektiven. Zum einen werden die historischen Umstände und Geschehnisse in einer linear verlaufenden Abfolge dargestellt, andererseits werden zugleich die Zyklen des menschlichen Lebens und des Jahres in die chronologische Darstellung integriert. Der Ausstellungsrundgang im 1. Obergeschoss erzählt somit die Geschichte der Juden in Hohenems von der Ansiedlung im 17. Jahrhundert bis zum ersten Drittel des 20. Jahrhunderts und präsentiert gleichzeitig einen ganzen Zyklus eines kalendarischen jüdischen Jahres und eines menschlichen Lebens, von der Geburt bis zum Tod. Dabei weisen die Erzählstränge stets Parallelen auf. Der Rundgang beginnt mit dem Ausstellungskapitel der Ansiedlung und den Monaten Tischri und Kislew, in denen die jüdischen Feste *Simchat Tora* und Chanukka gefeiert werden. In diesem Ausstellungsraum werden ebenfalls die Themen Geburt und Liebe ausgestellt. Thematisch ist dieses Ausstellungskapitel, im Ganzen betrachtet, den Anfängen gewidmet, dem Beginn der jüdischen Gemeinde in Hohenems, des menschlichen Lebens und dem Beginn des neuen Zyklus der Toralesung. Im angrenzenden Ausstellungsraum werden den Themen *Tradition und Aufklärung* sowie *Bildung* und *Orthodoxie und Reform* im Erzählstrang des Lebens- und Jahreszyklus die jüdischen Feiertage Purim, Pessach und die Bar/Bat-Mizwa gegenübergestellt. Die ausgestellten Inhalte werden gemeinsam unter der Fragestellung „Wer sind wir?" präsentiert – eine Frage, die sich Juden insbesondere am

Sederabend während des traditionellen Lesens der Haggada, aber auch im Verlauf ihrer individuellen Vorbereitung für ihre Bar/Bat-Mizwa stellen. Eines der zentralen Themen des Jüdischen Museums und somit auch der Dauerausstellung ist *Diaspora und Migration*. Dieses Ausstellungskapitel ist in sechs Unterthemen gegliedert und weist durch die detaillierte Gliederung vergleichsweise einen höheren Textanteil auf. Im Fokus der Inhalte steht das Verhältnis von Hohenems zur Welt, die unterschiedlichen Verbindungen in die Nachbarländer und den Rest der Welt, durch Handelsreisen oder auch Heirat. Die Präsentation des Schabbats sowie der Hochzeit in der zyklischen Zeitachse verweist auf und bekräftigt zugleich den Gegensatz vom Ausströmen in die Welt und der periodischen Rückkehr der Hausierer nach ihren Handelsreisen in die „kleine" Heimat Hohenems. Der Ausstellungsraum *Identitäten* wendet sich dem Individuum und der Frage „Wer bin ich?" zu. Dementsprechend sind in diesem Kapitel die Feiertage Rosch ha-Schana und Jom Kippur ausgestellt, die Zeit des Jahres, in der sich Juden traditionellerweise auf ihr eigenes Leben und ihre Handlungen besinnen und diese hinterfragen. Der Rundgang im 1. Stock endet mit den Themen *Integration und Ausschluss*. Im Gegensatz zu der Darstellung im Jüdischen Museum Gailingen werden die Themen Integration und mögliche „Assimilation" hier als offene Fragen präsentiert. Die Überschrift für diesen Ausstellungsraum zeigt dies sehr deutlich, indem sie die Frage wörtlich stellt: „Gehören wir dazu?". Die Zeit um 1900 und das erste Drittel des 20. Jahrhunderts werden im Jüdischen Museum Hohenems nicht als Symbiose verklärt. In verschiedenen Unterkapiteln wird das *Miteinander und Nebeneinander* präsentiert. Dabei wird die Beteiligung der jüdischen Einwohner von Hohenems am gesellschaftlichen Leben ebenso aufgezeigt wie die Judenfeindschaft, der die Juden zur gleichen Zeit ausgesetzt waren. Der Erzählstrang des Lebens- und Jahreszyklus wendet sich hier dem Ende zu. So werden an dieser Stelle der jüdische Feiertag Sukkoth und der Tod ausgestellt.

Bei der Betrachtung der Ausstellungskapitel und der dazugehörigen Fragestellung der einzelnen Räume im 1. Obergeschoss fällt besonders die Perspektive auf, aus welcher die Fragen formuliert sind. Die Verwendung der Personalpronomen „wir" und „ich" verweisen darauf, dass in diesem Ausstellungskapitel von sich selbst bzw. aus der eigenen Perspektive erzählt wird. Es entsteht so der Eindruck, die ehemalige Hohenemser Gemeinde würde sich und ihre Welt vorstellen. Hierin zeigen sich zwei wichtige Aspekte der Metakommunikation des Museums: einerseits eine deutliche Veränderung in der Funktion des Museums, zum anderen das Konzept des Museums, eine Plattform von Menschen für Menschen zu sein. Als das Jüdische Museum Hohenems gegründet wurde, wurde mehrmals artikuliert und betont, dass es ein „jüdisches Museum sei, das von

Nicht-Juden für Nicht-Juden errichtet wurde"[63]. Dies stimmt so nicht mehr. Denn seit der Eröffnung des Museums engagieren sich immer mehr Nachkommen der ehemaligen jüdischen Gemeinde in Hohenems für das Museum. Der größte Teil der heutigen Museumssammlung stammt aus Nachlässen und Schenkungen seitens der Nachkommen, die in aller Welt verstreut sind. Für viele von ihnen ist das Jüdische Museum Hohenems zum Zentrum und wichtigen Bezugspunkt ihrer Familiengeschichte geworden. In dieser Hinsicht hat sich nicht nur die Funktion des Museums verändert, sondern auch die Perspektive, aus der heraus die Präsentation stattfindet. Die Ausstellung erzählt die Geschichte der jüdischen Gemeinde und die Geschichten der Menschen anhand von zahlreichen Dokumenten, persönlichen Korrespondenzen und Gebrauchsgegenständen. Die Betonung der gewählten Ausstellungsperspektive durch die Verwendung der Personalpronomen „wir" und „ich" vermittelt den Eindruck und die Atmosphäre eines „Eintauchens" in die ehemalige „jüdische Welt" in Hohenems. An dieser Stelle zeigt sich ein weiterer Aspekt der Dauerausstellung, der sich von der ehemaligen Ausstellung unterscheidet. In der ersten Dauerausstellung des Museums wurde die Villa an sich als Ausstellungsobjekt inszeniert. Die erhaltenen Möbel vermittelten einen Eindruck des früheren Lebens in diesem Gebäude. Die Besucher wurden somit mit ihrem „Eindringen" in eine Privatsphäre konfrontiert.[64]

Der Einsatz von Textpassagen in einer Ausstellung kann unter Umständen problematisch sein. In chronologisch angelegten Ausstellungen finden sich im Vergleich zu anderen Präsentationsformen vermehrt Textanteile, insbesondere wenn Ausstellungsmacher den eingesetzten Exponaten nicht genügend Aussagekraft zutrauen. Mit anderen Worten, es werden zusätzlich zu den Ausstellungsobjekten vermehrt erklärende Texte verwendet, um die Bedeutung der Objekte zu betonen bzw. generell den historischen Hintergrund zu beschreiben.[65] Im Jüdischen Museum Hohenems dienen Texte dazu, die Exponate in einen historischen Kontext einzuordnen. Im Vergleich zum Jüdischen Museum Gailingen sind die Textpassagen jedoch in ihrer Positionierung weniger dominant. Sie bilden auch optisch eher einen Rahmen für die ausgestellten Objekte.

---

63 Zit. Hanno Loewy (Hg.), Festschrift 20 Jahre Jüdisches Museum Hohenems.
64 Diese Dimension des Ausstellungskonzepts kam nicht bei allen Besuchern als solche an. Viele Besucher erfreuten sich lediglich an dem erhaltenen Mobiliar des Salons und der Tatsache, dass es auch Juden in der Geschichte von Hohenems gab, die ein „gutes Leben" geführt haben. (Siehe Hanno Loewy (Hg.): Festschrift 20 Jahre Jüdisches Museum Hohenems.)
65 Siehe Kapitel 1.1. Abschnitt *Ausstellungstypologie*.

Abb. 8: Die Aufteilung der Textpassagen und ihre Positionierung um die Vitrinen herum, stellt die Exponate in den Mittelpunkt. Wie hier im Ausstellungsraum „Ansiedlung" des Jüdischen Museums Hohenems wird der Blick der Besucher auf die ausgestellten Objekte gelenkt. Foto: Autorin.

Die Wortwahl ist überwiegend neutral gehalten und spiegelt die historischen Entwicklungen wider. Eine Überschrift sticht hier jedoch hervor. Gleich im ersten Ausstellungsraum mit der Überschrift *Ansiedlung* befindet sich ein Unterkapitel mit dem Titel *Nützlichmachung*. Dieser Begriff findet sich oftmals in der Literatur zur Emanzipation der Juden um 1800, so beispielsweise auch in der Schrift *Über die künftige Stellung der Juden in den deutschen Bundesstaaten, ein Versuch, diesen wichtigen Gegenstand endlich auf die einfachen Prinzipien des Rechts und der Politik zurückzuführen* von Dr. Alexander Lips aus dem Jahr 1819. Mit *Nützlichmachung* ist hier die Befreiung der Juden aus der Festlegung auf Handelsberufe gemeint. Bei Michel Foucault steht der Begriff wiederum im Zusammenhang mit den neuen Vorstellungen von Staat und Produktivität, die im 18. Jahrhundert entstehen. Foucault sieht in der *Nützlichmachung* einen Prozess, in dem „Arbeitskraft ökonomisch nützlich gemacht"[66] wird, mit dem Ziel „Akti-

---

66 Zit. nach Johannes Stehr: Normierungs- und Normalisierungsschübe, S. 30 f.

vitäten, die der Herstellung einer Gesamtleistung dienen"[67] hervorzuheben. Hier besteht zugleich eine enge Verbindung zur Integration bzw. zum Ausschluss aus der Gesellschaft, letzteres insbesondere in dem Fall, wenn die *Nützlichmachung* misslingt.[68] In der Dauerausstellung des Jüdischen Museums Hohenems haben sich die Ausstellungsmacher bewusst für diesen Titel entschieden, gerade da der Begriff der *Nützlichmachung* mehrere Bedeutungsebenen in sich trägt. Im Gegensatz zum Begriff und der Vorstellung von Emanzipation, die deutlich positiv besetzt sind, verweist der Ausdruck *Nützlichmachung* eben auch darauf, dass die Entwicklungen jener Zeit seitens der Herrschaft keineswegs in menschenrechtlichen Interessen gründeten, Juden der christlichen Mehrheit gleichzustellen. Vielmehr stand eine „Produktivierung" der Juden im Vordergrund. Hier zeigt sich eine gezielte Codierung der Überschriften, die darauf abzielt, die metakommunikative Aussage des jeweiligen Ausstellungskapitels zu verstärken. So werden die Besucher innerhalb des Ausstellungsrundgangs immer wieder durch die Wahl der Kapitelüberschriften oder auch der Exponate dazu angeregt, historische Umstände zu hinterfragen und diese aus einer anderen Perspektive zu betrachten.

Als das Museumsteam 2007 die neue Dauerausstellung konzipierte, stand es erneut vor der schwierigen Aufgabe, das Judentum auch als Religion zu thematisieren. Als Resultat scheint das Jüdische Museum dieses Thema und insbesondere die Frage, was Judentum für die damalige Gesellschaft ausmachte bzw. was das Jüdische für sie war, das die ehemaligen Bewohner von Hohenems miteinander verbunden hat, fast gänzlich auszuklammern. In seinem Beitrag *Zyklische Zeit. Die Darstellung von Religion im Jüdischen Museum Hohenems* beschreibt Hannes Sulzenbacher, Kurator der Dauerausstellung, diesen Aspekt in der Präsentation. Im Artikel verweist er auf die Schwierigkeit, Religion zu thematisieren ohne zugleich das Judentum gegenüber dem nichtjüdischen Publikum als etwas Fremdartiges zu präsentieren oder diese zu sehr zu betonen. So wurde der Umstand, dass die Zugehörigkeit zur jüdischen Gemeinde in Hohenems zwar aus religiösen Gründen erfolgte, jedoch die Religiosität selber ebenso wie die Geschichte und geografische Ausdehnung der jüdischen Religion stets Schwankungen und Veränderungen unterworfen war, als Grundgedanke angenommen. Daher wurde für die Dauerausstellung der kleinstmögliche Nenner gesucht, der die Mitglieder der jüdischen Gemeinde in Hohenems verband. Dies waren hauptsächlich die jährlich wiederkehrenden Feiertage.[69] Was beispielsweise im Jüdischen Museum der Schweiz Basel im Ausstellungsraum *Kult* unter

---

67 Zit. ebd.
68 Ebd., S. 36.
69 Hannes Sulzenbacher: Zyklische Zeit., S. 20–22.

dem Leitgedanken „Das Judentum, als ordnendes Element" dargestellt wird, wird im Jüdischen Museum Hohenems im Erzählstrang der zyklischen Zeit und als der gemeinschaftsbildende, vereinende Gesichtspunkt innerhalb der linear verlaufenden Zeit präsentiert. Diese Art der Darstellung der Religion ist im Vergleich zu anderen Jüdischen Museen im alemannischen Sprachraum eher ungewöhnlich und erscheint sehr reduziert. Diese Reduzierung wird allerdings nur innerhalb der Dauerausstellung vorgenommen. Das Vermittlungsprogramm sowie die Wechselausstellungen des Museums thematisieren regelmäßig unterschiedliche Aspekte des Judentums, darunter auch religiöse Fragen und Praktiken.

Der Rundgang im Dachgeschoss der Villa Heimann-Rosenthal ist ausschließlich dem Zeitraum von 1938 bis 1951 gewidmet. Die einzelnen Kapitel sind hier im Gegensatz zum Rundgang im 1. Stock nicht auf mehrere Räume aufgeteilt, daher lässt sich die ganze Präsentation auf einmal überblicken. Diese ist weiterhin chronologisch aufgebaut. Zahlreiche Dokumente verweisen exemplarisch auf die vielen persönlichen Schicksale und Geschichten der Juden in Hohenems während der Zeit des Nationalsozialismus. In der Zusammenstellung der Auflistung von Nationalsozialistischen Gesetzen gegen Juden sowie der Listen der Displaced Persons von 1947 erhalten die ausgestellten Dokumente und Fotografien eine größere Gewichtung. Dadurch werden den einzelnen Dokumenten neue Konnotationen zugeschrieben. Aus ihrer ursprünglichen Funktion herausgenommen und durch die Auflistungen in den historischen Kontext eingebunden, erhalten die Ausstellungsobjekte eine neue Wertung. Sie dienen vordergründig nicht mehr der Identifikation, der persönlichen Kommunikation oder als Belege. Vielmehr sind es nun Zeugen eines historischen Abschnitts, dessen Bedeutung und Ausmaß für die Gesellschaft und zugleich für individuelle Lebensläufe veranschaulicht wird. Auch wenn Listen einen kompakten Überblick von Daten und Ereignissen ermöglichen, sind sie dennoch abstrakt und teilweise nur schwer greifbar. Insbesondere im Zusammenhang mit den Geschehnissen während der NS-Zeit vermitteln Listen einen Eindruck von den organisierten Strukturen, die die Vernichtung von unzähligen Menschen zum Ziel hatten. Dennoch sind die aufgeführten Zahlen und Daten in ihren Dimensionen und ihrem Ausmaß nicht vorstellbar. Die Präsentation der persönlichen Dokumente, Fotografien und Interviews gibt den bloßen Daten Namen und Gesichter. Die Verknüpfung von Informationen mit konkreten Personen, obwohl diese nur exemplarisch für Millionen anderer stehen, erleichtert den Besuchern den Zugang zur jüngsten Vergangenheit.

Abb. 9: Anhand von Fotografien, Dokumenten und dreidimensionalen Exponaten wird der Umgang der Marktgemeinde Hohenems mit dem jüdischen Erbe nach 1945 dargestellt, wobei die Ausstellungsstücke als Belege der Entwicklungen fungieren. Foto: Autorin.

Auch wenn die Geschichte der jüdischen Gemeinde in Hohenems im Jahr 1940 durch ihre Zwangsauflösung endet, wird der Erzählstrang der Ausstellung weitergeführt. Hierin unterscheidet sich die Präsentation des Jüdischen Museums Hohenems von derjenigen zahlreicher Jüdischer Museen im alemannischen Sprachraum. Im letzten Kapitel des Rundgangs *Erinnern/Nicht-Erinnern* zeigt die Ausstellung den Umgang der Marktgemeinde Hohenems mit dem erhalten gebliebenen jüdischen Erbe nach dem Zweiten Weltkrieg. Konkret wird dies am Beispiel des Umbaus der ehemaligen Synagoge zum Feuerwehrhaus 1954/55 aufgezeigt. In den meisten Jüdischen Museen im untersuchten geografischen Rahmen endet der Ausstellungsrundgang mit der Zerstörung der jüdischen Gemeinden und des jüdischen Lebens vor Ort. Im Gegensatz zum Museum in Hohenems wird der Aufarbeitung der Geschichte sowie der Entstehungsgeschichte des jeweiligen Jüdischen Museums kein eigenes Ausstellungskapitel eingeräumt. Das Jüdische Museum Hohenems tut jedoch genau dies. Es spannt den Bogen von den Anfängen der jüdischen Gemeinde im Ort bis zur gegenwärtigen

Zeit, dem Entstehen des Jüdischen Museums und den ersten Nachkommentreffen. Damit zeigt das Museum auf der metakommunikativen Ebene, dass es auch
nach der Zerstörung der jüdischen Gemeinde durch die Nationalsozialisten in
Hohenems einen Ort gibt, der sowohl für die jüdische Vergangenheit als auch
für die Gegenwart steht. Es verweist zugleich auf die vielschichtigen Funktionen
des Hauses, das nicht nur ein Museum im klassischen Sinne ist.

Wechselausstellungen

Das Jüdische Museum Hohenems präsentiert seit seiner Eröffnung regelmäßig
Wechselausstellungen zu unterschiedlichen Themen. In den ersten Jahren seines Bestehens zeigte das Museum zunächst Wechselausstellungen mit religiö-
sem und historischem Fokus. Neben Ausstellungen, die sich mit den Geschehen-
nissen während des Nationalsozialismus befassten, wurden unter anderem
auch Ausstellungen präsentiert, die sich Schnittpunkten und der Beziehung
zwischen Christentum und Judentum widmeten. Seit 1993 nahm sich das Museum ebenfalls der Diskussion um das jüdische Viertel von Hohenems an und unterstützte wissenschaftliche Studien zur Architektur- und Besitzgeschichte des
Viertels. In diesem Zusammenhang entstand eine ganze Projektreihe. Neben der
wissenschaftlichen Aufarbeitung fanden im Juni 1995 unter dem Titel *Ein Viertel
Stadt. Belichtete Häuser* Lichtprojektionen auf den Häusern des ehemaligen jüdischen Viertels statt. Die Fassaden der Häuser wurden temporär als Projektions-
flächen benutzt, die ihre eigene Geschichte präsentierten. Die zweite größere
Veranstaltung innerhalb der Projektreihe fand im September und Oktober des
darauffolgenden Jahres statt. Im ehemaligen jüdischen Viertel wurden 20 Blick-
Stationen aufgestellt, welche die verborgenen Schichten der Häuser sowie Details sichtbar machten. Gleichzeitig wurden Hintergrundinformationen und Geschichten der ausgewählten Objekte vermittelt. In der Folge wurde das Projekt
in dem Buch *Ein Viertel Stadt. Zur Frage des Umgangs mit dem ehemaligen jüdischen Viertel in Hohenems* festgehalten.[70] Von Juni bis November 2001 wendete
sich das Jüdische Museum erneut dem Umgang mit dem jüdischen Erbe in Hohenems in der Projektreihe *AusZeit* zu. Diesmal stand das Gebäude der ehemaligen Synagoge im Fokus. Künstler und Künstlerinnen wurden dazu eingeladen,
in dem Garagenbereich Installationen zu entwickeln. Im Anbau der Garage wurde gleichzeitig eine kleine Ausstellung gezeigt, welche die Geschichte des Ge-

---

70 https://www.jm-hohenems.at/ausstellungen/rueckblick/ein-viertel-stadt (zuletzt abgerufen 30.01.2020).

bäudes und seine ursprüngliche Funktion beleuchtete.[71] Seit Ende 2003 widmet sich das Jüdische Museum in seinen Wechselausstellungen vermehrt den Themen Flucht und Migration, Rassismus, Xenophobie, aber auch generell jüdischem Leben weltweit und Fragen nach Identität. Dabei regen die Ausstellungen die Besucher stets dazu an, vorherrschende Sichtweisen und gewohnte Standpunkte von einer anderen Perspektive aus zu betrachten oder generell zu hinterfragen. Das Museum geht hierbei im Vergleich zu anderen Jüdischen Museen im alemannischen Sprachraum eher ungewohnte Wege – einerseits durch die Wahl des Themas, andererseits aber auch durch die Machart der Ausstellung. Die Ausstellungen *Antijüdischer Nippes und populäre „Judenbilder". Die Sammlung Finkenstein* im Jahr 2005 und *Was Sie schon immer über Juden wissen wollten, aber nie zu fragen wagten* im Jahr 2012 konfrontierten die Besucher gezielt mit Stereotypen und Vorurteilen gegenüber Juden; zugleich luden sie dazu ein, die eigenen Denkmuster bewusst zu hinterfragen.

Die Ausstellung *Die weibliche Seite Gottes* stellte bewusst verbreitete Vorstellungen des Weiblichen als negativ besetzter Gegenpol zum Männlichen in Frage. Zugleich rückte die Ausstellung jüdische und andere Frauen in den Fokus, die auf der Suche nach ihren eigenen „Dimensionen des Göttlichen" waren und sind.[72] Mit der Ausstellung *Sag Schibbolet! Von sichtbaren und unsichtbaren Grenzen* griff das Museum 2019 ein aktuelles Thema auf und lud Künstler und Künstlerinnen zur kritischen Betrachtung von Grenzen in der ganzen Welt ein.[73] Die genannten Ausstellungen sind nur wenige Beispiele einer ganzen Reihe von Wechselausstellungen des Jüdischen Museums Hohenems. Sie zeigen jedoch, dass das Museum sich nicht vor kritischen Fragestellungen und provokativen Themen scheut. Eine gewisse Provokation ist seitens des Museums durchaus gewollt.[74] Jedoch liegt es auch im Interesse des Museums, es nicht allein bei einer Provokation durch die Präsentationen zu belassen, sondern vielmehr ein kritisches Hinterfragen von Denkmustern und eine Diskussion anzustreben. Das Konzept stößt beim Publikum auf Zuspruch, die Zahl der Besucher steigt stetig. Hier stößt das Museum jedoch mittlerweile an seine, auch räumlichen, Grenzen. Die engen Kellerräume, in denen Wechselausstellungen bisher gezeigt werden, reichen für die zahlreichen Besucher, insbesondere Gruppen, nicht mehr aus. Seit ein paar Jahren steht die Frage nach einem möglichen Erweiterungsbau des

---

71 https://www.jm-hohenems.at/ausstellungen/rueckblick/auszeit (zuletzt abgerufen 30.01.2020).

72 https://www.jm-hohenems.at/ausstellungen/rueckblick/die-weibliche-seite-gottes (zuletzt abgerufen 30.01.2020).

73 https://www.jm-hohenems.at/ausstellungen/rueckblick/sag-schibbolet (zuletzt abgerufen 30.01.2020).

74 Dr. Hanno Loewy, Interview am 12.06.2018, Jüdisches Museum Hohenems.

Museums im Raum und wird mit dem Vorstand und Beirat des Museums diskutiert.[75] In diesem Zusammenhang entstand 2019 das Projekt *Weiterdenken* der Universität Lichtenstein in Zusammenarbeit mit dem Land Vorarlberg, der Stadt Hohenems und dem Jüdischen Museum Hohenems. Im Rahmen dieses Projekts haben sich 13 Studierende der Architekturfakultät der Universität Lichtenstein mit der Stadt Hohenems und dem Jüdischen Museum intensiv auseinandergesetzt. Die daraus entstandenen Arbeiten wurden im Herbst 2019 im Jüdischen Museum Hohenems exponiert. Die Arbeiten der Studenten waren zu keiner Zeit als Modelle für eine konkrete Umsetzung vorgesehen. Vielmehr dienten sie dazu, Denkräume zu öffnen und Diskurse über mögliche Probleme, aber auch Möglichkeiten und Erwartungen anzuregen, die auf das stetig wachsende Jüdische Museum künftig zukommen werden.

Jüdisches Museum Hohenems – ein kleines Museum mit internationaler Reichweite

Noch bevor das Jüdische Museum Hohenems in der Villa Heimann-Rosenthal eröffnet wurde, gab es teils heftige Diskussionen darüber, welche Funktion das Museum haben und welche Inhalte es vermitteln sollte. Trotz unterschiedlicher Ansichten profitierte das Museum schlussendlich von der vorausgehenden hohen Reibungsenergie. Bei seiner Eröffnung präsentierte das Museum eine Dauerausstellung, die aus kultursoziologischer und rechtshistorischer Sicht die Geschichte der jüdischen Gemeinschaft in Hohenems erzählte und auf dem aktuellsten Stand der Museumsdidaktik war. Profitiert hat das Museum ebenfalls vom Umstand, dass bereits wenige Monate nach der Eröffnung des Hauses eine Vollzeitstelle für Museumspädagogik eingerichtet wurde. Somit war bereits nach kurzer Zeit ein großer Spielraum für ein ausstellungsbegleitendes Programm gegeben, den das Museum nutzte. Die Planung und Umsetzung des Programms verliefen jedoch nicht immer reibungslos. Ein öffentlich ausgetragener Konflikt überschattete das Jüdische Museum um die Jahrtausendwende. Insbesondere das Programm des damals neu eingesetzten Direktors des Hauses stieß auf großen Widerstand. Dahinter stand jedoch eine übergreifendere Frage: die

---

75 Die engen Kellerräume sind nur ein Teil des Problems, auf das das Jüdische Museum Hohenems stößt. Denn das historische Museumsgebäude ist nicht barrierefrei. Zudem fehlen dem wachsenden Museum für die unterschiedlichen Abteilungen die Räumlichkeiten in der Villa, sodass bereits externe Räume angemietet werden mussten. Mit einem Erweiterungsbau wird die Möglichkeit in Betracht gezogen, die ausgelagerten Bereiche in einem Bau wieder zu bündeln. Die Villa Heimann-Rosenthal soll dennoch nach wie vor das Zentrum des Jüdischen Museums bleiben. (Dr. Hanno Loewy, E-Mail-Korrespondenz vom 30.01.2020).

Frage nach der Funktion des Museums. Sollte es die Rolle eines Heimatmuseums übernehmen oder ein Museum über jüdische Kultur sein, das auch kritische Töne anschlagen darf? Doch auch aus diesem Konflikt ging das Museum gestärkt hervor. Es folgte eine Umstrukturierung des Museums und des Konzepts, wodurch das Museum mehr Unabhängigkeit erlangte. Aus dieser Entwicklung resultierte 2007 eine neue Dauerausstellung, die nun aus einer inzwischen gewachsenen Museumssammlung schöpfen konnte. Die neue Ausstellung stellte aktuelle Themen wie Diaspora und Migration in den Fokus. Auch in den Wechselausstellungen zeigt sich in dieser Zeit eine Öffnung hin zu globalen Themen, die auch über die rein jüdischen Aspekte und Perspektiven hinausgehen. Die Ausstellungen sind stets vielschichtig angelegt, sodass sie keine Tatsachen bzw. vorgefertigte Aussagen präsentieren. Vielmehr werfen sie kritische Fragen auf und animieren die Besucher dazu, ihre gewohnten Standpunkte zu verlassen.

Bei der Betrachtung der Geschichte des Jüdischen Museums zeigt sich eine deutliche Veränderung in der Funktion. Wie bei der überwiegenden Zahl der jüdischen Museen im alemannischen Sprachraum stand auch bei der Gründung dieses Museums die Auseinandersetzung mit der eigenen Geschichte im Vordergrund. Das Jüdische Museum Hohenems schaffte im Verlauf der Jahre eine Loslösung aus der alleinigen Funktion als Symbol der Öffnung und Aufarbeitung der Geschichte. Durch den regen Austausch mit den Nachkommen der ehemaligen jüdischen Gemeinde in Hohenems entwickelte sich das Museum für viele Menschen zum Zentrum der eigenen Familiengeschichte. Darüber hinaus ist das Museum Teil verschiedener kultureller und wissenschaftlicher Netzwerke. Dies führt dazu, dass sich das Museum permanent im breitangelegten regionalen, nationalen und internationalen Austausch befindet. Die zahlreichen Internetkanäle, die das Museum für sich zu nutzen weiß, ermöglichen eine globale Kommunikation. Das Jüdische Museum ist von überall her erreichbar und erreicht unzählige Menschen weltweit. So agiert das Museum entsprechend modernen Ansprüchen der Gesellschaft an kulturelle Institutionen. Es tritt zugleich aus der Rolle eines klassischen Museums heraus, indem es zum Zentrum von Kommunikation und wissenschaftlicher Forschung wird. Mit seinen zunehmenden Aufgaben wächst das Jüdische Museum auch aus seinen Räumlichkeiten hinaus, sodass es aktuell nach neuen Möglichkeiten einer Erweiterung sucht und diese mit entsprechenden Akteuren diskutiert.

2.4 Jüdisches Museum Gailingen

Das Jüdische Museum Gailingen im Kreis Konstanz in Baden-Württemberg wurde im November 2008 zum 70. Jahrestag der Reichspogromnacht eröffnet. Seit

Anfang der 1990er Jahre setzte sich ein Komitee, bestehend aus engagierten Einwohnern Gailingens und dem Verein zur Erhaltung des Jüdischen Friedhof Gailingen, für die Erhaltung der Zeugnisse jüdischen Lebens im Ort ein. Ein besonderes Augenmerk lag auf den vom Verfall und Abriss bedrohten Häusern mit jüdischer Geschichte. Dieses Engagement entfachte öffentliche Diskussionen über den Umgang mit der Geschichte in der Bevölkerung. Als die Frage nach der Sanierung des ehemaligen jüdischen Schulhauses[76] im Raum stand, wurde beschlossen, dieses historische Gebäude entsprechend seiner ursprünglichen Funktion zu nutzen, als Ort des Lernens. 1997 wurde in diesem Zusammenhang erneut von engagierten Einwohnern und der politischen Gemeinde Gailingen der Förderverein Bürgerhaus Gailingen e. V. gegründet, vordergründig mit dem Ziel, Mittel für die Sanierung des Gebäudes durch Spenden und Förderung aus öffentlicher Hand aufzubringen. Nachdem die Sanierung 1998 abgeschlossen war, wurde das Gebäude zunächst als Veranstaltungsort für vielfältige Events zu jüdischen Themen genutzt. Da die Sanierung nun vollendet war, änderten sich die Ziele des Vereins und damit 2007 auch der Name in *Verein für jüdische Geschichte Gailingen*. Unter der wissenschaftlichen Leitung von Prof. Rainer Wirtz, Professor für Neuere Geschichte an der Universität Konstanz, wurde 2008 begonnen, das jüdische Museum einzurichten. Im November desselben Jahres wurde der erste Ausstellungsraum *Die Gailinger Synagoge* eröffnet. Seit der Eröffnung folgten weitere Themenräume, sodass das Museum aktuell mit sieben Themenräumen und einem Medienraum fertiggestellt ist. Exemplarisch dokumentiert das Museum die jüdische Geschichte in Gailingen und am Hochrhein, wobei auch die jüdischen Landgemeinden im Hegau[77], darunter Randegg, Wangen und Worblingen, im kleinen Rahmen berücksichtigt werden. Neben der fast 300-jährigen jüdischen Geschichte des Ortes zeigt das Museum in seiner Dauerausstellung Einblicke in die ehemaligen jüdischen Lebenswelten und klärt über das Judentum allgemein, als Religion und Kultur auf. Ein Schwerpunkt der Dauerausstellung liegt auf der Darstellung der Geschehnisse während der NS-Zeit und der damit einhergehenden Aufarbeitung der Ereignisse. Ergänzt wird das Museum durch die erhalten gebliebene Mikwe im Untergeschoss des ehemaligen Schulgebäudes und den neugestalteten Leopold-Guggenheim-Saal, in dem Mobiliar und Kultgegenstände des Gebetraums der ehemaligen jüdischen Gemeinde in Kreuzlingen untergebracht sind.

---

76 Seit 1945 wurde das ehemalige Schulhaus zunächst als Schule, später als Lager, für Sozialwohnungen und schließlich auch als Bürgerhaus genutzt.

77 Als „Hegau" wird die Vulkan- und Burgenlandschaft am westlichen Bodensee bezeichnet.

Abb. 10: Das Jüdische Museum Gailingen im ehemaligen jüdischen Schulhaus. Foto: Jüdisches Museum Gailingen.

Das Jüdische Museum wurde seit seiner Gründung maßgeblich durch die Baden-Württemberg Stiftung, die Gemeinden im Hegau, den Landkreis Konstanz, die Gemeinde Gailingen sowie Unternehmen der Region und private Geldgeber gefördert. Unterstützung bekam das Museum jedoch auch grenzübergreifend aus der Schweiz vom Kanton Thurgau, von der Gemeinde Diessenhofen und vom Verein für die Erhaltung des Jüdischen Friedhofs Gailingen mit Sitz in Zürich. Auch Nachkommen der ehemaligen jüdischen Einwohner unterstützten den

Aufbau des Museums durch Gaben und Nachlässe, wodurch die Museumssammlung durch Kultgegenstände, Dokumente und persönliche Gegenstände erweitert wurde. Ferner besteht eine genealogische Datenbank mit über 50.000 Datensätzen über ehemalige jüdische Einwohner und ihre Nachfahren aus Gailingen und den Nachbargemeinden, sodass das Jüdische Museum zu einem wichtigen Bezugspunkt der Nachkommen in aller Welt geworden ist.[78]

Von 2008 bis 2014 stand das Jüdische Museum unter der wissenschaftlichen Leitung von Prof. Rainer Wirts. Danach übernahm Joachim Klose, der sich seit 2007 für das Museum engagiert, ehrenamtlich sämtliche Aufgaben. Für dieses Engagement wurde das Museum 2018 mit dem eXtra-Preis von Lotto Baden-Württemberg ausgezeichnet. Seit Juni 2019 wird Joachim Klose von Sarah Schwab, einer wissenschaftlichen Mitarbeiterin, unterstützt.

Ausstellungsrundgang

Das Jüdische Museum befindet sich im Obergeschoss des ehemaligen Schulhauses. Hier befand sich einst die Wohnung des amtierenden Rabbiners. Gegenüber dem Schulgebäude befand sich ursprünglich die Gailinger Synagoge. Das Museum erzählt von der Geschichte der Räumlichkeiten. An jeder Türschwelle sind zusätzliche Türrahmen angebracht, die sich farblich von den sonst weißen Wänden, Tür- und Fensterrahmen absetzen. Hier werden anhand von kurzen Texten Einblicke in die Hausgeschichte gewährt, die Räume und ihre einstige Funktion benannt. Im Eingangsbereich zum ersten Themenraum der Dauerausstellung befindet sich auf der linken Seite neben dem vorgesetzten Türrahmen ein Türklopfer in Form eines Cerberus[79]. Dieser Türklopfer befand sich einst an der Gailinger Synagoge. Während der Reichspogromnacht im November 1938 wurden dieser und das Gegenstück, das sich heute im Eingang zur Dauerausstellung im Jüdischen Museum der Schweiz in Basel befindet, vor der Zerstörung gerettet. Der Rundgang durch die Dauerausstellung beginnt mit dem Themenraum *Die Gailinger Synagoge*. Dies ist der erste Ausstellungsaum, mit dem das Museum 2008 eröffnet wurde. Weitere Themenräume sind in den darauffolgenden Jahren etappenweise erarbeitet und eröffnet worden. Daher unterscheidet sich das Ausstellungskonzept und das Design deutlich von den anderen Ausstellungsräu-

---

78 https://www.gedenkstaetten-bw.de/fileadmin/gedenkstaetten/pdf/gedenkstaetten/gailingen_juedisches_museum.pdf (zuletzt abgerufen 05.12.2019).
79 Bei Cerberus (oder auch Kerberus) handelt es sich in der griechischen Mythologie um einen Hund, der den Eingang zur Unterwelt bewacht und dafür sorgt, dass kein Lebender hinein und kein Toter hinauskommt.

men. Der erste Raum ist, wie der Titel bereits verrät, der ehemaligen Gailinger Synagoge gewidmet. Neben der Geschichte der Synagoge werden hier anhand von erhalten gebliebenen und geretteten Kultgegenständen und informativen Texten die religiösen Vorgänge und Funktionen der Objekte präsentiert und erklärt. Ein Modell der ehemaligen Synagoge sowie eine großformatige Abbildung des Gebetsraums geben einen Eindruck vom einstigen Gotteshaus.

Abb. 11: Der erste Ausstellungsraum des Jüdischen Museums Gailingen vermittelt einen atmosphärischen Eindruck des ehemaligen Gotteshauses, zugleich werden Vorgänge in einer Synagoge anhand von Textpassagen und erhalten gebliebenen Objekten der Gailinger Synagoge erklärt. Foto: Autorin.

Der anschließende Ausstellungsraum nähert sich dem Thema *Rabbinat – Religiosität* an. Während Ausstellungstexte, Abbildungen und Hängevitrinen im ersten Themenraum kleinformatig gehalten sind und sich wie ein Schriftband etwas oberhalb der Augenhöhe durch den Raum ziehen, ist die Präsentation in den anschließenden Räumen insgesamt großformatig gehalten. Die Themenräume sind nochmals in verschiedene Kapitel unterteilt, die mit Überschriften versehen sind. Auf großen Tafeln werden die Themen anhand von Texten und darin integrierten Abbildungen präsentiert. In einzelnen Vitrinen werden Ausstellungsobjekte, zumeist Dokumente und Judaika, präsentiert. Der Themenraum *Rabbinat – Religiosität* widmet sich zunächst der Erläuterung der Aufgaben und der Position eines Rabbiners der ehemaligen Gailinger Synagoge. Bevor sich die Präsentation der Religionsschule, der Funktion des Kantors und des Lehrers zuwendet, wird der Talmud, als Grundlage des Studiums eines Rabbiners, dargestellt. Nicht zuletzt wird in diesem Themenraum die *Brit Mila*, die Beschneidung, thematisiert. Der folgende Ausstellungsraum erzählt in chronologischer Reihenfolge unter dem Titel *Assimilation* die Geschichte der Juden in Gailingen, von ihrer Ansiedlung bis zum Ende des Ersten Weltkriegs. Die Ausstellung im Themenraum *Jüdisches Gailingen* knüpft hier chronologisch an. Dabei wird ein Schwerpunkt auf das Ortsbild von Gailingen gelegt, das von seinen jüdischen Bewohnern bis zum Zweiten Weltkrieg geprägt wurde. Anhand einer interaktiven Karte können Besucher hier ehemalige jüdische Wohnhäuser, Gaststätten etc. und die Geschichte ihrer Bewohner erkunden. Einen näheren Einblick in die einstige jüdische Lebenswelt Gailingens bietet der folgende Ausstellungsraum. Unter dem Titel *Jüdisches Leben* werden einzelne jüdische Feiertage, die Freizeitaktivitäten der jüdischen Einwohner und Feierlichkeiten präsentiert. Im angrenzenden Medienraum ist es den Besuchern möglich, Zeitzeugeninterviews zu sehen. Durch den Eingangsbereich führt der Ausstellungsrundgang in den Themenraum *Verfolgung – Vernichtung*, in dem die Ereignisse und Entwicklungen während der NS-Zeit präsentiert werden. Ein separater Ausstellungsraum ist den jüdischen Gemeinden im Hegau, insbesondere den Nachbargemeinden in Randegg, Wangen und Worblingen, gewidmet.

Wechselausstellungen und Vermittlung

Neben der Dauerausstellung zeigt das Jüdische Museum im Untergeschoss des ehemaligen Schulhauses regelmäßig Sonderausstellungen. So präsentierte das Museum von September 2017 bis März 2018 in der Ausstellung *Die Hasgalls – Zwischen Torah und Handwerk* das Leben und Schaffen der Familie Hasgall. Die religiöse jüdische Familie betrieb über vier Generationen hinweg das Handwerk der Gravur, zunächst in Gailingen und ab 1890 in der schweizerischen Gemeinde Diessenhofen. Im Fokus standen das Spannungsverhältnis zwischen dem religiösen Leben der Familie und dem Handwerk sowie die Verbindungen in nahegelegene Schweizer Gemeinden. Im Anschluss zeigte das Museum die Sonderausstellung *Gailinger Purim – die Juden Fastnacht?*, in der das jüdische Fest Purim und insbesondere die Gailinger Traditionen im Mittelpunkt standen. Von September bis Ende November 2019 machte die Wanderausstellung *Ganz rein – Jüdische Ritualbäder* im Jüdischen Museum Gailingen Station. Die Sonderausstellung zeigte 17 großformatige Fotografien von Peter Seidel. Bereits 1987 begann der Frankfurter Fotograf die Mikwe zu einem Motiv seiner Arbeit zu machen, dabei bereiste er Deutschland, Frankreich, Italien, Österreich und Spanien. Zuvor war die Wanderausstellung in den Jüdischen Museen Hohenems, Wien, Frankfurt am Main und auch im spanischen Girona zu sehen.[80] Im Februar 2020 wird die Sonderausstellung *Nebenan – Die Nachbarschaften der Lager Auschwitz I-III* eröffnet. Gezeigt werden Arbeiten der Stuttgarter Fotografen Kai Loges und Andreas Langen (*die arge lola*).[81]

An Vermittlungsaktivitäten bietet das Jüdische Museum monatliche Führungen durch das jüdische Gailingen einschließlich des jüdischen Friedhofs, Führungen durch die Ausstellung für Gruppen und Schulklassen sowie Vorträge zu Aspekten der jüdischen Geschichte in Gailingen und dem Hegau an.

„Heimat Gailingen" – Präsentation der jüdischen Ortsgeschichte

Als das Jüdische Museum Gailingen im November 2008 eröffnet wurde, besaß es vorerst nur einen Ausstellungsraum. Im Verlauf der darauffolgenden Jahre wurde die Dauerausstellung um weitere Themenräume ergänzt. Das Konzept sowie das Design der Präsentation änderten sich jedoch, nachdem Prof. Wirts die wissenschaftliche Leitung übernahm. So unterscheidet sich der Themenraum *Die Gailinger Synagoge* gänzlich von den neueren Ausstellungsräumen. Es ist daher sinnvoll, an dieser Stelle zunächst den ersten Ausstellungsraum separat von der übrigen Dauerausstellung zu betrachten, bevor die Unterschiede im Konzept und der gestalterischen Ausführung hervorgehoben und die damit einhergehenden Aussagen der Präsentationen ergründet werden.

In der Mitte des Ausstellungsraums *Die Gailinger Synagoge* wird ein Modell der ehemaligen Synagoge präsentiert. Entlang der gesamten Fensterbreite setzt ein Lamellenvorhang eine Abbildung des Innenraums der Synagoge zusammen, zugleich ist die Decke des Ausstellungsraums in Blau gestrichen und mit gelben Sternen versehen. So entsteht ein räumlicher Eindruck vom ehemaligen Gebetsraum. Während an der Wand zur Linken anhand von Objekten und Texten die Abläufe innerhalb einer Synagoge erklärt werden, wird entlang der rechten Wand in chronologischer Abfolge die Geschichte der Gailinger Synagoge erzählt.

---

80 https://www.suedkurier.de/region/kreis-konstanz/gailingen/Fotograf-Peter-Seidel-zeigt-Raeume-unterhalb-der-Alltagsoberflaeche;art372441,10266207, http://www.jmw.at/de/exhibitions/ganz-rein-juedische-ritualbaeder-fotografien-von-peter-seidel und https://www.juedisches-museum.org/ganz-rein-judische-ritualbader-fotografien-von-peter-seidel/ (zuletzt abgerufen 09.12.2019).
81 http://www.jm-gailingen.de/?page_id=1460 (zuletzt abgerufen 09.12.2019).

Trotz des großen Textanteils in der Präsentation wirkt dieser durch die gedeckte Farbgebung sowie das vergleichsweise kleine Format der horizontal verlaufenden Texttafeln zurückhaltend, sodass die dreidimensionalen Exponate in den Vordergrund rücken. So liegt der Fokus der Ausstellung auf den erhalten gebliebenen bzw. geretteten Judaika und anderen Gegenständen aus der ehemaligen Synagoge. Diese Art der Präsentation verweist auf der metakommunikativen Ebene einerseits auf die zentrale Rolle der Synagoge für die ehemalige jüdische Gemeinde in Gailingen, andererseits lässt sich eine kulturhistorische Herangehensweise der Ausstellungsmacher erkennen, da das religiöse und kulturelle Leben hier im Vordergrund steht. Die übrigen Themenräume unterscheiden sich gänzlich in ihrer Ausstellungs- und Erzählstruktur. Hier werden auf großformatigen Tafeln entlang der Wände Themenschwerpunkte und historische Ereignisse anhand von Texten und darin eingefügten Fotografien und Dokumenten präsentiert. Farblich akzentuierte Balken weisen auf einzelne Kapitel und ihre Inhalte hin. Exponate, darunter auch einige dreidimensionale Objekte, werden in Standvitrinen ausgestellt. Die Aufmerksamkeit wird jedoch stets auf die großen Tafeln gelenkt, sodass hier die originalen Ausstellungsobjekte in den Hintergrund rücken. Die zu vermittelnden Inhalte werden somit vordergründig anhand von Textanteilen dargeboten. Die Exponate erfüllen in dieser Ausstellungskonzeption eher den Charakter eines Belegs für die erzählten Inhalte. Diese Vorgehensweise findet sich in Präsentationen, die aus der Geschichtsperspektive dargestellt werden, sehr häufig.[82] Obwohl die Themenräume *Rabbinat und Religiosität*, *Jüdisches Gailingen* sowie *Jüdisches Leben* keine lineare Erzählstruktur aufweisen, ist die Dauerausstellung als Ganzes so angelegt, dass sie in chronologischer Reihenfolge die jüdische Geschichte in Gailingen, seit ihren Anfängen bis zum Ende der jüdischen Gemeinde mit dem Aufkommen des Nationalsozialismus, erzählt. Das Einsetzen von großen Textteilen in der Dauerausstellung weist zum einen darauf hin, dass auf die alleinige Aussagekraft der Exponate nicht vertraut wird, d.h. dass davon ausgegangen wird, dass keine eindeutige Decodierung seitens der Besucher möglich ist. Zum anderen liegt hier die Annahme zugrunde, dass die Museumsbesucher kaum Vorwissen zu den präsentierten Themen haben und daher detailliert aufgeklärt werden müssen. Die Gefahr hierbei ist, dass die dominierenden Textpassagen in der Ausstellung auf die Besucher abschreckend wirken könnten und diese sie daher nur partiell lesen und nur ausgewählte Teile der Informationen aufnehmen.

---

82 Siehe Kapitel 1.1. Abschnitt *Ausstellungstypologie* zu *Chronologie*.

Abb. 12: Der Ausstellungsraum „Rabbinat und Religiosität" des Jüdischen Museums Gailingen weist zwar die gleiche Textdichte wie der erste Ausstellungsraum „Die Gailinger Synagoge" auf, jedoch dominieren hier die Textanteile durch ihre Positionierung, was wiederum die Ausstellungsobjekte in den Hintergrund rückt. Foto: Autorin.

Ein weiterer Aspekt kann ebenfalls zu einer inneren Abwehr führen: die Wahl der Sprache in den Texten. Zu beachten ist, inwieweit die gewählten Formulierungen sachlich erklären bzw. aufklären und inwieweit sie belehren, womöglich den Besuchern eine Interpretation der Inhalte aufdrängen. In der Dauerausstellung des Jüdischen Museums wird neben der jüdischen Geschichte auch stets auf das Zusammenleben der christlichen und jüdischen Einwohner hingewiesen. Dabei wird das immer wieder aufkommende Spannungsverhältnis zwischen Mehrheit und Minderheit dargestellt. An mehreren Stellen der Ausstellung weisen die Formulierungen Wertungen und Fremdzuschreibungen auf, die von den Besuchern im Vorgang des Decodierens auf mehreren Deutungsebenen widersprüchlich aufgefasst werden könnten. Die Präsentation der Inhalte in der Dauerausstellung weist eine Ambivalenz auf zwischen einer Symbiose und Gleichheit von Juden und Christen vor 1933 einerseits und einer Betonung der Unterschiede andererseits. So werden jüdische Soldaten im Ersten Weltkrieg als „[...] ohne Einschränkung ‚vollwertige' deutsche Bürger und Soldaten mit allen

Rechten und Pflichten"[83] beschrieben. Zugleich werden in diesem Kapitel die Gleichstellung und Gleichheit der jüdischen Einwohner und ihrer christlichen Mitbürger mehrmals betont. Dies geschieht ebenfalls im Kapitel *Der Kriegerverein*, in dem unter anderem auf das zur Erinnerung der gefallenen Soldaten errichtete Kriegerdenkmal eingegangen wird.

Abb. 13: Eine zentrale Rolle nehmen die Überreste des Kriegerdenkmals und die Gedenktafeln für jüdische gefallene Soldaten im Ausstellungsraum „Assimilation" ein. Anhand dieser Präsentation soll die Gleichstellung jüdischer und christlicher Bürger Gailingens im ersten Drittel des 20. Jahrhunderts verdeutlicht werden. Foto: Autorin.

Auffällig in dieser Passage ist jedoch der im Zusammenhang mit dem Kriegerdenkmal erwähnte Zeitungsartikel: „In einem Zeitungsartikel dazu heißt es provokant: ‚Was werden unsere Antisemiten dazu sagen?'". Dies sticht umso mehr hervor, als es unmittelbar der Darstellung der Gleichheit von Juden und Christen folgt. In diesem Ausstellungskapitel wird zunächst eine Symbiose von Juden und Christen gezeichnet, die offensichtlich doch keine war. Letzteres wird ebenfalls in der Darstellung des jüdischen Lebens, insbesondere im Ausstellungska-

---

83 Zit. nach Texttafel *Der Erste Weltkrieg*, Jüdisches Museum Gailingen, Juni 2018.

pitel *Freizeit* unterstrichen. Hier wird jeweils der Ruhetag, der Schabbat und der Sonntag, näher beleuchtet. In der Beschreibung der Freizeitaktivitäten heißt es, dass die jüdischen Einwohner an Sonntagen „aus Respekt vor der Sonntagsruhe ihrer christlichen Nachbarn"[84] bevorzugt Ausflüge außerhalb von Gailingen unternahmen, „wo sie niemanden störten"[85]. Neben der bereits erwähnten Ambivalenz in der Präsentation wird durch die Wortwahl in den genannten Beispielen auch eine vorgegebene Deutung, insbesondere durch Ausdrücke wie „vollwertig", „provokant" und „niemanden störten", an die Besucher vermittelt. Zwar wird in der Ausstellung versucht, in der Metakommunikation eine Gegendarstellung zu den gängigen antisemitischen Vorurteilen zu bieten, jedoch wird zugleich an anderen Stellen der Dauerausstellung anhand von stereotypen und plakativen Zuschreibungen die jüdische Religion und Kultur beschrieben. Zuschreibungen wie „Gerne heiraten Juden am Dienstag, weil das Bibelzitat für diesen Tag ‚Gott sah, dass es gut war', auch für die Ehe gültig sein soll"[86] versuchen einerseits beispielhafte Einblicke in das jüdische Leben zu geben, können jedoch durch die gewählte Formulierung von Besuchern ohne Vorwissen als allgemein gültig aufgefasst werden. Auch die Verwendung des allgemeinen Begriffs „Juden" oder der Formulierung „man isst" oder „man singt"[87] lässt keinen Raum für Interpretationen oder Alternativen. Es fehlen Verweise darauf, dass sich die Darstellungen auf einen speziellen Zeitraum und geografischen Ort beziehen. Auch die Verwendung des Präsens deutet auf eine allgemeingültige Aussage hin. Das Muster der Darstellung der jüdischen Bewohner als das Eigene und Zugehörige, zugleich jedoch auch immer Fremde zieht sich durch die ganze Dauerausstellung des Museums. Mit dieser Art der Präsentation ist das Museum in Gailingen ein typisches Beispiel für ein Jüdisches Museum in Deutschland, das nach dem Zweiten Weltkrieg gegründet wurde. Seit den 1980er Jahren sind in Deutschland vermehrt Jüdische Museen initiiert worden. Die Hauptrolle hierbei spielte die sogenannte „zweite Generation"[88]. Im Vordergrund standen dabei

---

84 Zit. nach Texttafel *Freizeit*, Jüdisches Museum Gailingen, Juni 2018.

85 Ebd.

86 Zit nach Texttafel *Jüdische Hochzeit*, Jüdisches Museum Gailingen, Juni 2018.

87 Zit nach Texttafel *Chanukka*, Jüdisches Museum Gailingen, Juni 2018.

88 Die Geschichte der Erinnerungskultur und der Umgang mit der nationalsozialistischen Geschichte Deutschlands wird in sozialwissenschaftlich-historischen Studien in unterschiedliche Zeit- und Generationsphasen unterteilt. Die sogenannte „zweite Generation" zeichnet sich dadurch aus, dass sie sich gegen das Schweigen der „ersten Generation", die den Zweiten Weltkrieg und das Geschehen direkt miterlebt hat, stemmt. Es folgt eine Phase der intensiven Forschung und Aufarbeitung der NS-Geschichte. Dies gilt vordergründig für Westdeutschland. (Siehe dazu: Aleida Assmann: Persönliche Erinnerung und kollektives Gedächtnis in Deutschland nach 1945, S. 126–138).

die Anliegen, sich aus dem „Schulderbe" bzw. aus der „Bringschuld"[89] zu befreien und den Bruch zwischen der eigenen Geschichte und derjenigen der deutschen Verbrechen in der NS-Zeit hervorzuheben.[90] Somit sind Jüdische Museen öffentliche Einrichtungen deutscher Kulturbehörden. Sie wurden von Nichtjuden gegründet und richten sich überwiegend an nichtjüdische Besucher mit wenig oder gar keinen Vorkenntnissen. In nur wenigen Fällen stehen die Museen mit den jüdischen Gemeinden vor Ort in Verbindung, was insbesondere am ambivalenten Charakter der Jüdischen Museen als vordergründig *deutsche Gedächtnisorte* liegt.[91] Durch die fast vollkommene Auslöschung der Juden in Deutschland als Folge der Verfolgungs- und Vernichtungspolitik der Nationalsozialisten fehlt es an einer fundierten Basis, worauf sich Präsentationen des „Jüdischen" in Jüdischen Museen stützen bzw. auf die sie verweisen können. So kommt den Jüdischen Museen in Deutschland in Bezug auf die Darstellung des „Jüdischen" das alleinige Recht zu, dieses zu interpretieren.[92] Bei der Konzeption von Ausstellungen muss daher zunächst definiert werden, was das „Jüdische" ist und wie die jüdische Kultur und Geschichte gezeigt werden kann. In der Regel wird die deutsch-jüdische Geschichte bis 1933 als Symbiose präsentiert, in der die Beiträge deutscher Juden hervorgehoben werden. So auch im Jüdischen Museum Gailingen, insbesondere in den Themenräumen *Assimilation* und *Jüdisches Leben*. In letzterem wird im Kapitel *Lichtspiele* der Einfluss eines jüdischen Einwohners auf die Modernisierung Gailingens hervorgehoben. Ludwig Rothschild, seinerzeit Vorsteher der jüdischen Gemeinde, war bei seinen Handelsreisen mit den neuesten Errungenschaften in Berührung gekommen und „drängte" darauf, diese auch in Gailingen umzusetzen, sodass der Ort daraufhin über elektrisches Licht, elektronische Haustürklingeln, Telefone und Lichtspielvorführungen verfügte. Diese Darstellung der Ereignisse und Art der Würdigung geschieht jedoch retrospektiv (nach der Vernichtung des deutschen Judentums). Hier wird der Eindruck vermittelt, die erwähnten Veränderungen und Modernisierungen seien ohne jegliche Vorbehalte vorangeschritten, wobei die Gesellschaft in Gailingen zudem an dieser Stelle als homogen dargestellt wird. Seitens der Mehrheitsgesellschaft gab es jedoch keine homogene deutsch-jüdische Kultur. So zeigt sich auch in diesem Themenraum mit den Kapiteln *Lichtspiele* und *Freizeit* die beschriebene Problematik der ambivalenten Darstel-

---

89 Cilly Kugelmann verwendet den Begriff der „Bringschuld" in Bezug auf die Grundhaltung der musealen Präsentation in Jüdischen Museen in Deutschland nach 1945. (Siehe: Cilly Kugelmann: Bringschuld, Erbe und Besitz, S. 174.)
90 Katrin Pieper: Die Musealisierung des Holocaust, S. 45.
91 Sabine Offe: Ausstellungen, Einstellungen, Entstellungen, S. 98 und Cilly Kugelmann: Bringschuld, Erbe und Besitz, S. 189.
92 Katrin Pieper: Die Musealisierung des Holocaust, S. 49.

lung der jüdischen Bevölkerung als das Eigene und zugleich Fremde.[93] In diesem Zusammenhang soll erneut auf den Themenraum *Assimilation* eingegangen werden, wobei der Assimilationsbegriff an sich im Fokus steht. Der Begriff trägt mehrere Bedeutungsebenen in sich und wurde von zwei Elementen über Jahrzehnte hinweg geprägt: zum einen von der geschichtlichen Deutung des Begriffs als einen notwendigen evolutionären Vorgang, bei dem Bevölkerungsgruppen unterschiedlicher Gruppen „ineinander aufgehen"[94]; zum anderen von der psychologischen Ebene, die davon ausgeht, dass Assimilation mit einem Identitätswechsel sowie einer Aufgabe der eigenen Muttersprache, der Wertvorstellungen und des Gefühls der Zugehörigkeit einhergeht. Seit den 1990er Jahren zielen die geführten Debatten darauf ab, den Assimilationsbegriff aus dem psychologischen Zusammenhang herauszulösen, sodass dieser nicht mehr negativ konnotiert als Angriff auf die psychische und kulturelle Identität verstanden wird. Vielmehr liegt die Tendenz darin, Assimilation als einen Prozess der Angleichung an soziale Strukturen der Mehrheitsgesellschaft darzustellen.[95] In Bezug auf die deutsche Migrationsforschung steht Assimilation in jüdischem Kontext im Zusammenhang mit der Emanzipation der deutschen Juden im 19. Jahrhundert. Eine vollständige politische Emanzipation sollte deutschen Juden nur gewährt werden, wenn diese sich assimilierten. Was jedoch als Assimilation galt, wurde von der Mehrheitsgesellschaft festgelegt und konnte sich unter Umständen mit dem Wechsel der politischen oder auch wirtschaftlichen Lage ändern. Daher war das Ziel der Assimilation, die Anpassung an die Mehrheitsgesellschaft, tendenziell unerreichbar.[96] So stellt sich die Frage, welche Definition dem Themenraum *Assimilation* im Jüdischen Museum Gailingen zu Grunde liegt. Der Ausstellungsraum erzählt die Geschichte der Juden in Gailingen seit den Anfängen bis zu den Geschehen im Ersten Weltkrieg. Dabei wird insbesondere in den Kapiteln *Gleichberechtigte Staatsbürger* und dem bereits erwähnten Kapitel *Der Kriegerverein* die Gleichberechtigung und Gleichheit der jüdischen Einwohner betont. Assimilation meint hier somit vordergründig die Angepasstheit und Gleichstellung der Juden im Ort. Nichtsdestotrotz ist die Wahl des Titels für diesen Themenraum problematisch, da der Begriff der Assimilation in Deutschland besonders in politischen und gesellschaftlichen Debatten mit der Aufgabe der eigenen Identität verbunden und somit negativ behaftet ist. Ohne eine Definition bzw. einen gesetzten Rahmen, die auf die Metakommunikation des Titels ver-

---

93 Ebd., S. 50 f.
94 Zit. nach Jutta Aumüller: Assimilation, S. 32.
95 Ebd.
96 Ebd., S. 157 f.

weisen, kann der dargestellte Inhalt des Ausstellungsraums in ein negatives Licht rücken, auch wenn hier das Gegenteil intendiert ist.

Museologisches Konzept – Bewahren, Erinnern, Darstellen

Das Jüdische Museum Gailingen wurde 2008 zunächst mit nur einem Ausstellungsraum eröffnet. Thematisch steht *Die Gailinger Synagoge* im Fokus der Ausstellung, wobei diese als Zentrum des kulturellen und religiösen Lebens der jüdischen Gemeinde präsentiert wird. Zwischen der Konzeption des ersten Ausstellungsraums und den folgenden Themenräumen gab es einen Wechsel in der wissenschaftlichen Leitung, sodass sich ein deutlicher Bruch in der Ausstellungsarchitektur und Erzählperspektive zeigt. Während der erste Raum eine kulturhistorische Perspektive aufweist, liegt der Schwerpunkt der übrigen Dauerausstellung darin, die jüdische Geschichte Gailingens zu bewahren und zu erzählen. Auffällig ist dabei eine Ambivalenz in der Darstellung des Verhältnisses zwischen christlichen und jüdischen Einwohnern, die sich durch die gesamte Dauerausstellung hindurchzieht. So werden Juden als Teil der eigenen Gesellschaft und zugleich als Fremde beschrieben. Diese Darstellungen sind für Jüdische Museen in Deutschland nach 1945 typisch. Das „Jüdische" im Namen der Museen bezieht sich somit mehr auf den ausgestellten Inhalt und weniger auf das Wesen des Museums. Es handelt sich hierbei um deutsche Kulturinstitutionen, die gleichzeitig die Funktion eines Mahnmals erfüllen. Jüdische Museen verweisen stets auf die Vernichtung und Abwesenheit jüdischen Lebens in Deutschland. Auch in Gailingen endet der größtenteils chronologisch verlaufende Zeitstrahl in der Präsentation der Dauerausstellung mit und kurze Zeit nach dem Zweiten Weltkrieg. Zwar ist das Jüdische Museum bemüht, das Jüdische bzw. das Judentum nicht nur als Religion, sondern auch als Kultur in ihren verschiedenen Facetten zu zeigen, jedoch geschieht dies an zahlreichen Stellen anhand von stereotypen und verallgemeinernden Zuschreibungen. Hier zeigt sich erneut der Charakter des Jüdischen Museums als deutsche Kulturinstitution, in der die Vermittlung der Inhalte aus einer nichtjüdischen Perspektive geschieht und die sich größtenteils an nichtjüdische Besucher mit wenig bzw. ohne Vorwissen richtet. Dies könnte sich jedoch angesichts der jüngsten Entwicklungen in Zukunft ändern. Seit Juni 2019 wird der ehrenamtliche Museumsleiter, Joachim Klose, von der wissenschaftlichen Mitarbeiterin Sarah Schwab unterstützt, die sich insbesondere der Museumspädagogik und neuen digitalen Projekten widmet. Insgesamt äußerten die Museumsleitung und der Trägerverein, der Verein für jüdische Geschichte in Gailingen, den Wunsch, sich den ändernden und wachsenden Ansprüchen der Besucher anzunähern. Der Vorstand des Vereins

für jüdische Geschichte hat dementsprechend seit einiger Zeit nach Partnern gesucht, die das Museum bei seinem Vorhaben unterstützen können. Im März und
im Juli 2019 fanden erste Besprechungen mit Vertretern des Instituts für Judaistik der Universität Bern und des Zentrums für Jüdische Studien der Universität
Basel statt. Dabei standen die künftige räumliche Planung[97], Neukonzeption
und Erweiterung der Dauerausstellung, Erweiterung des museumspädagogi-
schen Angebots, mögliche Kooperationen mit Forschungsinstitutionen und anderen Museen, Digitalisierung und die Erschließung neuer Besuchergruppen im
Fokus. Ein wissenschaftlicher Beirat soll künftig das Museum bei seinen angestrebten Zielen begleiten.[98] Mögliche neue Entwicklungen des Museums sowie
der Ausstellungen sind daher künftig zu beobachten.

2.5 Museé Judéo-Alsacien de Bouxwiller

Erste Zeugnisse über jüdisches Leben im Elsass gibt es bereits aus dem 12. Jahrhundert. Bis ins 14. Jahrhundert hinein war das Judentum im Elsass ein Stadtju-
dentum. Da Juden Landbesitz und die Beschäftigung von Arbeitskräften untersagt waren, war keine Landwirtschaft möglich. Auch war Juden der Zugang zu
den mittelalterlichen Zünften versperrt, sodass ihnen fast nur noch das Zinsge-
schäft blieb, das seit dem 8. Jahrhundert durch Konzilsbeschlüsse und per
päpstlichem Dekret für Christen verboten war. Im 14. Jahrhundert verschwinden
die jüdischen Gemeinden vielerorts gänzlich. Insbesondere auf dem Höhepunkt
der Schwarzen Pest werden Juden auch im Elsass von Pogromen, Verfolgung
und Vernichtung ereilt. Erst Mitte des 17. Jahrhunderts, nach dem Dreißigjähri-
gen Krieg, keimt das jüdische Leben wieder auf, jedoch nun auf dem Land.[99] In
Bouxwiller, etwa 25 km westlich von Hagenau, haben Juden bereits seit dem Mittelalter gelebt. Die erste Erwähnung jüdischer Namen erfolgte bereits im Jahr
1322. Zunächst waren es nur wenige Familien, jedoch wuchs die Gemeinde bis
1851 auf bis zu 353 Mitglieder heran. Neben einer Synagoge verfügte die Gemeinde über eine Religionsschule und eine Mikwe. In der zweiten Hälfte des 19. Jahrhunderts begann die Gemeinde jedoch mit dem Wegzug zahlreicher Familien in
die Städte zu schrumpfen. Anfang des 20. Jahrhunderts waren bereits zwei Drit-

---

97 Eine räumliche Erweiterung des Museums steht durch den Auszug des Kindergartens im
Erdgeschoss künftig in Aussicht. (Joachim Klose, Interview am 12.06.2018, Jüdisches Museum
Gailingen).
98 Dr. Daniel Gerson, Telefoninterview am 30.10.2019 und https://www.suedkurier.de/region/
kreis-konstanz/gailingen/Neue-Gesichter-im-Juedischen-Museum-Gailingen;
art372441,10249512 (zuletzt abgerufen 06.06.2022).
99 Paul Assall: Zwischen Welten, die sich verneinen, S. 25–27

tel der jüdischen Bewohner abgewandert, 1936 wurden noch 109 Juden in Bouxwiller gezählt. Diejenigen, die in den darauffolgenden Jahren noch im Ort verblieben waren, wurden 1940 nach Südfrankreich deportiert. Während der Besatzungszeit wurde die Synagoge geschändet und schließlich zu einer Kartonagenfabrik umgebaut. Auf diese Weise blieb sie im Gegensatz zu Synagogen in anderen Ortschaften zumindest erhalten. Nach dem Ende des Krieges wurde erneut eine jüdische Gemeinde in Bouxwiller gegründet und in der Synagoge konnten Gottesdienste abgehalten werden. Die Zahl der Mitglieder ging jedoch ab 1956 stark zurück, sodass die Gemeinde aufgelöst wurde.[100] Die 1844 erbaute Synagoge war bereits die zweite des Ortes. Sie wurde an der gleichen Stelle erbaut, an der sich das ursprüngliche Gotteshaus befunden hatte. Die Zeit hat ihre sichtbaren Spuren hinterlassen. Das Gebäude wurde baufällig, doch nahm sich bis in die 1980er Jahre niemand der Synagoge an. Vielmehr gab es bei den Besitzern den Wunsch, das Gebäude zu verkaufen. Ein benachbartes Geschäft hatte Interesse am Erwerb der Synagoge, jedoch mit dem Ziel, diese niederzureißen und an seiner Stelle einen Parkplatz einzurichten. Als dies bekannt wurde, setzte sich der Architekt Gilbert Weil dafür ein, dieses Vorhaben zu verhindern und die Synagoge seiner Heimatstadt zu bewahren. Ihm kam die Idee, in dem stillgelegten Gotteshaus ein Museum der jüdisch-elsässischen Kultur zu errichten. So wurde durch seine Bemühungen 1983 die Vereinigung der Freunde des Jüdisch-Elsässischen Museums, *Les Amis du Musée Judéo-Alsacien de Bouxwiller* (A.M.J. A.B.), ins Leben gerufen. Im darauffolgenden Jahr fanden erste Beratungsgespräche des Gemeinderates statt, aus denen eine unterstützende Haltung gegenüber einem Museumsprojekt hervorging. Dennoch war das Museumsprojekt zu diesem Zeitpunkt eher eine Idee von Gilbert Weil, und der Verkauf und Abriss der Synagoge waren noch nicht ausgeschlossen. Es waren weitere Interventionen seitens Gilbert Weil bei Behörden in Paris notwendig, die letztendlich dazu führten, dass die Synagoge auf die Liste historischer Gebäude gesetzt wurde und somit vor einem Abriss geschützt war. Im Dezember 1986 hat der Gemeinderat das Projekt Jüdisch-Elsässisches Museum verabschiedet. Von der Konzeption des Museums bis zur Eröffnung vergingen zwölf Jahre, die voller Hindernisse waren. Schließlich konnte das *Musée Judéo-Alsacien de Bouxwiller* am 28. Juni 1998 feierlich eröffnet werden.[101]

---

100 http://www.alemannia-judaica.de/bouxwiller_synagogue.htm (zuletzt abgerufen 15.05.2020).
101 Eröffnungsrede von Dr. Ernest Luft, ehemaliger Bürgermeister von Bouxwiller (1971–1995), http://judaisme.sdv.fr/today/musee/inaug.htm (zuletzt abgerufen 18.05.2020).

Abb. 14: Das Musée Judéo-Alsacien de Bouxwiller in der ehemaligen Synagoge der Stadt. Foto: A.M.J.A.B.

Auch wenn das Projekt mit der Leitung der französischen Museen abgestimmt ist, erhält das Jüdisch-Elsässische Museum in Bouxwiller kaum regelmäßige Subventionen. Pro Jahr wird das Museum von der Stadt Bouxwiller lediglich mit 4.000 Euro unterstützt. Seit 2018 erhält das Museum zusätzlich von der Region eine finanzielle Unterstützung in Höhe von 10.000 Euro für die Dauer von drei Jahren. Trotz dieser Zuschüsse muss sich das Museum hauptsächlich eigenständig finanzieren. Insbesondere in den ersten Jahren war dies allerdings nur mit der großzügigen Unterstützung des A.M.J.A.B. möglich. So wurden die technische Ausstattung, der Entwurf und Druck von Flyern und Postern in den ersten zwei Jahren gänzlich vom Verein finanziert. Weitere 70.000 Francs hat der A.M.J.A.B. 2001 in das Museum investiert, wobei 40.000 Francs allein für zusätzliches Ausstellungsmaterial wie Vitrinen etc. vorgesehen waren. Eine große Baustelle des Museums ist nach wie vor die Kontrolle des Raumklimas. Zwar wurde nachträglich eine teilweise Isolierung des historischen Gebäudes vorgenommen, jedoch überstiegen die Heizkosten im Winter regelmäßig das Budget[102], sodass das Museum seit einigen Jahren seine Türen in der kalten Jahreszeit gänzlich

---

102 In den ersten Jahren schluckten die Heizkosten ca. 60 % der gesamten Einnahmen des Museums.

schließen muss. Seit der Eröffnung des Museums erfreut sich das Haus eines regen Interesses und zählt jährlich um die 4.000 Besucher aus dem In- und Ausland. Durch die recht stabilen Besucherzahlen kann das Museum seine Unkosten eigenständig decken, bei größeren Investitionen und Neuerungen ist es jedoch nach wie vor auf die finanzielle Unterstützung des Freundeskreises angewiesen. Um Kosten zu sparen, wurde 2004 die einschneidende Entscheidung getroffen, alle bezahlten Arbeitsplätze abzubauen und das Jüdisch-Elsässische Museum rein ehrenamtlich zu führen.[103] Seit 2010 beschäftigt das Museum jedoch wieder eine vollbezahlte Arbeitskraft am Empfang des Museums. Zunächst wurde diese Stelle staatlich und regional bis zu 80 % subventioniert. Jedoch kündigte der Staat im Februar 2011 diesbezüglich seinen Rückzug an, wodurch die Leitung des Museums sich zu der Entscheidung gezwungen sah, die Stelle beizubehalten oder zu streichen.[104] Es wurde entschieden, die Stelle aufrechtzuerhalten, jedoch nur noch als Teilzeitstelle. Doch bedingt durch die CO-VID-19 Pandemie und die damit einhergehende monatelange Schließung der Museen in ganz Europa steht auch das Jüdisch-Elsässische Museum in Bouxwiller vor großen existentiellen Unsicherheiten. Es ist fraglich, inwieweit die einzige bezahlte Stelle des Museums bewahrt werden kann.[105]

Lewe Un Lewe Lonn– Rundgang durch die Dauerausstellung

Das Jüdisch-Elsässische Museum befindet sich in der ehemaligen Synagoge in Bouxwiller. Jedoch ist vom ehemaligen Gotteshaus fast ausschließlich die äußere Hülle geblieben. Das Innere des Gebäudes ist der neuen Funktion entsprechend verändert worden. Im Eingangssaal treten die Besucher auf einen nachgebildeten Marktplatz. Am Fenster eines Fachwerkhauses steht eine *Chanukkia*, ein achtarmiger Leuchter, der darauf hinweist, dass es sich um ein Judenhaus handelt. Auf einem Balken unter dem Fenster wird mit der elsässischen Redensart „Lewe un lewe lonn"[106] der Grundgedanke des Museums vorgestellt: die Koexistenz der Juden und der Christen im Elsass. Durch ein Gewölbe hindurch führt der Rundgang in den ersten Ausstellungsraum. Der Eingang in den schmalen langgezogenen Gang erinnert an den Eintritt einer Judengasse, wie er sich noch in einigen Ortschaften im Elsass finden lässt. Der erste Ausstellungssaal ist

---

103 Bulletin: 20 Jahre Jüdisch-Elsässische Museum Bouxwiller.
104 http://judaisme.sdv.fr/today/musee/amjab12.pdf (zuletzt abgerufen 18.05.2020).
105 Raymond Lévy, Telefoninterview am 01.05.2020.
106 Die Redensart „Lewe Un Lewe Lonn" bedeutet übersetzt: „Leben und leben lassen!"

Abb. 15: An mehreren Stationen der Dauerausstellung finden sich lebensgroße Drahtskulpturen, welche die thematisierten Schwerpunkte der Ausstellung aufgreifen und sinnlich erfahrbar machen. Hier wird das jüdische fest Sukkoth präsentiert. Foto: Mark Simmonds.

der Geschichte der Juden im Elsass vom Mittelalter bis zur Französischen Revolution gewidmet. Im Übergang zum angrenzenden Ausstellungsraum befindet sich eine Glasplatte auf dem Boden, durch welche die Besucher den ursprünglichen Bodenbelag der Synagoge sehen können. Dies ist das einzige noch erhaltene Stück im Inneren der Synagoge, welches nach den Umbauten des Hauses noch so bewahrt worden ist, wie es nach dem Krieg vorgefunden wurde. Der folgende Ausstellungsabschnitt ist der *Existenz und Koexistenz* gewidmet. Hier stehen Religion, Sprache, Zahlen, Essen, Bekleidung sowie die Berufe der Landjuden im Fokus der Präsentation. Besonders augenscheinlich sind der zentral im

Raum platzierte Straßenhändlerwagen sowie die lebensgroßen, aus Draht gefertigten und angekleideten Menschenskulpturen, die die typischen Berufe der Landjuden im Elsass in der Zeit bis zur französischen Revolution und das Miteinander der Christen und Juden veranschaulichen. Angrenzend widmet sich die Ausstellung der *Zeit*, der zyklischen sowie der linearen Zeit. Zunächst werden die Besucher in die jüdischen Feste und Bräuche eingeführt. Auch in diesem Raum fällt die Aufmerksamkeit im ersten Moment auf die lebensgroße aus Draht gefertigte Figur, schwarz gekleidet, mit Tallit[107] um die Schultern und *Arba'a mini*[108] in den Händen.

In den an den Wänden angebrachten Vitrinen werden die jüdischen Feiertage anhand von zahlreichen Texten, Abbildungen und szenischen Nachbildungen mit Miniaturen dargestellt. Dem Ausstellungsrundgang folgend widmet sich der angrenzende Raum den bedeutendsten Lebensabschnitten, von der Geburt bis zum Tod. Die Bar-Mizwa wird in diesem Ausstellungsraum durch die Inszenierung einer Lernsituation mit lebensgroßen Drahtfiguren besonders hervorgehoben. Religiösen Orten und Lebensräumen wendet sich die Ausstellung im nächsten Abschnitt zu. Hier werden das Wohnhaus in seiner Funktion als Zufluchtsort und Schutzraum, die Synagoge, die Mikwe sowie der Friedhof aus unterschiedlichen Blickwinkeln näher beleuchtet. *Den modernen Zeiten entgegen* führt eine nachgebaute Judengasse mit Schaufenstern und Straßenbeleuchtung die Besucher durch die Periode von 1830 bis zum Zweiten Weltkrieg. In den Schaufenstern der nachgebildeten Läden werden die historischen und politischen Ereignisse der Zeit anhand von Fotografien, Artikeln und Texten vermittelt. Das Ende der Gasse mündet in einen dunklen Schlupf, der die Besucher in einen im Zick-Zack angelegten Gang führt. Die Geschehnisse während des Zweiten Weltkriegs werden hier als *Die Schwarzen Jahre* betitelt und sind nur ein kurzes Kapitel der Dauerausstellung. Der Schwerpunkt an dieser Stelle der Präsentation wird bewusst auf den *Widerstand und Wiederaufbau* gelegt, die im angrenzenden Ausstellungsraum gezeigt werden. Anhand von Fotografien und Texten erzählt dieses Ausstellungskapitel von Widerstandskämpfern und Helfern im Zweiten Weltkrieg. Zugleich erzählt dieses Kapitel auch von der Rückkehr der Juden und dem Wiedererwachen des Judentums im Elsass. Ein Teil der Präsentation ist speziell *Jerusalems Kindern* gewidmet. Während zahlreiche Juden nach dem Krieg ins Elsass zurückkehrten, wandten sich andere Israel und der zionistischen Bewegung zu. Einer von ihnen war Richard Kaufmann, der

---

107 Gebetsmantel.
108 *Arba'a mini* ist ein Feststrauß bestehend aus „vier Arten", der an Sukkoth in der Synagoge getragen wird. Der Strauß besteht aus einem gebundenen Palmzweig (*Lulav*), drei Myrtenzweigen (*Hadassim*), zwei Bachweidenzweigen (*Arawot*) sowie einem *Etrog*.

Gründer des kreisförmigen Dorfes Nahalal sowie anderer landwirtschaftlicher Dörfer in Israel. Ursprünglich stammt Richard Kaufmann aus Bouxwiller. Von seinem Leben und seinen Wurzeln in Bouxwiller erzählt die Exposition in einem der Schaukästen. Die unterschiedlichen Wege und Entscheidungen der Juden nach dem Zweiten Weltkrieg stehen in der Ausstellung gleichzeitig repräsentativ für unterschiedliche Lebenswege, die alle Achtung und Raum verdienen. Der Erzählstrang kehrt an dieser Stelle erneut zum Grundgedanken des Museums zurück: *Leben und leben lassen – Lewe un lewe lonn*. Der letzte Abschnitt der Dauerausstellung ist der heutigen Zeit und aktuellen Fragen gewidmet. Auf einer Säule werden Gegenstände und Stätten gezeigt, die im Elsass noch erhalten geblieben sind. Es wird jedoch betont, dass andere Objekte beschädigt oder gar verschwunden sind. An dieser Stelle wird auf die Arbeit des Freundeskreises des Jüdisch-Elsässischen Museums verwiesen.

Inszenierung als Ausstellungs- und Vermittlungskonzept

Seit seiner Eröffnung 1998 erhielt das Museum zahlreiche Schenkungen und Leihgaben aus privaten Händen. Auch dank der Unterstützung des Freundeskreises des Jüdisch-Elsässischen Museums und der Gesellschaft für Israelitische Geschichte Elsass-Lorraine war es möglich, die anfangs vom Gründer Gilbert Weil zusammengestellte Sammlung des Museums um wertvolle Stücke aus ehemaligen Synagogen und anderen Stätten aus dem Elsass zu erweitern. Die meisten Sammlungsobjekte werden in der Dauerausstellung präsentiert, wobei hierfür die *Inszenierung*[109] als Präsentationsform gewählt worden ist. Bereits im Eingangsbereich betreten die Besucher eine szenische Darstellung und finden sich auf einem Marktplatz wieder. Der mit Steinen gepflasterte Boden, die Gewölbe, Steinmauern und die Hausfassade eines Fachwerkhauses mit einem sich davor befindenden Holzkarren lassen die Besucher in eine andere Welt eintauchen und stimmen sie zugleich auf die folgenden Inhalte ein. Eine im Fenster des nachgebildeten Fachwerkhauses stehende *Chanukkia* signalisiert den Besuchern, dass es sich hierbei um ein sogenanntes „Judenhaus" handelt.

Die Anordnung der Gewölbe in Kombination mit der angedeuteten engen Gasse, erinnert an eine historische Judengasse. Somit werden im Eingangsbereich die *Chanukkia* sowie die nachgeahmte Gasse als Codes für das Jüdische eingesetzt. Auch an einer anderen Stelle der Dauerausstellung ist eine ähnliche Art der *Inszenierung* gewählt worden. Im Ausstellungskapitel *Den modernen Zeiten entgegen* betreten die Besucher ebenfalls eine inszenierte Judengasse, dies-

---

109 Siehe Kapitel 1.1. Abschnitt *Ausstellungstypologie* zu *Inszenierung*.

mal jedoch aus einem anderen Jahrhundert. In dem dunkel gehaltenen Gang erstrecken sich zu beiden Seiten nachgebildete Läden mit Schaufenstern, in denen
anstelle von Waren historische Inhalte präsentiert werden. Am Eingang in die
Judengasse werden in einem Schaukasten Fotografien der ehemaligen *Rue de
Juifs* präsentiert, sodass Besucher die inszenierte Gasse als eine Judengasse decodieren können. Durch die Einbettung von Artikeln, Büchern, Fotografien und
einzelnen dreidimensionalen Objekten in die *Inszenierung* der Schaufenster der
Einkaufsläden werden den Exponaten neue Konnotationen zugeschrieben. Aus
ihrem ursprünglichen Kontext und den Funktionen herausgenommen, dienen
die Ausstellungsobjekte in der Präsentation nun als Zeugen und zur Vermittlung
ihrer Zeit. Die szenische Konstruktion wird auch hier abgerundet durch einen
mit Steinen gepflasterten Boden und Straßenlaternen, welche die ästhetische Erfahrung eines real existierenden Ortes unterstützen. Solche räumlichen Gestal-
tungen beziehen sich in der Regel zwar auf historische oder auch aktuelle Orte
und Kontexte, jedoch können sie auf Grund ihrer Ausschnitthaftigkeit und der
Vermittlungsabsicht keineswegs eine getreue Rekonstruktion eines Vorbilds
sein.[110]

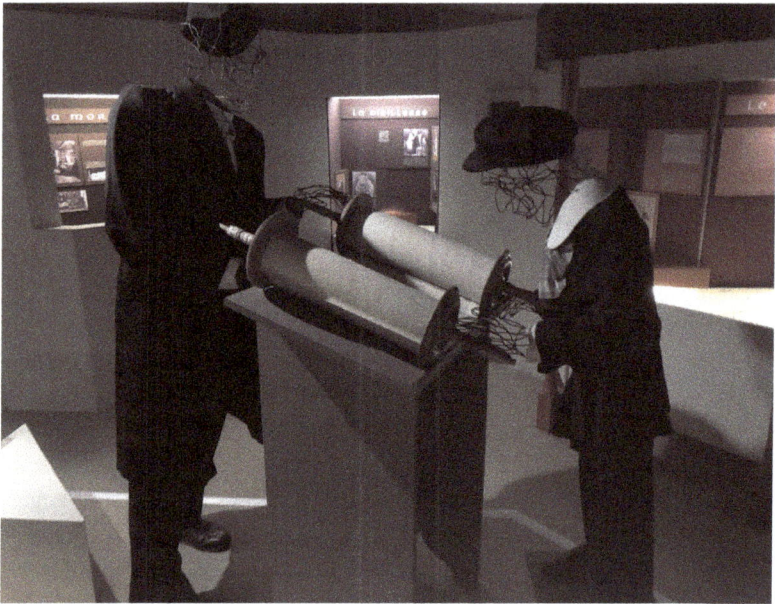

Abb. 16: Lebensgroße Drahtskulpturen ermöglichen eine sinnliche Erfahrung einer Lernsituation, wie sie zur Bar-Mizwa ablaufen könnte. Foto: Mark Simmonds.

---

110 Jana Scholze: Medium Ausstellung, S. 150.

Dies gilt auch für die Präsentation im Jüdisch-Elsässischen Museum Bouxwiller. Die Form der *Inszenierungen* und die Wahl dieser Präsentationsform verweisen vordergründig auf die Motivation *Erlebnisräume* zu bieten, in denen historische und ästhetische Erfahrungen möglich werden.[111] Eine mehr abstrakte Form der *Inszenierung* findet sich in anderen Kapiteln der Dauerausstellung wieder. Hier werden Szenen anhand von Skulpturen nachgestellt. So werden Miniaturen aus Ton verwendet, um Zusammenkünfte und Feste wie Seder, Schabbat, Tischa beAv und eine Hochzeit zu präsentieren. Lebensgroße Skulpturen aus Draht stellen die Lebensumstände der jüdischen Bevölkerung, die Koexistenz von Juden und Christen sowie eine Lernsituation zur Bar-Mizwa exemplarisch dar. Trotz der unterschiedlichen Ausführungen der *Inszenierung*, die in der Dauerausstellung des Museums gewählt worden sind, ist das Ziel dieser Präsentationsform stets das Gleiche: das Vermitteln von komplexen Inhalten, ohne große Textinformationen zu benötigen.[112] Doch durch das Visualisieren der Geschichte birgt diese Form der Ausstellungskonzeption die Gefahr einer Illusionsbildung. Eine *Inszenierung* innerhalb eines Museums bewegt sich stets in einer Gratwanderung zwischen Authentizität und Fiktion. Um die authentischen Museumsobjekte werden Kulissen gebaut, um sie in einem möglichst realitätsnahen Kontext vermitteln zu können. Bei einem Nachbau kann aber eine *Realität* niemals erreicht werden. Die *Inszenierung* kann ein Hilfsmittel sein, um komplexe Kontexte und ästhetische Erfahrungen vermitteln zu können. Dabei muss jedoch beachtet werden, dass die Konstruktion immer nur dem temporären Wissensstand und den örtlichen Möglichkeiten entspricht.[113]

Im Jüdisch-Elsässischen Museum Bouxwiller geben die *Inszenierungen* keine konkreten Ortschaften aus der Geschichte wieder. Vielmehr handelt es sich um idealisierte, stereotypisierte Abbildungen der jüdischen Lebenswelt, wie sie hätte sein können bzw. wie sie eventuell noch in konservativen jüdischen Kreisen existiert. Der Umstand, dass es beispielsweise bei den Miniaturmodellen zu den Feierlichkeiten und Festen keine Erläuterungen gibt, inwieweit es heute andere Formen des Zelebrierens gibt und es sich lediglich um historische Abbildungen handelt, kann bei den Besuchern ohne Vorkenntnisse zu einem verfälschten Bild des Judentums führen. Das *Musée Judéo-Alsacien de Bouxwiller* ist kein Religionsmuseum. Seine Aufgabe sieht das Haus vordergründig in der Vermittlung der Geschichte und Kultur des elsässischen Landjudentums. Durch diesen Fokus richtet sich der Blick der Dauerausstellung in die Vergangenheit, sodass den Entwicklungen der Gegenwart kaum Platz eingeräumt wird. Der Zeit nach 1945

---

111 Ellen Spickernagel: Präsentationsformen der Postmoderne, S. 80.
112 Jana Scholze: Medium Ausstellung, S. 200.
113 Ebd., S. 196.

ist lediglich ein Teil des letzten Ausstellungsraums gewidmet, genauer gesagt das Kapitel *Widerstand und Wiederaufbau* und die Rotunde am Ende des Ausstellungsrundgangs. Dabei steht mehr das Kulturerbe und die Beziehung zu Israel im Mittelpunkt der Präsentation und weniger das Judentum in der heutigen Zeit an sich.

Abb. 17: Szenisch wird anhand von Miniaturfiguren in einer kleinen Vitrine der Sederabend im Musée Judéo-Alsacien de Bouxwiller dargestellt. So soll ein Einblick in die jüdisch-elsässischen Traditionen vermittelt werden. Foto: A.M.J.A.B.

Der gesamte Ausstellungsrundgang ist als ein stetig aufsteigender Gang angelegt, der zu keinem Zeitpunkt durch Treppen oder andere architektonische Hindernisse unterbrochen wird. Dieser Umstand sticht im Zusammenhang mit dem Kapitel *Die Schwarzen Jahre* hervor. Ähnlich wie in anderen Jüdischen Museen im alemannischen Sprachraum wird auch hier die Präsentation der Ereignisse während des Zweiten Weltkriegs durch architektonische Gegebenheiten bzw. gestalterische Mittel vom übrigen Ausstellungsrundgang abgesetzt.[114] Der im Zick-

---

114 Eines der bekanntesten Beispiele für ein architektonisches und museologisches Konzept für die Visualisierung und den Umgang mit der Shoah in einem Jüdischen Museum ist das

Zack angelegte Raum ist entsprechend dem Titel des Themenraums eher dunkel gehalten und vermittelt eine bedrückende Atmosphäre. Auffallend ist jedoch zugleich, dass der Gang durch diesen Raum noch immer ansteigend ist. Es lässt sich somit festhalten, dass im Gegensatz zu anderen Jüdischen Museen zwar visuell Mittel genutzt wurden, um das Ausstellungskapitel vom Rest der Ausstellung abzuheben, jedoch entsteht an dieser Stelle kein Bruch – die Erzählung wird fließend fortgeführt. Als Ganzes betrachtet vermittelt dieser aufsteigende Gang durch die gesamte Dauerausstellung auf der metakommunikativen Ebene ein Bild eines sprichwörtlich *aufsteigenden* Judentums, das sich trotz der historischen, politischen und gesellschaftlichen Hindernisse bewährt hat.

Temporäre Ausstellungen

Seit der Eröffnung des Museums ist die Sammlung des Hauses durch Schenkungen und Leihgaben gewachsen. Nicht alle der wertvollen Objekte können in der Dauerausstellung präsentiert werden, jedoch ermöglicht eine wachsende Sammlung die Durchführung von Wechselausstellungen. Bereits im Juni 1999 konnte die erste temporäre Ausstellung *À l'écoute d'André Neher* gezeigt werden. Zu sehen waren Fotografien von André Neher[115] als Jugendlicher in Bouxwiller sowie Auszüge aus seinen Briefen. Untermalt wurde die Präsentation mit Hörproben, in denen der Philosoph und Erforscher des Judentums auf Elsässisch aus der Haggada liest und singt. Seither finden jährlich mehrere Wechselausstellungen im Jüdisch-Elsässischen Museum zu historischen, religiösen und gesellschaftlichen Themen statt, welche nicht immer einen direkten religiösen, kulturellen oder regionalen Bezug haben. Dennoch wird stets ein thematischer Bogen zur

---

Jüdische Museum Berlin. Die Leerstelle als Symbol für die zahlreichen Verluste in der Gesellschaft durch die Geschehnisse des Zweiten Weltkriegs ist nur eines der konzeptionellen Merkmale des Liebeskindbaus. Auch kleine Museen, wie die im alemannischen Sprachraum, setzen oftmals visuelle Akzente oder nutzen räumliche Gegebenheiten, um dieses historische Kapitel hervorzuheben. Im Jüdischen Museum Hohenems entsteht in der Dauerausstellung ein Bruch im Ausstellungsrundgang in der Zeit der 1930er Jahre, da der Rundgang chronologisch auf einem anderen Stockwerk des Museumsgebäudes fortgeführt wird (siehe Kapitel 2. Abschnitt *Jüdisches Museum Hohenems*). Das Jüdische Museum Gailingen hat dem Zweiten Weltkrieg einen eigenen Ausstellungsraum gewidmet, sodass die Besucher den vorherigen Ausstellungsrundgang verlassen und bewusst den Themenraum betreten (siehe Kapitel 2. Abschnitt *Jüdisches Museum Gailingen*).
115 André Neher, geb. 1914 in Obernai (Elsass) – gest. 1988 in Jerusalem, war ein Philosoph, Lehrer und zugleich eine wichtige Figur des zeitgenössischen Judentums. Er hatte großen Einfluss auf das jüdische Denken in Frankreich nach dem Zweiten Weltkrieg. (Siehe: http://judaisme.sdv.fr/perso/neher/index.htm, zuletzt abgerufen 03.06.2020).

jüdischen Kultur, der Geschichte und zum Elsass geschlagen. Einige der gezeigten temporären Ausstellungen stießen auf großes Interesse und wurden daher anschließend in anderen Kulturinstitutionen im Elsass und auch in anderen Teilen Frankreichs präsentiert. So wurden unter anderem die Ausstellung *À l'écoute d'André Neher* zunächst in Paris und anschließend 2005 im Internationalen Zentrum Elie Wiesel in Marseille und die Ausstellung *Bücher und Persönlichkeiten der Bibel: Abel Pann – Anna Waismann* im Frühjahr 2003 im Museum Bartholdi in Colmar präsentiert, nachdem sie 2000 und 2002 in Bouxwiller zu sehen waren und über 1.000 Besucher anzogen.[116] Zuletzt wandte sich das Museum im Sommer und Herbst 2019 mit der Ausstellung der Fotografen Roselyne Schmitt und Roland Freyburger *Les gens de la rue* sowie der Gemäldeausstellung *Les tsiganes, l'autre peuple errant* gesellschaftlichen Fragen der Randgesellschaften und Ausgrenzungen zu.[117]

Vermittlungs- und ausstellungsbegleitendes Programm

Das Jüdisch-Elsässische Museum in Bouxwiller zählt aktuell jährlich etwa 3.000 bis 4.000 Besucher aus der ganzen Welt. In den ersten Jahren kamen die Besucher jedoch vor allem aus dem Elsass und anderen Regionen Frankreichs. Doch nach und nach sprach das Museum ein internationaleres Publikum an und es kamen vermehrt Besucher aus den Nachbarländern und schließlich auch aus den USA und Israel. Das anfänglich nur auf Französisch und speziell für junge Menschen konzipierte Vermittlungsprogramm entsprach nach relativ kurzer Zeit nicht mehr den Besuchererwartungen. Daraufhin wurde ein schriftlicher Museumsführer auf Deutsch und Englisch erstellt, der die Besucher durch die Dauerausstellung leitet. Da alle Museumstexte und Informationen nur auf Französisch verfasst sind, war dies ein wichtiger Schritt, um ausländische Besucher anzusprechen, die die Sprache nicht beherrschen. Zudem wurde ein Audioguide auf Französisch und Hebräisch entwickelt. Etwa ein Viertel der Besucher des Museums sind Schüler. Um dieser Besuchergruppe gerecht zu werden, stand das Jüdisch-Elsässische Museum vor der Aufgabe, ein gezieltes Vermittlungsprogramm für Kinder unterschiedlicher Altersstufen zu entwickeln. Da das Museum über keine eigene Stelle für Museumspädagogik verfügt, wandte sich das Haus an das Institut für Lehrerbildung der Universität Strasbourg. Im Zusammenhang mit einem Wettbewerb des Instituts wurden schließlich gezielte Vermittlungskonzepte entwickelt. Für erwachsene Besucher bietet das Museum regelmäßig

---

116 Bulletin: 20 Jahre Jüdisch-Elsässische Museum Bouxwiller.
117 http://judaisme.sdv.fr/today/musee/expo.htm (zuletzt abgerufen 03.06.2020).

Führungen durch die Dauerausstellung an. Zudem gibt es Tagungen, ausstellungsbegleitende Konzerte, Vorträge und Workshops zu unterschiedlichen Aspekten des Judentums.

Les Amis du Musée Judéo-Alsacien de Bouxwiller

Die Vereinigung der Freunde des Jüdisch-Elsässischen Museums wurde 1983 ins Leben gerufen. Die treibende Kraft war Gilbert Weil, der die Synagoge seiner Heimatstadt vor dem Abriss retten und darin ein Museum einrichten wollte, welches die Geschichte des Landjudentums im Elsass erzählt. Der A.M.J.A.B., wie die Vereinigung abgekürzt genannt wird, hat sich jedoch viel mehr zur Aufgabe gemacht als den Aufbau und die Unterstützung des Jüdisch-Elsässischen Museums in Bouxwiller. Das Ziel der Vereinigung ist es, die Kultur und Lebensweise des elsässischen Landjudentums zu bewahren und darzustellen. Im Mittelpunkt steht zwar das Museum in Bouxwiller, es war dem A.M.J.A.B. seit seiner Gründung jedoch möglich, zahlreiche weitere Projekte umzusetzen und damit Zeugnisse jüdischer Kultur im Elsass zu erhalten. So nahm sich die Vereinigung sogleich eines Kulturerbes im Ort an. Am Kellereingang eines historischen Gebäudes in Bouxwiller ist eine der ältesten Inschriften des Elsass aus dem Sommer 1615 erhalten geblieben. Bei der Renovierung der Fassade drohte diese Schrift zerstört zu werden. Daher bot der Freundeskreis des Jüdisch-Elsässischen Museums dem Besitzer des Gebäudes an, die Kosten für die Reinigung und Sanierung der Inschrift zu übernehmen, um dieses Zeugnis jüdischer Geschichte zu erhalten. Im Sommer 2002 wurde die Reinigung abgeschlossen und die Inschrift feierlich eingeweiht. Weitere Projekte folgten alsbald. In Hochfelden gelang es dank der Unterstützung des A.M.J.A.B. eine Synagoge, eine ehemalige jüdische Schule sowie eine Mikwe zu retten. Für die Erhaltung des sogenannten *Joddehüss* und der Mikwe in Niederbonn-les-bains erarbeitete die Vereinigung ein Konzept zur weiteren Nutzung des Gebäudes, welche eine Bewahrung des Kulturerbes ermöglichte. Die konzipierte Dauerausstellung *Das Joddehüss über dem Wasser* nahm thematisch den Standort und die Funktion des Gebäudes am Wasser auf und vermittelte zugleich die Bedeutung des Wassers im Judentum. Der Gemeinderat nahm das Konzept positiv auf, wodurch das historische Gebäude und die Mikwe vor dem Verfall gerettet werden konnten. Auch für die einzige noch vorhandene *versteckte Synagoge* in Pfaffenhofen[118] gelang es mit Hilfe des A.M.J.A.B. einen

---

118 Die Synagoge in Pfaffenhofen wurde 1791 erbaut und ist damit die älteste noch erhalte Synagoge im Elsass. Sie gehört zu der Kategorie der „versteckten" Synagogen, d. h. sie unterscheidet sich äußerlich nicht von den Nachbarhäusern. Lediglich die hebräische Jahreszahl auf

Weg zu finden, das Kulturerbe zu erhalten und es für die Öffentlichkeit zugänglich zu machen. Seit seiner Gründung unterstützt der Freundeskreis des Jüdisch-Elsässischen Museums in Bouxwiller Gemeinden, die nach neuen Nutzungsmöglichkeiten ihrer stillgelegten Synagogen suchen. Dabei steht nicht nur die Bewahrung der Gebäude im Vordergrund, sondern auch die Vermittlung jüdischer Kultur. Somit bietet das A.M.J.A.B. den Gemeinden zugleich Beistand bei der Öffentlichkeitsarbeit im Zusammenhang mit Ausstellungen, Konferenzen, Veröffentlichungen von Büchern und Zeitungsartikeln.

Ein großes Projekt des A.M.J.A.B., das leider aus finanziellen Gründen nicht umgesetzt werden konnte, war das Dokumentationszentrum C. O. R. D. I. A. L. im Jüdisch-Elsässischen Museum. Die Planung des Projekts begann 2005 und sah innerhalb des Museums ein Zentrum vor, das sich allein der Sammlung von Dokumenten, der Bewahrung von Objekten und der Erforschung des elsässischen Landjudentums widmen sollte. Zunächst schien das Projekt erfolgreich anzulaufen, die Region Elsass hatte Subventionen zugesprochen, jedoch musste auch das ebenfalls daran beteiligte Departement seine Zustimmung geben. Im Juni 2007 wurden die Akten vom *Conseil Général* begutachtet. Doch trotz der Bemühungen und der anfänglich guten Vorzeichen wurde das Projekt als zu kostspielig bewertet und musste aufgrund der fehlenden Subventionen schließlich aufgegeben werden. Nichtsdestotrotz engagiert sich der Freundeskreis des Jüdisch-Elsässischen Museums weiterhin für das jüdische Kulturerbe im Elsass. Für seine Arbeit ist der Freundeskreis mit dem *Prix Patrimoine Vivant* der *Fondation de France* ausgezeichnet worden. Zudem wird das A.M.J.A.B. von der *Fondation du Judaïsme Français* gefördert.

Ein Vermittlungsort der elsässisch-jüdischen Geschichte und Kultur

Aus dem Wunsch heraus, die ehemalige Synagoge in Bouxwiller zu retten, entstand die Idee, ein Jüdisches Museum zu errichten, das die gemeinsame elsässisch-jüdische Geschichte und Kultur vermittelt. Der Architekt Gilbert Weil wollte mit seinem Engagement nicht nur die Synagoge seiner Heimatstadt erhalten, er gründete auch einen Verein, der es sich zur Aufgabe machte, das noch vorhandene Kulturerbe im Elsass zu bewahren. Ohne die Vereinigung der Freunde des Jüdisch-Elsässischen Museums wäre das Jüdisch-Elsässische Museum in Bouxwiller nicht denkbar, es würde schlichtweg nicht existieren. Denn das Museum wurde seit seiner Gründung 1998 kaum staatlich oder regional subventio-

---

dem Türsturz verweist auf die eigentliche Funktion des Gebäudes. (http://www.alemannia-judaica.de/pfaffenhoffen_synagogue.htm, zuletzt abgerufen 26.05.2020).

niert. Das Haus musste von Beginn an einen Weg finden, seine Unkosten zu decken und sich zu finanzieren. Ohne die teilweise sehr großzügige Unterstützung des A.M.J.A.B. hätte das Jüdisch-Elsässische Museum bereits nach kürzester Zeit seine Türen wieder schließen müssen. Die finanzielle Situation bestimmt auch heute noch die Abläufe und Präsentationen innerhalb des Museums. Seit der Eröffnung des Hauses sind kaum Veränderungen oder Neuerungen vorgenommen worden. Die Dauerausstellung konnte zwar teilweise erweitert und einige elektronische Geräte konnten ausgetauscht werden, jedoch wurden keine generellen Neuerungen oder Aktualisierungen vorgenommen. So besteht die Präsentation nun seit über 20 Jahren. Neuere Erkenntnisse, geänderte gesellschaftliche Standpunkte und pädagogische Entwicklungen können in die Ausstellung nicht einfließen, da für Veränderungen das Budget fehlt. Trotz der finanziellen Situation präsentiert das Museum eine Dauerausstellung, die sich von anderen Darstellungen im alemannischen Sprachraum dadurch unterscheidet, dass die Präsentationsform der *Inszenierung* gewählt wurde.

Das Jüdisch-Elsässische Museum wurde von Anfang an fast ausschließlich ehrenamtlich geführt. Über die 20 Jahre, die das Haus nun existiert, hat sich ein Team zusammengefunden, welches das Museum führt und in Stand hält. Doch jedes dieser Teammitglieder ist kurz vor dem Pensionsalter oder hat dieses bereits erreicht. Die Frage nach der Zukunft des Museums steht darum im Vordergrund, und zwar nicht allein auf Grund der finanziellen Situation, sondern auch weil dem Museum momentan der Nachwuchs fehlt, welcher sich künftig der Leitung und Erhaltung des Hauses annehmen würde.

2.6 Erinnern, Aufklären, Ausstellen – Konzepte Jüdischer Museen im alemannischen Sprachraum

Jüdische Museen im alemannischen Sprachraum weisen unterschiedliche Konzepte zur Präsentation und Vermittlung des Jüdischen auf. Auch wenn die in dieser Arbeit betrachteten Jüdischen Museen die Gemeinsamkeit haben, einen Teil ihrer Dauerausstellung der Dokumentation der Geschichte der jüdischen Gemeinschaft regional oder national zu widmen, unterscheiden sich die Formen der Präsentation deutlich voneinander. Denn parallel zu historischen Daten werden stets auch Inhalte wie jüdische Kultur und Religion und Themen wie Migration, das Verhältnis von Minderheiten in einer Mehrheitsgesellschaft, Antisemitismus sowie Toleranz vermittelt. Doch von Museum zu Museum sind die thematischen Schwerpunkte und die Definitionen, was als das Jüdische präsentiert wird, verschieden. Während das Jüdische Museum Hohenems den Fokus auf

Themen wie Migration und das Verhältnis von Minderheits- und Mehrheitsgesellschaft legt, rückt das Museum in Gailingen die Aufklärung über das Judentum als Religion und Kultur in den Mittelpunkt. Die jüdische Kultur, insbesondere das Eigene der jüdisch-elsässischen Kultur steht im *Musée Judéo-Alsacien
de Bouxwiller* im Zentrum der Präsentation. Mit der neuen Dauerausstellung
setzt das Jüdische Museum der Schweiz Basel hingegen Akzente auf die Themenbereiche Migration, Emanzipation und Religion. Der gesetzte Fokus sowie
die jeweilige Sammlung des Hauses, aber auch die zu vermittelnde Botschaft haben Einfluss auf die Präsentationsform. So finden sich neben der *Chronologie* als
Ausstellungsform, die vorzugsweise für historische Abläufe eingesetzt wird,
auch Präsentationsformen wie die *Klassifikation* im Jüdischen Museum der
Schweiz für die Ausstellung der zahlreichen Judaika, die *Komposition* in den Jüdischen Museen Hohenems und Gailingen zur Vermittlung unterschiedlicher Aspekte jüdischer Kultur und nicht zuletzt die *Inszenierung* im *Musée Judéo-Alsacien de Bouxwiller*, die den Besuchern eine ästhetische Erfahrung bietet. Bei der
Betrachtung der jeweiligen Präsentationen der regionalen bzw. nationalen jüdischen Geschichte zeigt sich allerdings, dass kaum ein Museum der gegenwärtigen jüdischen Kultur ein eigenes Ausstellungskapitel einräumt. Lediglich in den
Jüdischen Museen Basel sowie Bouxwiller endet der chronologisch angelegte
Rundgang durch die Geschichte des Landes bzw. der Region mit einem Kapitel,
das sich der aktuellen Zeit und damit dem heutigen jüdischen Leben widmet. Im
Museum Bouxwiller sticht dieser Teil der Ausstellung besonders hervor, denn
im Vergleich zu anderen Jüdischen Museen, wie beispielsweise Gailingen und
Hohenems, endet der Erzählstrang nicht mit der Auflösung der jüdischen Gemeinde der Ortschaft. Das *Musée Judéo-Alsacien de Bouxwiller* präsentiert zum
Abschluss des Ausstellungsrundgangs die Verbindungen des Ortes zu Israel
und verweist zugleich auf das erhalten gebliebene Kulturerbe im Elsass. Im Jüdischen Museum der Schweiz wird hingegen auf die vielfältigen Kulturaktivitäten
in den jüdischen Gemeinden der Schweiz verwiesen sowie auf die Pluralität innerhalb des Judentums. Die jüdischen Kulturen und unterschiedlichen Strömungen innerhalb des Judentums werden in anderen Häusern ausschließlich in
Wechselausstellungen präsentiert oder im Rahmen des Vermittlungsprogramms
thematisiert und diskutiert. Doch auch hier gibt es große Unterschiede zwischen
den Museen, was sich zum Teil auf die finanziellen Möglichkeiten und die perso-
nellen Kapazitäten, aber auch auf das politische und gesellschaftliche Umfeld
zurückführen lässt. Denn eine Kernfrage, der sich Jüdische Museen in Europa
und somit auch im alemannischen Sprachraum immer wieder aufs Neue stellen
müssen, ist die nach ihren Freiräumen und Funktionen. Im Gegensatz zu Amerika handelt es sich in Europa bei Jüdischen Museen nicht um sogenannte Identitätsmuseen, die ihren Fokus rein auf jüdische Werte, Kultur und Religion le-

gen. Jüdische Museen in Europa wenden sich auch gesellschaftlichen und politischen Themen zu. Inwieweit kleinere Museen, wie sie im alemannischen Sprachraum zu finden sind, es sich personell und finanziell „leisten" können und auch den Willen haben, sich zu großen Themen wie Migration, Antisemitismus, Israel zu äußern und auch kritisch das Zusammenleben von Christen und Juden zu betrachten, ist von Haus zu Haus unterschiedlich. Das Jüdische Museum Hohenems sticht als ein Beispiel im alemannischen Sprachraum, das insbesondere durch seine Wechselausstellungen bewusst aneckt und dadurch Diskussionen zu aktuellen Themen anregt, klar hervor.

3 Vermittlung des Jüdischen – Kulturprojekte und -organisationen im alemannischen Sprachraum

Während das jüdische Leben in der Schweiz in der Zeit des Nationalsozialismus, wenn auch mit einigen Hindernissen und Sorgenfalten, weitergehen konnte, wurde es im restlichen Europa fast gänzlich ausgelöscht. Nach dem Krieg brauchte es einige Jahrzehnte, bis die Mauer des Schweigens der sogenannten ersten Generation durchbrochen werden konnte und es auch im deutschsprachigen Raum zur aktiven Auseinandersetzung mit der jüngsten Vergangenheit kam. Nach und nach kehrte jüdisches Leben in einige Regionen wieder zurück. In Deutschland entstanden neue jüdische Gemeinden. Die überwiegende Zahl ihrer Mitglieder waren osteuropäische Juden, die die Vernichtungs- und Konzentrationslager überlebt hatten und die aufgrund von Verschleppung, Todesmärschen oder Flucht nach Deutschland gelangt und nach der Auflösung der Displaced-Persons-Camps im Land geblieben sind.[1] In Österreich haben sich die offiziellen Stellen lange Zeit geweigert, sich der Verantwortung zu stellen und klar Stellung zur Mitschuld Österreichs an der Vernichtung des europäischen Judentums zu nehmen. Stattdessen sah sich Österreich als das „Erste Opfer Hitlers". Ähnlich wie in Deutschland wollte sich zunächst kaum jemand mit der Vergangenheit auseinandersetzen oder gar die Migranten nach Österreich zurückholen. In den 1970er und 1980er Jahren kommt es jedoch sowohl in Deutschland als auch in Österreich zum Aufbruch aus dem „kollektiven Beschweigen"[2]. Es kommt zu einer intensiven Aufarbeitung der jüngsten Geschichte. Zugleich gibt es vermehrt kulturelle Initiativen und ein gesteigertes Interesse am Judentum. In vielen Städten werden zerstörte Synagogen restauriert, es gibt zunehmend Angebote für Touren zu ehemaligen „jüdischen Orten", jüdische Speisen aber auch osteuropäische Klezmer-Musik erfreuen sich besonderer Beliebtheit. In der Literatur, in Musik und Filmen werden Juden zu Objekten der Popkultur heraufbeschworen.[3] Im Gegensatz zu den Entwicklungen in Deutschland und Österreich kehrten zahlreiche Juden nach dem Krieg ins Elsass zurück, zunächst auch in die ländlichen Gebiete. Doch bald folgte erneut eine Abwanderung in die größeren Städte. Die jüdische Gemeinde in Strasbourg zählt heute etwa 20.000 Mitglieder. Trotz dieser beeindruckenden Zahl zählt die Gemeinde nicht zu den größten Frankreichs. Die wachsende jüdische Gemeinschaft und das gesteigerte Interesse an dieser Religionsgemeinschaft seitens der Mehrheits-

---

1 Vgl. Sabine Offe: Ausstellungen, Einstellungen, Entstellungen, S. 98.
2 Siehe Aleida Assmann: Persönliche Erinnerung und kollektives Gedächtnis in Deutschland nach 1945, S. 135.
3 Katrin Pieper: Die Musealisierung des Holocaust, S. 42.

gesellschaft führten zu einem vielfältigen Angebot an Kulturprogrammen und zu zahlreichen Gründungen von Kulturinstitutionen mit jüdischer Themenausrichtung. Einige der jüdischen Kulturprojekte im alemannischen Sprachraum sollen im ersten Teil dieses Kapitels exemplarisch vorgestellt werden. Dabei sollen die Motivation zur Schaffung des Projekts bzw. der Institution sowie das in die Öffentlichkeit vermittelte Bild des Jüdischen näher betrachtet werden. Anschließend folgt eine detaillierte Darstellung und Untersuchung dreier Kulturprojekte in der Schweiz, wobei hier die anvisierten Ziele der Projekte sowie die Vermittlungskonzepte im Fokus stehen.

Alemannia Judaica – Arbeitsgemeinschaft zur Erforschung der Geschichte der Juden im süddeutschen und angrenzenden Raum

Die Arbeitsgemeinschaft *Alemannia Judaica* wurde 1992 von Vertretern unterschiedlicher Einrichtungen und Einzelpersonen gegründet, um die Erforschung jüdischer Geschichte und Erinnerungsarbeit in den einzelnen Ortschaften im süddeutschen und angrenzenden Raum voranzubringen. An der Arbeitsgemeinschaft sind neben Einzelpersonen insbesondere Trägervereine ehemaliger Synagogen, Jüdische Museen, Dokumentations- und Forschungszentren für jüdische Regionalgeschichte sowie KZ-Gedenkstätten und weitere Initiativen aus dem süddeutschen Raum, dem Elsass, der deutschsprachigen Schweiz und Vorarlberg beteiligt. Bereits vor dem offiziellen Gründungsdatum war die Arbeitsgemeinschaft eine Zeit lang informell im Rahmen regionalgeschichtlicher Arbeit an der Universität Freiburg im Breisgau aktiv. Am 24. Mai 1992 wurde die Arbeitsgemeinschaft *Alemannia Judaica* anlässlich einer Tagung in Hohenems offiziell ins Leben gerufen. Hohenems sollte jedoch nicht nur als Gründungsort eine Bedeutung für die Arbeitsgemeinschaft behalten. Aus organisatorischen Gründen übernimmt das Jüdische Museum Hohenems seit der Gründung auch die Funktion des ständigen Sekretariats sowie die Betreuung des Archivs von *Alemannia Judaica*. 1992 bis 2018 kamen die Mitglieder meist jährlich zum Austausch bzw. zur Koordination der laufenden Projekte und zur Erkundung der jüdischen Geschichte eines Ortes im Gebiet der *Alemannia Judaica* zusammen. Die Projekte, die im Rahmen oder im Zusammenhang mit der Arbeitsgemeinschaft im Verlauf der letzten 28 Jahre entstanden sind, sind unterschiedlicher Natur. So ist beispielsweise eine Reihe an Publikationen erschienen, darunter die Reihe *Orte jüdischer Kultur* beim Verlag Medien und Dialog in Haigerloch. Einige Mitglieder sind mit eigenen Veranstaltungen am jährlich stattfindenden *Europäi-*

schen Tag der jüdischen Kultur[4] beteiligt. Des Weiteren besteht eine Verbindung der in die *Alemannia Judaica* integrierten deutschen Einrichtungen zu der Landesarbeitsgemeinschaft der Gedenkstätten und Gedenkstätteninitiativen in Baden-Württemberg bei der Landeszentrale für politische Bildung. Ferner sind zahlreiche Forschungsprojekte von einzelnen Mitgliedern zur jüdischen Geschichte und Kultur im Bereich der *Alemannia Judaica* durchgeführt worden. Viele der Forschungsergebnisse sind seit 2001/2003 auf der Webseite der Arbeitsgemeinschaft für die breite Öffentlichkeit zugänglich. Hier finden sich unterschiedliche Quellen zur jüdischen Geschichte im alemannischen Sprachraum, darunter eine Auflistung jüdischer Friedhöfe, bestehender und ehemaliger jüdischer Gemeinden, Gedenkstätten sowie Jüdischer Museen. Insbesondere zu jüdischen Friedhöfen sowie Gemeinden ist eine Vielzahl an Informationen abrufbar. Neben historischen Daten sind historische Dokumente, Zeitungsartikel, Abbildungen und Fotografien zu den meisten Stätten und Ortschaften einsehbar. Mit diesem Umfang und der Qualität an Informationen ist die Webseite der Arbeitsgemeinschaft zu einer bedeutenden Online-Datenbank für jüdische Ortsgeschichte und Kultur geworden.[5] Doch inzwischen ist die Webseite in technischer Hinsicht in die Jahre gekommen und entspricht nicht mehr den zeitgemäßen Anforderungen, die an eine Online-Präsenz gestellt werden. Das Jüdische Museum Berlin startete 2015 das Projekt *Jewish Places*.[6] Drei Jahre lang wurde eine virtuelle und interaktive Karte zu jüdischem Leben in Deutschland erarbeitet, bevor die Webseite *Jewish Places* im September 2018 online geschaltet wurde. Die Motivation hinter dem Projekt war die Bündelung der meist schwer zu findenden und weit verstreuten Informationen, die die Forschung gerade in den letzten Jahren bezüglich der jüdischen Regionalgeschichte hervorgebracht

---

4 Der *Europäische Tag der jüdischen Kultur* ist eine Aktion der European Association for the Preservation of Jewish Culture and Heritage (AEPJ). Die AEPJ ist eine 2004 gegründete europäische Vereinigung zur Erhaltung und Förderung der jüdischen Kultur und des jüdischen Kulturerbes. Sie dient als Plattform für europäische Institutionen (darunter öffentliche Einrichtungen, private Stiftungen, Verbände jüdischer Gemeinden) für die Entwicklung von Kulturinitiativen und Bildungsprogrammen für europäische Stätten. Zudem fungiert die AEPJ als Netzwerk für den interreligiösen Dialog. (Siehe dazu https://www.jewishheritage.org/about, zuletzt abgerufen 29.06.2020).
5 Zahlreiche Universitätsbibliotheken, darunter die der Heinrich-Heine-Universität Düsseldorf, Universität Mannheim, Universität Heidelberg und Universität Leipzig, verweisen auf die Webseite der *Alemannia Judaica* als fachspezifische Datenbank im Internet. (Siehe https://www.bib.uni-mannheim.de/datenbanken/details/?libconnect%5Btleid%5D=10458, https://www.uni-heidelberg.de/institute/sonst/aj/FRIEDHOF/ALLGEM/p-bund.htm und https://www.ub.uni-leipzig.de/recherche/fachspezifische-datenbanken/detailansicht-dbis/?libconnect%5Btitleid%5D=10458, zuletzt abgerufen 29.06.2020).
6 https://www.jmberlin.de/jewish-places (zuletzt abgerufen 29.06.2020).

hat. Die Webseite *Jewish Places* bietet Informationen zu religiösen und säkularen Einrichtungen wie Synagogen, Friedhöfe, Mikwaot, jüdische Cafés, Sportvereine und Salons. Zudem finden sich hier virtuell geführte Spaziergänge in verschiedenen Städten, die einen Überblick über jüdische Orte zeigen. Auch lassen sich anhand von *Jewish Places* Biografien historischer Persönlichkeiten nachverfolgen. Das Projekt sieht sich selbst als eine Schnittstelle zwischen Öffentlichkeit und Wissenschaft und will zum fachlichen Informationsaustausch sowie zur Transparenz der Forschungsergebnisse für die Öffentlichkeit beitragen.[7] Ein wichtiger Aspekt dabei ist die Funktionsweise des Projekts, denn es lebt von der aktiven Beteiligung zahlreicher Nutzer und Nutzerinnen. *Jewish Places* ist so angelegt, dass jeder registrierte Nutzer Einträge in der Datenbank verfassen und Beiträge anderer ändern bzw. ergänzen kann. Die Grundidee dahinter: Je weiter das Netzwerk wächst, desto mehr Datensätze werden eingestellt und desto detailreicher werden die vorhandenen Informationen.[8] Zum heutigen Zeitpunkt umfasst die Webseite 8508 historische und aktuelle Daten. Die Arbeitsgemeinschaft *Alemannia Judaica* gehört zu den Partnern des Projekts *Jewish Places*. Alle Datensätze, die auf der Webseite der Arbeitsgemeinschaft eingesehen werden können, sind auch auf der Webseite der *Jewish Places* zu finden. So ist *Alemannia Judaica* derzeit mit 477 Einträgen vertreten, eingeordnet in drei Kategorien: Orte, Einrichtungen und Spaziergänge.[9] Dennoch bleibt die Webseite der *Alemannia Judaica* auf Wunsch einiger Besucher auch weiterhin aktiv und wird nach Möglichkeit aktualisiert. Angesichts der Entwicklungen im Zusammenhang mit dem Projekt *Jewish Places*, das einen Großteil der Aufgaben übernommen hat, denen sich die Arbeitsgemeinschaft bei ihrer Gründung verschrieben hat, stellt sich die Frage nach der Zukunft von *Alemannia Judaica*. Als *Alemannia Judaica* 1992 offiziell gegründet wurde, lag das wichtigste Ziel der Arbeitsgemeinschaft darin, Forschungsprojekte zu koordinieren sowie eine Plattform für einen Austausch und gemeinsame Projekte zu schaffen. Eine bedeutende Entwicklung der Arbeitsgemeinschaft war die eigene Webseite, wobei diese vor allem die Funktion einer Online-Datenbank übernimmt, die verlässliche Einstiegsinformationen zur jeweiligen jüdischen Ortgeschichte bündelt und der Öffentlichkeit zugänglich macht. Das 2018 gestartete Projekt *Jewish Places*, an dem *Alemannia Judaica* beteiligt ist, nimmt sich zum großen Teil der gleichen Aufgaben an. Jedoch geht das Projekt *Jewish Places* noch einen Schritt weiter, indem es seine Nutzer und Mitglieder aktiv in den Gestaltungsprozess einbindet.

---

7 https://www.jewish-places.de/de/ueber-uns (zuletzt abgerufen 29.06.2020).
8 https://www.jewish-places.de/de/join (zuletzt abgerufen 29.06.2020).
9 https://www.jewish-places.de/de/search?term=&filter[partner][0]=Alemannia%20Judaica&filter[location][center]=51.2058017,10.4586661&rows=100000 (zuletzt abgerufen 29.06.2020).

Damit fördert das Projekt einen intensiveren Austausch zwischen der Forschung und Wissenschaft einerseits und der breiten Öffentlichkeit andererseits. Daher stellt sich die Frage, ob es die Arbeitsgemeinschaft *Alemannia Judaica* in ihrer ursprünglichen Form noch braucht bzw. wie deren Arbeitsweise künftig aussehen könnte.

Kulturarbeit der Jüdischen Gemeinde Bern

Die Jüdische Gemeinde Bern (JGB) wurde offiziell 1848 unter dem Namen *Corporation der Israeliten in Bern* gegründet. Knapp 20 Jahre später, 1867, konstituierte sich die Gemeinschaft als *Cultusverein der Israeliten in Bern* neu, ab 1908 lautete die Bezeichnung *Israelitische Kultusgemeinde Bern*.[10] Entgegen der Benennung ließ sich die Funktion der Gemeinschaft jedoch nicht auf den religiösen Ritus reduzieren. Insbesondere seit Mitte des 20. Jahrhunderts mit der zunehmenden Säkularisierung nahmen das jüdische Leben und die Aktivitäten außerhalb der religiösen Praxis eine bedeutendere Rolle ein. In Bezug auf die JGB spiegelt sich diese Entwicklung deutlich im Namen der Gemeinde wider. So wurde 1973 der Ausdruck „Kultus" aus dem Namen der Gemeinde gestrichen, sodass die Bezeichnung seither *Israelitische Gemeinde Bern* lautete. Da jedoch in der Öffentlichkeit „israelitisch" oftmals mit „israelisch" verwechselt bzw. gleichgestellt wurde, folgte 1982 erneut eine Namensänderung. Schließlich erhielt die Gemeinde den Namen, den sie heute trägt: Jüdische Gemeinde Bern (JGB).

Die Jüdische Gemeinde Bern hat innerhalb der Schweiz einen besonderen Status inne. Im Gegensatz zu anderen Gemeinden in der Schweiz wird in der JGB das Honorar des Rabbiners staatskirchlich getragen. Somit ist die Jüdische Gemeinde Bern eine öffentlich-rechtliche Gemeinde. Dies bringt sie unter anderem damit zum Ausdruck, dass eine Integration von nichtjüdischen Partnern in das Gemeindegeschehen möglich ist. So wurde der Verein Freunde der JGB geschaffen, dessen Mitglieder nach Durchlaufen eines Aufnahmeverfahrens uneingeschränkt an kulturellen und synagogalen Anlässen teilnehmen können. Zudem steht der jüdische Friedhof ebenfalls gemischten Paaren für die Beisetzung zur Verfügung. Auch in der Kulturarbeit der JGB zeigt sich ein progressiver Kurs. Die Kulturarbeit der Jüdischen Gemeinde Bern hat viele Facetten und richtet sich nicht ausschließlich an die Gemeindemitglieder. Spätestens seit den 1980er Jahren hat sich die JGB durch ihre Kulturarbeit auch gegenüber der nichtjüdischen Öffentlichkeit geöffnet. Bereits zu Beginn der 1970er schuf die Jüdische Gemeinde Bern mit der halbjährlich erscheinenden Zeitschrift *Forum* eine öffentliche

---

10 Angela Bhend: Verbürgerlichung und Konfessionalisierung, S. 119–123.

Plattform, in der Gemeindemitglieder, aber auch das Rabbinat, über Aspekte und Formen des Judentums berichten können. Dabei wird in den Beiträgen zum Teil durchaus provokativ und kontrovers über verschiedenste Themen, stets mit aktuellem Bezug, diskutiert. Da das *Forum* auch außerhalb der Gemeinde erhältlich ist, erfüllt es nicht allein die Funktion einer Gemeindezeitung. Das *Forum* bietet allen Interessierten umfassende Informationen über das Berner Judentum.[11] Die Transparenz und Zugänglichkeit jüdischer Themen sowohl für das jüdische Publikum, das nicht an die Gemeinde angegliedert ist, als auch für die nichtjüdische Öffentlichkeit wurde durch die Schaffung der Kulturkommission mit der Zeit noch erweitert. Mit jüdischen Themen war einerseits die „Thematisierung des Judentums selbst (in traditioneller und gegenwartsbezogener Weise)" gemeint, andererseits die Auseinandersetzung mit allgemeinen „menschliche[n] Fragen aus einer jüdischen Haltung heraus".[12] Zwar richtete sich die Arbeit der Kulturkommission in den 1980er Jahren zunächst vorwiegend an die Gemeindemitglieder, doch verlagerte sich der Fokus im Verlauf des nächsten Jahrzehntes. Für diese Entwicklung war im Jahre 1983 die Ausstellung *Juden in der Schweiz*, die von tausenden Personen im Kornhaus Bern besucht wurde, von besonderer Bedeutung. Das Begleitprogramm wurde von Prof. Jacques Picard organisiert. Im Mittelpunkt stand die Vortragsreihe *Begegnungen mit dem Judentum*. Etwa 200 bis 400 Besucher fanden im Zentrum Bürenpark Platz, das Programm konnte in späteren Übertragungen aber auch im öffentlichrechtlichen Radio verfolgt werden. An diesen Schritt in die Öffentlichkeit knüpfte das Organisationskomitee des Jubiläums *150 Jahre Jüdische Gemeinde Bern* 1998 an. Während das 100-jährige Jubiläum noch mit einem Festakt begangen worden war, war die JGB mit der öffentlich-rechtlichen Anerkennung seit 1996 Teil des „offiziellen Bern"[13]. Es war nun auch an der Zeit in die Öffentlichkeit zu treten. Für das große Jubiläum war es gelungen, Medien, Kunst- und Kulturinstitutionen und auch die Universität Bern einzubeziehen. Im Rahmen des *Collegium generale* veranstaltete die Universität Bern die Vortragsreihe *Zeit und Fremde jüdischer Kultur*, die später auch in gedruckter Form erschien. Der Erfolg dieser Veranstaltungsreihe veranlasste die neue Kulturkommissionspräsidentin Celia Zwillenberg, eine Vorlesungsreihe unter der Bezeichnung *JGB-College* durchzuführen. Fast im Alleingang organisierte sie eine Vortragsreihe im Vortragssaal der Universitätsbibliothek. Angelehnt an das seit den 1980er Jahren von Gabrielle Rosenstein geleitete *ICZ-College* verfasste Celia Zwillenberg gemeinsam mit

---

11 Siehe dazu Daniel Gerson: Öffnung und Anerkennung seit den 1980er Jahren.
12 Jacques Picard: undatiertes Schreiben an Rolf Bloch, Staatsarchiv Bern, V JGB/31.
13 Ruth Mund: „Wir müssen nach aussen treten und zeigen, dass wir jetzt ein Teil des offiziellen Bern sind", Interview, in: JGB-Forum, 1997, Nr. 62, S. 8.

ihrem Ehemann Lutz Zwillenberg ein Programmheft und übernahm die anfallenden Kosten. Mit 140 Anwesenden übertraf der Start der Veranstaltungsreihe bereits alle Erwartungen. Insgesamt zählte der erste Zyklus über 1.700 Teilnehmer. Bereits bei der Planung hat Celia Zwillenberg bei der Themenwahl sowohl an das säkulare als auch an das religiöse Publikum gedacht. So fühlten sich jüdische und auch nichtjüdische Zuhörer vom Programm angesprochen. Neben Vorträgen fanden Konzerte und Lesungen statt. Obwohl das *JGB-College* zunächst nur für die Dauer eines Jahres geplant war, blieb es aufgrund der überwältigenden Resonanz bis 2009 bestehen. Seit 2002 gehörten Reisen in europäische Städte, welche Themen aus einzelnen Vorträgen noch vertieften, zu den Höhepunkten des College-Jahres.[14] Seit dem Ende des *JGB-College* wurden nur noch wenige öffentliche Veranstaltungen von der JGB organisiert, die dann meist im Haus der Gemeinde stattfanden. Die Kulturkommission unterhält weiterhin Kontakte und arbeitet mit Kulturinstitutionen in Bern zusammen; beispielsweise werden Ausstellungsführungen und Filmvorführungen für Gemeindemitglieder organisiert. Den Austausch und Kontakt zur Öffentlichkeit unterhält die JGB seit 2015 vermehrt durch das Engagement im *Haus der Religionen*. Ähnlich wie das Gemeinde-*Forum* hat sich das *Haus der Religionen* für die Gemeinde als eine weitere öffentliche Plattform etabliert, in der die Vielfalt des Judentums aus unterschiedlichen Blickwinkeln betrachtet und diskutiert werden kann.

Haus der Religionen – Dialog der Kulturen

Das *Haus der Religionen* in Bern ist in seiner Form ein einzigartiges Projekt in der Schweiz. Acht Religionsgemeinschaften sind unter einem Dach vereint. So haben Religionsgemeinschaften, die zuvor keine eigenen würdigen Räumlichkeiten für die Durchführung ihrer Zeremonien zur Verfügung hatten, im *Haus der Religionen* einen entsprechenden Ort gefunden. Hindus, Muslime, Aleviten, Christen und Buddhisten haben seit 2015 hier ihre Religionsräume. Die jüdische Gemeinschaft, Bahá'í und Sikhs tragen inhaltlich zum breitgefächerten Kulturprogramm bei. Neben Ausstellungen werden unter anderem Workshops, Führungen und Sprachkurse angeboten. Das Kulturangebot ist darauf ausgelegt, religiöse, kulturelle und gesellschaftliche Themen zu behandeln, die die Unterschiede und auch Gemeinsamkeiten verschiedener Kulturen und Religionen zum Ausdruck bringen. Das *Haus der Religionen* sieht sich selbst als „Labor des Zusammenlebens", das sich an Interessierte richtet und diese dazu einlädt, in

---

14 Peter Abelin: Gehe hin und lerne, S. 499–503.

einen interreligiösen sowie interkulturellen Dialog zu treten und diesen zu pflegen.[15]

Bereits 1993 hat sich in Bern der *Runde Tisch der Religionen* gebildet. Hier
trafen sich Vertreter buddhistischer, christlicher, hinduistischer, jüdischer sowie muslimischer Religionsgemeinschaften, um sich regelmäßig über Probleme
in der Ausübung ihrer jeweiligen Religion im Alltag auszutauschen. Die Idee eines Hauses der Religionen und Kulturen in Bern-Bümpliz wurde erstmals im November 2000 bei einem Treffen des *Runden Tisches* thematisiert. Zwei Jahre zuvor hatte das Stadtplanungsamt Bern den Wirtschaftswissenschaftler und Sozio-
logen Christian Jaquet mit einer Image-Studie über den Stadtteil Bern-West
beauftragt. In seinem Bericht bemängelt Jaquet die teilweise unwürdigen Kultur-
räume in Tiefgaragen und Fabrikhallen in diesem Stadtteil und unterbreitet den
Vorschlag, ein „Haus der Kulturen und Religionen" zu errichten, um diesen Umständen entgegenzuwirken und zugleich das Image des Stadtteils aufzuwerten.
Im Protokoll der Sitzung vom 30. November 2000 heißt es in diesem Zusammenhang: „Der Runde Tisch ist bereit, dieser Vision auf die Beine zu helfen"[16]. Zur
Ausarbeitung der Starthilfe wurde eine Projektgruppe gebildet, zu der u. a. der
Ideengeber Christian Jaquet sowie Hartmut Haas, der Koordinator und Förderer
des Projekts, gehörten. Für das weitere Vorgehen wurde 2002 offiziell der Verein
Haus der Religionen – Dialog der Kulturen gegründet. Die prioritären Ziele des
Vereins wurden zunächst darin gesehen, einen gemeinsamen Ort bzw. ein *Haus
der Religionen* zu planen und zu projektieren, in dem die unterschiedlichen religiösen Gemeinschaften in Würde ihre Gottesdienste, Zeremonien und Feste ab-
halten könnten. Zudem sollte der Verein zur Entfaltung des Dialogs der Kulturen
beitragen und in diesem Kontext Informationsveranstaltungen, Begegnungen
und Seminare planen und durchführen. Eine Vertrauensbasis unter den Religionsgruppen zu schaffen, war von Beginn an eine der Herausforderungen, denen
sich der Verein stellen musste. Einen Durchbruch in dieser Hinsicht brachte das
Fest der Religionen und Kulturen *Fête KultuRel*, das im Mai/Juni 2002 das erste
Mal im Schulhaus Schwabgut stattfand. Zugleich war es auch an der Zeit, konkrete Planungen bezüglich des *Hauses der Religionen* voranzutreiben. Im Dezember 2002 wurde eine Machbarkeitsstudie zum Projekt vorgelegt, die 2004 zu
einer Baustudie mit drei Varianten ausgebaut wurde. Der Europaplatz in Ausser-
holligen wurde als Standort klar favorisiert. Bis zum ersten Spatenstich sollten
jedoch noch acht weitere Jahre und bis zur offiziellen Eröffnung des Hauses elf
Jahre vergehen. Neben politischen, finanziellen und praktischen Hindernissen,
die in dieser Zeit überwunden werden mussten, waren es insbesondere auch in-

---

15 https://www.haus-der-religionen.ch/idee/ (zuletzt abgerufen 03.07.2020).
16 Siehe Peter Abelin: Zwischen Hoffen und Bangen, S. 21.

terkulturelle und interreligiöse Fragen, die zu klären, und Wogen, die zu glätten waren. Für solch ein Projekt, an dem zunächst sechs, später schließlich acht verschiedene Religionsgemeinschaften in unterschiedlicher Weise beteiligt waren und es heute noch sind, gab es bisher kein Vorbild, an dem man sich hätte orientieren können. Es musste Vieles ausprobiert und von Null auf ausgearbeitet werden. Während die baulichen Pläne im Verlauf der Zeit immer mehr an Struktur gewannen, gab es nach fünf Jahren Vereinsbestehen zwischen der Religionsgruppen noch keine verbindlichen Vereinbarungen. Denn die beteiligten religiösen Gruppen wiesen sowohl unterschiedliche Größen als auch unterschiedliche Organisationsstrukturen auf, sodass sie ungleiche Voraussetzungen hatten. Während fünf der sechs Weltreligionen, deren Vertreter von Anfang an im Verein mitwirkten, Räumlichkeiten im geplanten *Haus der Religionen* für sich beanspruchten, stand für die Jüdische Gemeinde Bern fest, dass sie sich lediglich am Programm des Hauses beteiligen würde. Denn die Gemeinde hatte bereits eine Synagoge und mit etwa 340 Mitgliedern weder Bedarf an weiterer Infrastruktur noch verfügte sie über finanzielle Ressourcen, diese zu unterhalten. Schlussendlich war es den Beteiligten möglich, sich auf eine Raumaufteilung zu einigen.[17] Seit der feierlichen Eröffnung des Hauses hat in diesen Räumlichkeiten ein vielfältiges Kulturprogramm stattgefunden. Religiöse Aspekte sowie kulturelle und soziale Themen im Zusammenhang mit Religionen wurden dabei aus unterschiedlichen Blickwinkeln und in verschiedenen Formaten näher beleuchtet. Durch die Verbindung der für religiöse Zeremonien genutzten Räumlichkeiten der verschiedenen Religionsgruppen unter einem Dach sowie durch den gemeinsamen Dialogbereich findet im *Haus der Religionen* der interreligiöse Dialog, anders als bei einem organisierten Podiumsgespräch, permanent statt. Hier leben und begegnen sich die acht Religionsgemeinschaften fortwährend auf unterschiedlichen Ebenen – die Kulturen und Religionen sind hörbar, sichtbar und durch die teilweise verwendeten Ritualgegenstände durch Düfte wahrnehmbar. Auch wenn die Jüdische Gemeinde Bern (JGB) im *Haus der Religionen* über keine eigenen Räumlichkeiten verfügt, ist die jüdische Gemeinschaft dennoch stets nach innen und außen präsent. So beteiligt sich die JGB unter anderem am Kulturprogramm des Hauses. Es werden regelmäßig *Shiurim*[18] von Gemeinderabbiner Michael Kohn im *Haus der Religionen* zu unterschiedlichen Themen und Aspekten des Judentums durchgeführt, zu denen alle Interessierten willkommen sind. Zudem finden Podiumsdiskussionen statt, die sowohl interreligiös als auch innerreligiös angelegt sind, sodass hier unterschiedliche Positionen und Sichtweisen auch innerhalb des Judentums vermittelt werden. Des Weiteren hat

---

17 Ebd., S. 30–34.
18 *Shiur (Plural: Shiurim)* aus dem Hebräischen übersetzt „Unterrichtsstunde".

das hausinterne Restaurant *Vanakam* 2018 durch die Bemühungen von Rabbiner Michael Kohn das Koscher-Zertifikat erhalten, sodass die Mitarbeiter und Besucher des Hauses mit den jüdischen Essensvorschriften in Kontakt kommen und vertraut werden. Das Bild, welches die JGB durch das *Haus der Religionen* von der jüdischen Gemeinschaft und vom Jüdischen vermittelt, ist vor allem das einer „Kultur eines Volkes"[19]. Mit unterschiedlichen Formaten und Inhalten versucht die jüdische Gemeinde möglichst viele Aspekte des Judentums aufzuzeigen. Zugleich bietet das *Haus der Religionen* ein Forum außerhalb des Gemeindehauses, das durchaus eine kritische Auseinandersetzung mit der eigenen Kultur und Religion ermöglicht.

Radio Judaïca Strasbourg

Der Radiosender *Radio Judaïca Strasbourg* wurde 1983 von einer Gruppe befreundeter Studenten in Strasbourg gegründet, zunächst jedoch als *Association Strasbourgeoise de Diffusion de la Culture Juive*. Auch wenn die jüdische Kultur in vielerlei Aspekten eng mit der elsässischen verknüpft ist, zeigten sich damals wie heute innerhalb der Gesellschaft Wissenslücken bezüglich des Judentums. Diese auszuräumen, war eine wichtige Motivation der jungen Studenten, in den 1980er Jahren einen Kulturradiosender zu gründen. Das Programm sollte Sendungen zu kulturellen, historischen und auch religiösen Themen umfassen. Eine Grundvoraussetzung zum Erhalt einer FM-Frequenz seitens der CSA, der *Conseil supérieur de l'audiovisuel*[20], ist das durchgängige Senden von Inhalten auf der vergebenen Frequenz. Um als lokaler Radiosender mit nur wenigen finanziellen Mitteln, jedoch mit viel gutem Willen, dieser Voraussetzung nachkommen zu können, wurden regelmäßig ehrenamtliche Helfer gesucht, die ein Programm gestalten wollten. Es meldeten sich zahlreiche Freiwillige, sowohl mit als auch ohne jüdische Wurzeln. So wurde der Radiosender in den ersten Jahren, abgesehen von technischen Mitarbeitenden und einem professionellen Journalisten, hauptsächlich von Freiwilligen am Laufen gehalten. Seit nun 37 Jahren sendet der Radiosender ununterbrochen. Schabbat und Jom Kippur sind jeweils die einzigen Tage im Jahr, an welchen keine Livesendungen und keine Werbung gesendet werden. Um Unterbrechungen in der Sendefolge zu vermeiden, wird an diesen Tagen automatisch eine Playlist abgespielt.[21] 1987 wurde

---

19 Zit. Rabbiner Michael Kohn, Telefoninterview am 08.07.2020.
20 Die *Conseil supérieur de l'audiovisuel* wurde 1989 gegründet mit dem Ziel, die Rundfunkfreiheit in Frankreich zu gewährleisten. Die Behörde ist ebenfalls dafür zuständig, Rundfunkfrequenzen für Radio und Fernsehen an verschiedene Betreiber zuzuweisen und die Einhaltung der geltenden Rechte durchzusetzen. (https://www.csa.fr, zuletzt abgerufen 10.06.2020).
21 Sybille Zaktreger, Schriftliches Interview vom 10.06.2020.

Radio Judaïca Strasbourg in die *Association des radios juives*, den französischen Verband jüdischer Radiosender, aufgenommen. Mit diesem Schritt erfolgte eine eher konfessionelle Ausrichtung des Sendeprogramms. Die Mehrheit der Sendungen beinhaltete religiöse Aspekte und Themen.[22] Inzwischen hat sich dies geändert. Das Programm des Radiosenders ist heute sehr vielfältig. Es gibt etwa zehn bis zwölf verschiedene Formate von 5- bis 50-minütiger Dauer, die unterschiedliche Bereiche von Musik, Buchbesprechungen, Geschichte, lokaler Politik, Kultur, Themen rund um Israel bis hin zu jüdischen Feiertagen und jiddischen Nachrichten aus dem Elsass und der Welt abdecken.[23] Am Freitag und zu jüdischen Feiertagen gibt es stets ein gesondertes thematisches Programm. Zudem bestehen Kooperationen mit den jüdischen Radiosendern in Paris[24]. So nimmt *Radio Judaïca Strasbourg* täglich von Montag bis Freitag im *Journal RCJ* und freitags im Programm *Shabbat Shalom* von *Radio Shalom* an Sendungen der Pariser Radiostationen teil. Auch wenn es sich bei *Radio Judaïca Strasbourg* um einen lokalen Radiosender handelt, ist es den Mitarbeitern des Senders ein großes Anliegen, professionell zu arbeiten. Neben vier festangestellten Mitarbeitern engagieren sich etwa 30 Personen ehrenamtlich für den Radiosender. Hinzu kommen zeitlich begrenzt Praktikanten, die während ihres Engagements einen Einblick in die Arbeit und Welt des Radios, insbesondere des jüdischen Radios, gewinnen. Wie bei anderen Radiosendern auch, ist die Struktur im Sender klar definiert: Es wird ein/e Direktor/in sowie Vize-Direktor/in des Senders vom Team gewählt, es gibt eine/n Sekretär/in und eine/n Schatzmeister/in. Trotz der Programmausrichtung und der eigenen Bezeichnung als „jüdischer" Radiosender, sind eine persönliche Verbindung zum Judentum bzw. eigene jüdische Wurzeln keine Voraussetzung, um bei *Radio Judaïca Strasbourg* arbeiten oder sich für den Sender engagieren zu können. Generell sieht sich der Radiosender selbst als Vermittlungsinstitution mit einer jüdischen Identität, in dem Sinne als der Sender den jüdischen Kalender achtet und zugleich seine Zuhörer über das Judentum als Kultur aufklärt.[25] Eine besondere Rolle nimmt hierbei neben der regionalen jüdisch-elsässischen Kultur auch Israel als jüdischer Staat ein. Zweimal täglich von Montag bis Donnerstag sendet *Radio Judaïca Strasbourg* das 10-minütige Programm *Isramag* direkt aus Israel. Hier werden aktuelle gesellschaftliche Themen hervorgehoben und erklärt, die Israel bewegen. Der Musikszene

---

22 https://www.juedische-allgemeine.de/juedische-welt/was-ins-ohr-geht/ (zuletzt abgerufen 22.06.2020).

23 Siehe dazu https://www.radiojudaicastrasbourg.fr. (zuletzt abgerufen 22.06.2020).

24 Paris verfügt derzeit über drei jüdische Radiosender, die sich eine Frequenz teilen. Diese sind RCJ (*La radio de la communauté juive*), *Radio Mazal* und *Judaiques FM*. (https://www.juedische-allgemeine.de/allgemein/herausgehoert/, zuletzt abgerufen 19.06.2020).

25 Sybille Zaktreger, Schriftliches Interview vom 10.06.2020.

Israels widmet der Radiosender jeweils montags bis donnerstags sowie sonntags ein eigenes Format mit dem 20-minütigen Programm *Hit Israeli*. Mit diesen Formaten will das Team des Radiosenders einen eigenen Beitrag dazu leisten, über Israel bezogene Themen aufzuklären, und eine womöglich von französischen Medien abweichende Perspektive aufzeigen.

Obwohl *Radio Judaïca Strasbourg* seinen Sitz im Untergeschoss der *Synagogue de la Paix* in Strasbourg hat, fühlt der Sender sich nicht reglementiert. Vielmehr sei der Standort eine Erinnerung daran, sich respektvoll gegenüber den Zuhörern und Menschen allgemein zu verhalten und sich gegen Hass sowie Diskriminierung einzusetzen.[26] Das Radioprogramm weist ein breites Spektrum auf, worin sich die Motivation zeigt, ein möglichst vielfältiges Bild des Jüdischen zu präsentieren – von der Kultur, den säkularen bis hin zu den religiösen Aspekten des Judentums. Sendungen, die sich dem religiösen Leben sowie den Traditionen des Judentums widmen, werden entweder vom Oberrabbiner von Strasbourg und Bas-Rhin persönlich moderiert[27] oder er wird zumindest in die Konzeption einbezogen. Je nach Format und Inhalt wird ein anderes Publikum angesprochen, jedoch sind es vorwiegend Personen aus dem Elsass, im Alter zwischen 45 und 65 Jahren. Darunter sind sowohl Zuhörer, die sich dem jüdischen Glauben zugehörig fühlen, als auch Nichtjuden. Als lokaler Radiosender mit einer Reichweite von 45 km erreicht die Station etwa 47.000 Zuhörer pro Woche. *Radio Judaïca Strasbourg* ist jedoch auch online verfügbar und somit von jedem Standort der Welt aus hörbar. Ein wichtiger Teil des online verfügbaren Programms sind die zahlreichen Podcasts. Ebenso wie das Hauptprogramm des Senders weisen auch die Kategorien der Podcasts eine große Bandbreite auf: Von den Sparten Geschichte, Religion, Talk Show, Kommunikation im Allgemeinen, Musik, Jiddisch, Kunst, Kultur, Europa bis hin zu Spezialsendungen aus der Redaktion ist alles vertreten. Durch das Streaming dehnt sich das angesprochene Publikum nochmals um ca. 30.000 Zuhörer pro Woche aus. Zusätzlich nutzt *Radio Judaïca Strasbourg* die Online-Kanäle Facebook, Instagram und Twitter, um seine Zuhörer auf dem Laufenden zu halten.

Die Vielfalt des Programms und die vorwiegend kulturelle Ausrichtung des Radiosenders sind im Hinblick auf die Finanzierung von besonderer Bedeutung. Denn der Hauptanteil der Subventionen kommt vom Kulturministerium, und dieses stellt im Gegenzug Forderungen. In der Rolle einer lokalen Radiostation

---

26 Ebd.

27 Wöchentlich übernimmt der Oberrabbiner von Strasbourg und Bas-Rhin, Harold Abraham Weill, die Moderation persönlich. In der Sendung *La Sidra* beantwortet er die Fragen von Jean Chekroune, einem Gastmoderator bei *Radio Judaïca Strasbourg*, zur Parascha der jeweiligen Woche.

ist der Sender dazu verpflichtet, den Fokus auf die regionalen Initiativen zur Bekämpfung des Rassismus und der Diskriminierung, lokale Entwicklungen, kulturelle Förderung u. a. zu legen. Insbesondere müssen jegliche Inhalte auf ihre Richtigkeit überprüfbar sein. Jedes Jahr wird erneut geprüft, ob die Bedingungen erfüllt werden. Die Subventionen des Kulturministeriums allein reichen für den Betrieb des Senders nicht aus. Daher bestehen Partnerschaften mit lokalen Behörden, darunter mit dem Rathaus Strasbourg, dem Regionalrat sowie mit dem Départmentrat. Für die Behörden entwickelt *Radio Judaïca Strasbourg* beispielsweise spezielle Programme und macht regelmäßig auf ihre Veranstaltungen aufmerksam. Ein eher kleiner Teil der Finanzierung besteht aus Spenden von Zuschauern.

Nach der Liberalisierung der Radiofrequenzen in Frankreich im Jahr 1981 wurden zahlreiche kleine lokale Radiosender gegründet. *Radio Judaïca Strasbourg* ist einer der wenigen aus dieser Strömung hervorgegangenen Radiostationen, die noch immer bestehen. Seit 37 Jahren sendet die Station ununterbrochen, 24 Stunden am Tag und dies das ganze Jahr hindurch. Einige der Sendungsformate haben eine lange Tradition und bestehen bereits seit 15 oder gar 20 Jahren. Es überrascht daher nicht, dass *Radio Judaïca Strasbourg* auch während der COVID-19-Pandemie seine Arbeit ohne Unterbrechung und mit viel gutem Willen weiterführte, auch wenn dies hieß, dass aus den eigenen Wohnzimmern gesendet werden musste.[28]

3.1 Jüdische Kulturprojekte in der Schweiz

Prozentual gesehen macht die jüdische Bevölkerung, soweit sie sich als solche hat erfassen lassen, einen sehr geringen Anteil in der Schweiz aus. Heute leben ungefähr 18.000 Juden in der Schweiz, was etwa 0,2 % der Schweizer Gesamtbevölkerung ausmacht. Trotz dieser vergleichsweise geringen Zahl ist das Angebot an kulturellen Veranstaltungen, die außerhalb von religiösen Gemeinden stattfinden und geboten werden, sehr vielfältig. Darunter sind zeitbegrenzte Projekte von Kulturinstitutionen, mehrtägige jährlich stattfindende Festivals aber auch Vermittlungsprojekte. So unterschiedlich die Sparten der Projekte sind, so verschieden ist auch das Zielpublikum. Obwohl die Tendenz in den letzten Jahren zu immer mehr neuen Gründungen von Kulturveranstaltungen[29] und -projekten

---

28 Sybille Zaktreger, Chefredakteurin von *Radio Judaïca Strasbourg*, Telefoninterview am 25.05.2020.
29 So wurde beispielsweise 2015 das *Mizmorim Festival* in Basel, ein Festival für klassische jüdische Musik gegründet. Im gleichen Jahr fand erstmals *Yesh! Neues aus der jüdischen Film-*

geht, scheint es noch genügend Raum und Ressourcen für alle in der Schweiz zu geben. Während einige Projekte, wie das Projekt *Doppeltür*[30] im Kanton Aargau, darauf abzielen, über religiöse und kulturelle Aspekte des Judentums aufzuklären, vollziehen andere Veranstalter bewusst eine Trennung zwischen jüdischer Kultur und Religion und betonen die Natur von rein kulturellen Events, so beispielsweise beim 2018 gegründeten *Kibbut Zürich*[31]. Durch die unterschiedliche Positionierung und Zielsetzung der Projekte bleiben Kooperationen und eine Koexistenz möglich, ohne direkt in Konkurrenz zueinander zu stehen. In diesem Kapitel sollen drei Kulturprojekte in der Schweiz näher dargestellt und untersucht werden, die die beschriebene Vielfalt aufzeigen. Dabei sollen Ziele der Projekte sowie die Präsentation und das Verständnis des Judentums, das als Ausgangspunkt des Konzepts gesehen werden kann, im Mittelpunkt stehen.

3.2 *Omanut* – Forum für jüdische Kunst und Kultur

Von Zagreb nach Zürich

Der Verein *Omanut*[32] wurde 1932 von David Spitzer[33], Hinko Gottlieb[34] und Marko Rothmüller[35] in Zagreb gegründet. In Jugoslawien lebten zur damaligen Zeit

---

welt in Zürich statt. 2018 wurde das *Kibbut Zürich* gegründet. Im Oktober 2019 startete das Gare du Nord in Zusammenarbeit mit namenhaften Partnern das Projekt *Later Born, Eine künstlerische Reflexion und ein fragender Blick der Nachgeborenen auf die Traumata des 20. Jahrhunderts*. Das bis einschließlich Mai 2020 laufende vielfältige Programm umfasst u. a. Konzerte, Ausstellungen sowie Podiumsgespräche.
30 Siehe Kapitel 3.1. Abschnitt *Vermittlungsprojekt „Doppeltür"*.
31 *Kibbut Zürich* wurde 2018 gegründet und wurde zu einem „Jewish Arts Festival", das verschiedene Kultursparten wie Tanz, Theater, Film, Musik und Kunst vereint. Im Programm des *Kibbut Zürich* finden sich jedoch auch Tanzworkshops für Kinder und Vorträge über hebräische Schriftzeichen in der Kunst für Erwachsene. (Züritipp, Nr. 20, 17.–23.05.2018).
32 Im Hebräischen bedeutet das Wort *Omanut* „Kunst" oder „Handwerk". Auch wenn es im Hebräischen weiblichen Geschlechts ist, wird das Wort in der vorliegenden Arbeit in der männlichen Form gebraucht, da es im Sinne von „der Verein *Omanut*" verwendet wird.
33 David Spitzer, 1881 im kroatischen Drnje geboren, war Dramaturg und zionistischer Aktivist. Er schrieb Texte für die zionistische Zeitschrift *Židov*. 1933–1936 war er Präsident der Revisionisten Bewegung. Spitzer wurde 1941 im KZ Jasenovac ermordet. (Siehe https://zbl.lzmk.hr/?p=2280, zuletzt abgerufen 27.02.2020).
34 Hinko Gottlieb (1886–1946) war jugoslawischer Schriftsteller und Übersetzter. Im Zuge der Invasion der Nationalsozialisten wurde er verhaftet und war in Wien und Zagreb interniert. Ihm gelang die Flucht und er schloss sich den sogenannten *Tito's forces* an. 1944 wurde er von der Gruppierung nach Italien geschickt, wo er die Rettung von 1.500 kroatischen Juden organisierte. 1945 emigrierte er nach Israel, wo er ein Jahr später verstarb. (Siehe https://www.

sowohl aschkenasische als auch sephardische Juden, die ihre jeweiligen sprach-
lichen und kulturellen Traditionen lebten. Zugleich gab es auch regionale Aus-
prägungen kultureller Werte, die zu einer Vielfalt der jüdischen Gemeinschaft
beitrugen. Die unterschiedlichen Strömungen jüdischer Kultur zeigten sich damals in zahlreichen Bereichen, insbesondere in Musik und Literatur. Die 1920er
Jahre waren für die Juden Jugoslawiens in Bezug auf die Teilnahme am und Mit-
entwicklung des kulturellen und wirtschaftlichen Lebens aussichtsreich. Mit
dem Aufkommen des Antisemitismus und des kroatischen Nationalismus geriet
die jüdische Gemeinschaft jedoch vermehrt unter Druck. Eine Vielzahl von Juden wandte sich dem Zionismus zu. Zagreb, als Standort des Hauptquartiers der
zionistischen Bewegung, nahm innerhalb der jüdischen Gemeinschaft eine zentrale Rolle ein. Unter dem Einfluss der vorherrschenden Atmosphäre wurde der
Verein *Omanut* gegründet. Dahinter stand das Bedürfnis, die unterschiedlichen
Musikströmungen und einzelne jüdische Musiker zusammenzubringen und diese einheitlich zu fördern. Gegründet wurde *Omanut* daher zunächst als *Verein
für Förderung jüdischer Musik*. Eines der zu diesem Zeitpunkt angestrebten Ziele
war der Einsatz für den Aufbau einer nationalen jüdischen Musikschule, die ihren Kern in *Erez Israel* haben sollte.[36] Die Ausrichtung des Vereins veränderte
sich jedoch bereits kurze Zeit nach seinem Entstehen. Entsprechend der Weiter-
entwicklung wurde der Verein bald umbenannt in *Verein zur Förderung jüdischer Kunst*, wobei Kunst hier im weitesten Sinne verstanden wurde. Die Aus-
weitung der Tätigkeitsfelder brachte eine Umstrukturierung in der Organisati-
onsstruktur mit sich. Für die einzelnen Bereiche wurden nun entsprechende
Fachreferenten eingesetzt. *Omanut* veranstaltete zahlreiche Konzerte, Theater-
veranstaltungen und Ausstellungen. Dabei handelte es sich neben Ausstellungen vorwiegend um neuzeitliche hebräische und jüdische Musikaufführungen
sowie Vorträge über historische und kulturelle Themen. Um auch ein Publikum
außerhalb von Zagreb zu erreichen, organisierte *Omanut* in kleineren und mit-
telgroßen Orten Vorträge, Konzerte und fuhr sogar mit einer mobilen Galerie
von einem Ort zum nächsten. Ab Herbst 1936 erschien zudem monatlich die Zeit-

---

encyclopedia.com/religion/encyclopedias-almanacs-transcripts-and-maps/gottlieb-hinko, zuletzt abgerufen 27.02.2020).

35 Marko Rothmüller, eigentlicher Vorname Aron, wurde 1908 im kroatischen Trnjani geboren. Er war Sänger und Komponist. Nachdem er 1932/33 sein Engagement in Hamburg abbre-
chen musste, war er am Stadttheater (das heutige Opernhaus) in Zürich tätig. Ab 1947 verfolgte
er eine internationale Karriere in London, Paris, Wien, New York u. a. 1955–1979 lehrte er an
der Indiana University in Bloomington. 1951 erschien sein Buch *Die Musik der Juden*. Rothmüller verstarb in Bloomington 1993.

36 Vgl. Jacques Picard: Vom Zagreber zum Züricher Omanut 1932 bis 1952, S. 168–170.

schrift *Omanut,* welche in der Regel 36 Seiten umfasste. In den Monatsheften widmete sich *Omanut* gesellschaftlichen und kulturellen Vorgängen, wobei auch die kulturelle Selbstentfaltung thematisiert wurde. Eines der Hauptanliegen des *Omanut* war die Verbreitung und Unterstützung „jüdischer Musik". Doch um dieses Vorhaben umsetzen zu können, brauchte es eine fundierte Basis. Kurz vor dem Kriegsausbruch wurde ein Archiv an Grammophonplatten angelegt. Es wurde zudem die *Edition Omanut* ins Leben gerufen, die insgesamt 25 Publikationen herausgab. Hauptsächlich handelte es sich dabei um Musikalien, es waren allerdings auch vier Bücher über jüdische Musik und Kunst darunter. Die Publikationen wurden durch Vertretungen in Tel Aviv und New York auch außereuropäisch vertrieben. Mit diesen Publikationen war die *Edition Omanut* im Jahr 1939 die einzige verlegende Gesellschaft für jüdische Musik in ganz Europa.[37]

Im Frühjahr 1941 begann nach dem Nürnberger Vorbild die Errichtung von Lagern, also die systematische Deportation und Vernichtung der jüdischen Bevölkerung. Diese Entwicklung brachte auch die Auflösung des Zagreber *Omanut* mit sich. Marko Rothmüller, einer der Gründer des *Omanut* in Zagreb, arbeitete seit 1935 am damaligen Stadttheater in Zürich. Der Verein, den er in Zagreb zurückgelassen hatte, lag ihm noch immer am Herzen und er beschloss, einen Züricher *Omanut* zu gründen. Um Marko Rothmüller fanden sich schließlich Kulturschaffende aus der Schweiz zusammen, die von der Idee des *Omanut* angetan waren und ein solches Projekt umsetzen wollten. So wurde in Zürich der Verein *Omanut* um die Jahreswende 1940/41 gegründet. Der Züricher Verein fungierte als eine Schwesterorganisation und profitierte von den Erfahrungen, der Bibliothek und dem Verlag des Zagreber *Omanut.*[38] Somit war die Gründung des Vereins in Zürich keinesfalls eine Weiterführung des *Omanut* im Exil, es handelte sich hierbei vielmehr um eine „Kulturorganisation der jüdischen Schweiz mit eigenständiger Ausformung"[39]. Die Intention des Vereins, jüdische Musik und Kultur zu vermitteln und erlebbar zu machen, zeichnete *Omanut* auch in Zürich aus. *Omanut* wollte einzelne jüdische Künstler zusammenbringen und für sie ein Forum schaffen, insbesondere durch das Veranstalten von Konzerten, Aufführungen, Ausstellungen, Vorträgen und Publikationen. Die Publikationstätigkeit nahm der Verein im Oktober 1941 auf – zwar nicht als eigenständige Zeitschrift, doch immerhin als monatliche Beilage des *Israelitischen Wochenblattes.* Auch wenn die *Omanut-Blätter für jüdische Kunst und Literatur* lediglich bis zum

---

37 Ebd., S. 170 f.
38 Ebd., S. 174 f.
39 Zit. nach ebd, S. 176.

Sommer 1942 veröffentlicht werden konnten, schaffte *Omanut* damit eine Plattform für jüdische Kunst und jüdische Künstler in der Schweizer Öffentlichkeit.[40]

Nach einer erfolgreich durchgeführten Einführungsveranstaltung im Februar 1941 plante *Omanut*, noch im gleichen Jahr eine Kunstausstellung durchzuführen, mit Kunst jüdischer Art und jüdischen Inhalts. Mit großem Aufwand konnte die *Ausstellung jüdischer Kunst- und Kulturgegenstände* schließlich verwirklicht und in einem Raum der Israelitischen Cultusgemeinde Zürich (ICZ) gezeigt werden. Trotz der anfänglichen Schwierigkeiten war das präsentierte Ergebnis beeindruckend. Die vom Galeristen Toni Aktuaryus koordinierte Ausstellung zeigte die einzigartige Münzensammlung von Reuben Hecht, die heute den Grundstock des Archäologischen Museums in Haifa bildet. Zudem wurden Plastiken, Synagogenschmuck, Gemälde und Buchkunst ausgestellt, die ein Gesamtbild der jüdischen Kunst präsentieren sollten. Rund um die Ausstellung wurde eine ganze *Omanut-Woche* mit einem vielschichtigen Rahmenprogramm realisiert. Zusätzlich zu der gezeigten Ausstellung fanden in dieser Woche auch Konzerte, Vorlesungen, Ausstellungsführungen und Rezitationen statt. Die *Omanut-Woche* verzeichnete über 1.000 Besucher. Der große Erfolg der Veranstaltungsreihe motivierte zur Planung einer weiteren Kulturwoche für das darauffolgende Jahr, diese konnte jedoch aus finanziellen Gründen nicht stattfinden.[41] In den darauffolgenden Jahren lähmten interne Konflikte und weiterhin finanzielle Engpässe die Aktivitäten von *Omanut*. Dennoch konnten einige kleinere Veranstaltungen durchgeführt werden. Es wurden Mitgliederabende mit literarisch-musikalischem Programm eingeführt, Konzerte veranstaltet und eine Vortragsreihe zum Thema *Poesie in der Literatur des Judentums* begonnen. In den Jahren 1942 und 1944 wurden Wohltätigkeitsveranstaltungen zu Gunsten der Schweizerischen Flüchtlingshilfe realisiert.[42] Zeitweise entstanden Ortsgruppen von *Omanut*, zunächst in Luzern und Genf, später in Lausanne. Geplant waren auch weitere Gruppen in Basel und Bern, diese sind jedoch nie mit Aktivitäten hervorgetreten. Zwar wiesen die Ortsgruppen Luzern und Genf kleine Erfolge vor, jedoch konnten sie sich nicht dauerhaft in den Städten etablieren.[43] Auch existierte eine Zeitlang ein *Omanut*-Streichquartett, jedoch löste auch dieses sich wieder auf.[44] Die Jahre nach dem Ende des Krieges gestalteten sich für *Omanut* weiterhin schwierig. Die Mitgliederzahlen schwanden, da zahlreiche jüdische Flücht-

---

40 Katarina Holländer: Die Frage nach der jüdischen Kunst, S. 12 und Jacques Picard: Vom Zagreber zum Züricher Omanut 1932 bis 1952, S. 179.

41 Katarina Holländer: Die Frage nach der jüdischen Kunst, S. 14 und Jacques Picard: Vom Zagreber zum Züricher Omanut 1932 bis 1952, S. 180.

42 Katarina Holländer: Die Frage nach der jüdischen Kunst, S. 15–17.

43 Jacques Picard: Vom Zagreber zum Züricher Omanut 1932 bis 1952, S. 185.

44 Ebd., S. 176.

linge und Emigranten aus der Schweiz ausreisten. Zudem wurden neue Organisationen gegründet, die nun mit *Omanut* in Konkurrenz standen, darunter die 1948 gebildete Kulturkommission der ICZ. Insgesamt verlor Kultur als verbindendes Element in Zeiten der Krise an Gewicht. Alexander Schaichet[45], der seit 1946 als Präsident des *Omanut* fungierte, wurde 1948 von Hermann Levin Goldschmidt[46] abgelöst. Mit dem neuen Präsidenten gab es einen Wandel in der programmatischen Ausrichtung des Vereins. Einerseits wurden vermehrt Vorträge zu kulturhistorischen und literarischen Themen angeboten, zum anderen wurde zunehmend Kulturschaffenden aus Israel eine Bühne geboten. Die internen Schwierigkeiten blieben jedoch auch unter Goldschmidt erhalten. Insbesondere Bemühungen um eine Ausstellung zeitgenössischer jüdischer Kunst, die sich nun seit Jahren hinzogen, führten zu Problemen. Die Schwierigkeit, „jüdische Kunst" zu definieren, erwies sich nach wie vor als großes Hindernis. Im November 1952 gelang schließlich eine gut besuchte Ausstellung jüdischer Künstler, jedoch blieb die grundlegende Frage, was jüdische Kunst ausmache und welche Aufgaben ein Verein zur Förderung dieser Art der Kunst zu erfüllen habe. Die wiederkehrenden Diskussionen über das Grundverständnis gipfelten 1956 in einer Krise, während derer Goldschmidt eine gänzliche Auflösung des Vereins beabsichtigte. Alternativ wollte er sich gänzlich seinem Projekt eines Lehrhauses widmen. Offensichtlich sah er in diesem Projekt eine angemessene Plattform, jüdischen Inhalten gerecht zu werden.[47] Eine Auflösung des *Omanut* konnte abgewendet werden. Ruth Hoffer[48], die seit dreizehn Jahren das Protokoll bei *Omanut* führte, übernahm von Goldschmidt das Präsidium. Was anfangs noch als Übergangslösung gedacht war, blieb für fast vierzig Jahre bestehen. Ruth Hoffer führte den Verein von 1956 bis 1995. Unter ihrer Leitung wandelte sich der Verein von einem Forum für exilierte jüdische Künstler zu einer Organisation, die auf

---

45 Alexander Schaichet, 1887 in Nikolajeff geboren, war Violinist und Bratschist. Nach Abschluss seiner Studien wurde er 1910 Konzertmeister. 1914 ließ er sich in Zürich nieder, wo er die Violin- und Konzertausbildungsklasse an der Musikakademie Zürich leitete. 1920 gründete er das erste Schweizer Kammerorchester, 1935 den Gesangsverein *Hasomir*. Schaichet ist 1964 in Zürich gestorben.

46 Herman Levin Goldschmidt, 1914 in Berlin geboren, war Philosoph. Er emigrierte 1938 in die Schweiz. Nachdem er in der Schweiz die Niederlassungsbewilligung erhielt, gründete er 1952 das *Freie Jüdische Lehrhaus Zürich*, das unter seiner Leitung bis 1961 bestand. Als Erster erhielt er 1957 den Leo-Baeck-Preis. Gemeinsam mit seiner Frau errichtete er 1990 die *Stiftung Dialog- Mary und Hermann Levin Goldschmidt-Bollag* im Archiv für Zeitgeschichte der ETH Zürich. Goldschmidt ist 1998 in Zürich verstorben.

47 Katarina Holländer: Die Frage nach der jüdischen Kunst, S. 19–22.

48 Ruth Hoffer, als Ruth Epstein 1914 in Zürich geboren, war Chemikerin, studierte in Zürich und Paris Chemie, Physik, Mathematik und Mineralogie, promovierte in Chemie 1940 und war 1956–1995 Präsidentin des *Omanut*.

schweizerische Verhältnisse ausgerichtet und im Züricher Kulturleben fest verankert war und noch immer ist. *Omanut* öffnete sich gegenüber dem nichtjüdischen Publikum, was dazu führte, dass immer mehr Nichtjuden Mitglieder des Vereins und auch im Vorstand aktiv wurden. Die Präsidentin erweiterte den Arbeitsausschuss und knüpfte bedeutende, dauerhafte Beziehungen zu den großen Kulturinstitutionen in Zürich. Der einst im April 1945 beschlossene Grundsatz, *Omanut* würde sich prinzipiell nicht an Veranstaltungen anderer Vereine oder Organisationen beteiligen, wurde endgültig gestrichen. Die rund acht bis zehn Veranstaltungen im Jahr fanden bis auf wenige Ausnahmen in Zusammenarbeit mit anderen Veranstaltern statt. Von dieser Zusammenarbeit profitierten stets beide Seiten, da einerseits *Omanut* die Gagen und Honorare kaum hätte aufbringen können, andererseits zahlreiche Veranstaltungen ohne die Initiative des Vereins nicht zustande gekommen wären. Unter der Leitung von Ruth Hoffer fanden in der Zeit zwischen 1960 und 1969 insgesamt zwölf *archäologische* Reisen nach Israel statt. Begleitet von Archäologen oder Guides wurde die Geschichte des Landes reflektiert. Damals waren solche Reisen ein Novum und dank der guten Organisation sehr begehrt.[49] Nach knapp vierzig Jahren als Präsidentin übergab Ruth Hoffer ihr Amt 1995 an Alex Schlesinger[50], der bereits seit 1992 im Vorstand des *Omanut* war. Mit Alex Schlesinger gelang dem Verein eine Verjüngung des Arbeitsausschusses, auch kam mit ihm ein frischer Wind in die Veranstaltungen. Als Präsident legte er den Schwerpunkt wieder vermehrt auf die Förderung. So initiierte Schlesinger einen jährlich verliehenen Förderpreis für Kunstschaffende. Der Preis wurde seit 1995 zunächst jährlich, seit 2001 in der Regel alle zwei Jahre ausgeschrieben. Bei der Ausschreibung des Förderpreises werden die Kultursparten Bildende Kunst, Film, Theater, Musik und Literatur berücksichtigt. Bewerben können sich sowohl jüdische Künstler und Kulturschaffende als auch nichtjüdische Talente, die sich einem jüdischen Thema widmen. Voraussetzung ist, dass die Künstler entweder in der Schweiz ihren Wohnsitz haben oder über eine Schweizer Staatsbürgerschaft verfügen. Im Frühling 2012 wurde der Förderpreis im Gedenken an den Biologen Dr. Lutz Zwillenberg in *Omanut-Zwillenberg-Preis* umbenannt. Damit einhergehend wurde das Preisgeld von 4.000 CHF auf 10.000 CHF angehoben. Der Förderpreis hatte und erfüllt noch heute das Ziel, junge Talente und die Entstehung neuer Werke zu fördern. Schlesinger führte im Verlauf seiner Amtstätigkeit weitere strukturelle Neuerungen ein. So setzte er ein Patronatskomitee ein. Zudem organisierten

---

49 Ebd., S. 25–28.
50 Alex Schlesinger, 1960 in Bratislava geboren, emigrierte 1968 in die Schweiz und studierte französische Literatur- und Sprachwissenschaft, spanische Literatur und Literaturkritik in Zürich, Paris und Madrid.

nun die Fachreferenten die jeweiligen Veranstaltungen selbst, was zuvor stets vom Präsidenten übernommen worden war. Die Zahl der Veranstaltungen pro Jahr verdoppelte sich unter seiner Leitung. Die rund 500 Mitglieder wurden zu im Durchschnitt 20 Veranstaltungen im Jahr eingeladen, und nun nicht mehr nur auf postalischem Wege, sondern auch via Internetseite des *Omanut*.[51] Alex Schlesinger trat 2001 als Präsident zurück. Ihm folgte 2001 bis 2011 Nina Zafran-Sagal[52]. Seit 2012 ist aktuell Karen Roth-Krauthammer[53] Präsidentin des *Omanut*.

Die schwierige Suche nach der Definition von „jüdischer Kunst"

Als *Omanut* 1932 in Zagreb gegründet wurde, war das Hauptziel des Vereins zunächst, jüdische Musik und jüdische Musiker zu fördern. Bereits nach kurzer Zeit entwickelte sich *Omanut* zu einem Verein zur Förderung von jüdischer Kunst, dies im Sinne von Künsten. Eine der Schwierigkeiten, der sich der Verein seit seinen Anfängen stellen musste, ist die Definition von „jüdischer Kunst". Um diese fördern zu können, mussten Kriterien dafür definiert werden, was erstens als förderungswürdig gelten sollte und was zweitens das Eigene von „jüdischer Kunst" ausmacht. Mit der Förderung „jüdischer Kunst" bzw. der „jüdischen Künste" hofften die Gründer die Entwicklung der jüdischen Kultur als eine von anderen Nationalkulturen sich unterscheidende und charakteristische zu unterstützen. Auch wenn die Gründung und die Aktivitäten von *Omanut* sicherlich vom Zionismus beeinflusst wurden, verfolgte der Verein keine propagandistischen Ziele in diesem Zusammenhang. In der Tat stand allein die Förderung von Künstlern und der Kunst im Fokus. Die Gründer sahen ihre Aufgabe darin, die Entstehung neuer (Kunst-)Werke und die Auseinandersetzung mit jüdischen Thematiken anzuregen.[54] In den ersten *Omanut-Blättern* hieß es dahingehend: „*Omanut* hat die Aufgabe, in allen […] Richtungen tätig zu sein, Künstler, die wirkliche Juden sind, für das jüdische Schaffen zu interessieren, dem Pu-

---

51 Katarina Holländer: Die Frage nach der jüdischen Kunst, S. 43 f.

52 Nina Zafran-Sagal, Tochter des Künstlers Wladimir Sagal. Wladimir Sagal (1898 in Witebsk geb., gest. 1969 in Zürich) war einer der frühen Mitglieder des *Omanut*, als Marko Rothmüller noch als Präsident fungierte. Daher war Nina Zafran-Sagal bereits seit ihrer Kindheit mit *Omanut* vertraut.

53 Karen Roth-Krauthammer, geb. 1968, studierte zunächst Geschichte und Literatur, später Museologie, arbeitete im *Joods Historisch Museum* in Amsterdam, war 2004–2006 Kuratorin am Jüdischen Museum der Schweiz in Basel, ist seit 2012 Präsidentin des *Omanut*, seit 2016 im Vorstand der Stiftung für Jüdische Zeitgeschichte der ETH tätig und hat seit 2020 das Amt der Vizepräsidenten inne. Seit 2018 ist sie auch im Vorstand der Zürcher Museumsgesellschaft, hier für das Literaturhaus, zuständig.

54 Katarina Holländer: Die Frage nach der jüdischen Kunst, S. 32.

blikum die Liebe und das Verständnis für jüdische Werke einzuflössen."[55]Aus heutiger Perspektive lässt es sich nur sehr schwer abgrenzen, wer die „wirklichen Juden" sind und was sie von anderen Juden unterscheidet. Nichtsdestotrotz war *Omanut* der Auffassung, dass jüdische Kunst existiert und würdig sei, einem jüdischen Publikum präsentiert zu werden.[56] Eine klare Definition, was unter „jüdischer Kunst" verstanden wurde, gab es trotz des Bekenntnisses zu ihrer Existenz jedoch nicht. Einen Versuch einer Begrenzung des Feldes unternahm Alfons Rosenberg[57] in der zweiten Ausgabe der *Omanut-Blätter*. Hier beschrieb er die Problematik, die sich aus dem Leben in der Diaspora und der Assimilation der Juden für die Herausbildung einer spezifischen „jüdischen Kunst" ergab: „Jüdische Kunstäusserung ist nicht geografisch und stilistisch gebunden – sondern wo Juden über den Erdball zerstreut leben, haben sie das ihre geschaffen, indem sie die Stil- und Kunstmittel ihrer Umwelt und ihrer Zeit übernahmen".[58] Doch trotz der Verschmelzung des künstlerischen Schaffens seitens der Juden mit der sie umgebenden Kunst- und Kulturlandschaft sieht Rosenberg dennoch eine Möglichkeit, eine Grenze zwischen jüdischer und nichtjüdischer Kunst zu ziehen. „Jüdische Kunst" zeichnet seiner Ansicht nach aus, dass diese „von jüdischen Menschen aus jüdischem Geist für die jüdische Gemeinschaft geschaffen [wurde] unter Verwendung der Kunstmittel der Zeit. Wesentlich für ein jüdisches Kunstwerk ist eine Verwurzeltheit in jüdischem Ethos, Religiosität oder Thematik".[59] Kunst, die außerhalb dieser Kriterien geschaffen wurde, sieht er demnach lediglich als eine Äußerung von jüdischen Künstlern und nicht als „jüdische Kunst" an.[60] Somit handelt es sich dann um „jüdische Kunst", wenn die Darstellung des Werks einen jüdischen Kern aufweist, hierbei wird jedoch das Jüdische im religiösen Sinne begriffen. Die Religion wird hier als *das* verbindende Element im Judentum betrachtet, das sich in der „jüdischen Kunst" widerspiegelt. Soziokulturelle und ethnische Aspekte werden hier außer Acht gelassen.

In den darauffolgenden Jahren sollte auch Rothmüller eine Definition versuchen, diesmal jedoch unter der Betrachtung „jüdischer Musik". In seinem Buch *Die Musik der Juden* von 1951 widmet er der Definition „jüdischer Musik" ein

---

55 Ebd.

56 Ebd., S. 33.

57 Alfons Rosenberg, geb. 1902 in München, studierte an der Kunstgewerbeschule München, u. a. bei Paul Klee und Wassily Kandinsky, war jedoch seit 1948 vor allem als Schriftsteller tätig. Rosenberg starb 1985 in Zürich. (vgl. https://hls-dhs-dss.ch/de/articles/010002/2010-11-11/, zuletzt abgerufen 20.02.2020).

58 Katarina Holländer: Die Frage nach der jüdischen Kunst, S. 33.

59 Zit. nach ebd.

60 Vgl. ebd.

ganzes Kapitel. In seiner Ausführung beschreibt er den Begriff als Bezeichnung einerseits für „die Musik der Juden, in der ihre völkischen Merkmale und Charakteristiken in Erscheinung treten, andererseits die Musik der Juden, die dem jüdischen Kulturkreise angehören. Weiter kann darunter diejenige Musik verstanden sein, in der der bewusste und gewollte Versuch unternommen wird, den völkischen, den nationalen Ausdruck in der Musik zu formen, wobei natürlich eher die Kunstmusik, als die Volks- oder volkstümliche Musik ins Auge gefasst wird".[61] Rothmüller ging es hier um die Erschließung des Eigenen Jüdischen, das sich von anderen Kulturen und Nationen absetzt, ohne jedoch genau zu benennen, was das Eigene ist bzw. sein könnte. Im Vorwort zu eben diesem Buch schreibt Rothmüller, dass er fest davon ausgehe, dass sich das Kapitel zur Definition von „jüdischer Musik" später einmal erübrigen werde, da der Begriff dann kein Problem mehr darstellen dürfte.[62] Bis zum heutigen Zeitpunkt hat sich seine Gewissheit jedoch noch nicht bewahrheitet, da noch heute der Begriff der „jüdischen Kunst", nicht nur für *Omanut*, zur Diskussion steht.

Mehrfach hat *Omanut* versucht das Problem der Definition zu umgehen, indem er eine Umbenennung des Vereins beabsichtigte. Bereits 1956 sollte der Verein in *Omanut, jüdische Kunstvereinigung in der Schweiz*, umbenannt werden, jedoch scheiterte das Vorhaben vor der Generalversammlung. Ein weiterer Anlauf in den 1990er Jahren scheiterte ebenfalls. Zum Anlass der 60-Jahr-Feier des *Omanut* wurden die Fragen nach jüdischer Kunst und Kultur im Vorstand erneut ausgiebig diskutiert, jedoch blieb eine konkrete Definition auch diesmal aus. Womöglich ist eben der nicht klar definierte Begriff der „jüdischen Kunst" das, was *Omanut* die Chance bot, als einziger jüdischer Kulturverein die Nachkriegsjahre bis heute zu überstehen.[63] Über die Zeit hinweg wurde die Definition förderungswürdiger Kunst verändert und zuletzt erweitert, sodass jüdische Künstler, unabhängig vom Inhalt, und auch Werke nichtjüdischer Künstler, die sich jedoch einem jüdischen Thema widmen, in Betracht gezogen wurden. Heute bietet *Omanut* allen Künstlern ein Forum, die sich in diesem Kontext präsentiert sehen wollen.[64]

---

61 Aron Marko Rothmüller: Die Musik der Juden, S. 176 f.
62 Ebd., Vorwort.
63 Katarina Holländer: Die Frage nach der jüdischen Kunst, S. 36 und S. 45.
64 Karen Roth-Krauthammer, Interview am 02.10.2019, Bern.

Vom „Verein zur Förderung jüdischer Kunst" zum „Forum für jüdische Kunst und Kultur"

Seit der Gründung des Züricher *Omanut* hat sich die Ausrichtung des Vereins im Laufe der Zeit verändert. Die Anfangszeit des *Omanut* war von den Umständen und Geschehnissen des Zweiten Weltkrieges geprägt. Auch die zionistische Bewegung und schließlich die Gründung des Staates Israel hatten Auswirkungen auf den Verein und dessen Aktivitäten. Während anfangs deutlich die jüdische Gemeinschaft als Zielpublikum anvisiert wurde, öffnete sich *Omanut* in den 1950er Jahren, als Ruth Hoffer die Leitung übernahm. Nichtjüdisches Publikum war nicht nur bei den Veranstaltungen, sondern auch im *Omanut* willkommen. Immer mehr Nichtjuden traten dem Verein bei und waren im Vorstand aktiv. Aber auch nichtjüdische Künstler und Kulturschaffende, die sich jüdischen Themen widmen, werden vom Verein für das Veranstaltungsprogramm in Betracht gezogen. Bei der Betrachtung der Entwicklung von *Omanut* zeigt sich, dass jeder Präsident und jede Präsidentin dem Verein eine eigene Note verliehen hat. Während Marko Rothmüller das Hauptaugenmerk auf die Förderung jüdischer Musik, im Sinne einer National- und Volksmusik, legte, zeigt sich unter Levin Goldschmidt eine programmatische Schwerpunktänderung hin zu kulturhistorischen und literarischen Themen. Ruth Hoffer öffnete *Omanut* als Präsidentin des Vereins gegenüber dem nichtjüdischen Publikum, knüpfte langfristige Kontakte zu Kulturinstitutionen in Zürich und etablierte somit *Omanut* in der Züricher Kulturszene. Ihr Nachfolger, Alex Schlesinger, hingegen spannte den Bogen wieder zurück zum ursprünglichen Leitgedanken der Förderung jüdischer Kunst und Kultur, insbesondere indem er den Förderpreis für Kunstschaffende initiierte. Die derzeitige Präsidentin des *Omanut* verlieh dem Verein einen Salon-Charakter. Regelmäßig konzipiert und veranstaltet *Omanut* Konzerte, Lesungen, Ausstellungen, Filmvorführungen und kleine Festivals. Dabei werden die Konzerte, Lesungen und Filmvorführungen oftmals von Gesprächen mit den Beteiligten und Kulturschaffenden begleitet.

Es zeigt sich hier der Geist von Karen Roth, die stets Spannungsmomente in und um künstlerische Werke und ihre Erschaffer auf die Bühne bzw. an das Publikum heranbringt. *Omanut* bezieht jedoch keine politische Position, vielmehr liegt die Intention darin, unterschiedliche Positionen aufzuzeigen und einen Austausch anzuregen. Die aktuell rund 600 Mitglieder des Vereins werden zu durchschnittlich 35 Veranstaltungen im Jahr eingeladen. An jüdischen Feiertagen werden keine Veranstaltungen durchgeführt. Die Zahl der Veranstaltungen ist umso beeindruckender, als *Omanut* auf ehrenamtlicher Basis funktioniert. Die Präsidenten führen ihr Amt unentgeltlich aus. Die Mitgliederbeiträge sind seit vielen Jahren unverändert und liegen für Einzelpersonen bei 50 CHF, für

Ehepaare bei 80 CHF und für Studierende ist die Mitgliedschaft kostenlos. Die vergleichsweise niedrigen Beiträge decken die Kosten für das Sekretariat, die Buchhaltung, die Druckkosten für Einladungen und Apéros bei Veranstaltungen, jedoch nicht die Gagen der Künstler oder die Miete von Veranstaltungsorten. Dementsprechend muss für jede der Veranstaltungen Fundraising betrieben werden. Da *Omanut* nach wie vor über keinen eigenen Standort verfügt, ist der Verein auf Kooperationen mit anderen Kulturinstitutionen angewiesen. Über die Jahre hinweg sind enge Kontakte und Zusammenarbeiten mit Kulturhäusern überwiegend im Raum Zürich entstanden. Zu den regelmäßigen Partnern gehören derzeit u. a. das Theater Neumarkt in Zürich, das Kunsthaus Zürich, das Schauspielhaus Zürich, das Filmpodium sowie die Jüdische Liberale Gemeinde *Or Chadasch* (JLG) und die Israelitische Cultusgemeinde Zürich (ICZ). Von den Kooperationen profitieren jeweils beide Seiten. Durch die Zusammenarbeit mit Partnern erhält *Omanut* die Möglichkeit, Veranstaltungen durchzuführen, gleichzeitig können die Kulturhäuser gewisse Events erst durch das Wirken des Vereins realisieren. Somit trägt *Omanut* zur Bereicherung des Veranstaltungsprogramms der Kooperationspartner aktiv bei, zumal der Verein seine Events stets selbst kuratiert. Sowohl das Fundraising als auch das Erstellen und Konzipieren des Programms obliegt hauptsächlich der Präsidentin. In Bezug auf das Veranstaltungsprogramm wird jedoch Rat der Fachreferenten und Fachreferentinnen eingeholt. In gemeinsamen Sitzungen wird das Programm besprochen und darüber abgestimmt. So ist es den Fachreferenten und Fachreferentinnen möglich, Inputs zu geben und Ideen einzubringen und somit das Programm mitzubestimmen.[65] Auch hierin zeigt sich die eigene Note der aktuellen Präsidentin des Vereins. Unter der Leitung von Karen Roth wurden 2019 weitere grundlegende Veränderungen eingeführt. In einer außerordentlichen Generalversammlung im Januar 2019 wurde einerseits das von Alex Schlesinger eingesetzte Patronatskomitee als Organ abgeschafft, da dieses in seiner Funktion nicht mehr existierte, andererseits wurde die Änderung des Vereinsnamens diskutiert und beschlossen. Die Umbenennung des Vereins von *Omanut – Verein zur Förderung jüdischer Kunst und Kultur in der Schweiz* hin zu *Omanut – Forum für jüdische Kunst und Kultur* spiegelt das veränderte Eigenbild und die Funktion des Vereins wider. Zwei Argumente sprachen für die Änderung des Namens: 1. Das Hauptanliegen des Vereins liegt nicht mehr darin, jüdische Kunst zu fördern. Zwar vergibt *Omanut* im Turnus von zwei Jahren einen Förderpreis an Kunstschaffende, der Schwerpunkt der Vereinstätigkeit liegt jedoch darin, Künstlern und Kulturschaffenden ein Forum zu bieten. Der Vereinsname war daher irreführend und

---

65 Karen Roth-Krauthammer, Interview am 02.10.2019, Bern und E-Mail-Korrespondenz vom 01.03.2020.

Abb. 18: Plakat zur Lesung „Wir waren Flüchtlinge – Der kurze Prager Frühling und seine langen Folgen" im Theater Neumarkt, Zürich 2018. Abbildung: Omanut.

führte insbesondere bei Studenten und Kunstschaffenden zu zahlreichen Missverständnissen. Denn *Omanut* hat generell keine Fördergelder zu vergeben, im Gegenteil ist der Verein selbst dazu gezwungen finanzielle Mittel aufzubringen, um Veranstaltungen durchführen zu können. 2. In der Anfangszeit des Vereins waren Dependancen in anderen Schweizer Städten geplant. Jedoch wurden die Aktivitäten in Genf, Basel und Luzern nach kurzer Zeit wieder eingestellt, sodass *Omanut* nur noch in Zürich aktiv ist. Die Einzigartigkeit von *Omanut* sollte sich nun auch im Namen zeigen. Die Abgrenzung zu anderen Vereinen sollte durch den Namenszusatz *Forum*[66] ausgedrückt werden. So wurde der verkürzte und modernere Namenszusatz *Forum für jüdische Kunst und Kultur* von den Anwesenden begrüßt und angenommen. Der Kern des Namens *Omanut* wurde jedoch aus jahrzehntelanger Tradition beibehalten. Im Laufe der fast 80-jährigen Geschichte des Vereins erlebte *Omanut* immer wieder Veränderungen in der Struktur und Ausrichtung. Eben diese Wandlungsfähigkeit ist einer der Gründe, warum *Omanut* über Jahrzehnte hinweg, während des Krieges und auch besonders in der schwierigen Übergangsphase der Nachkriegszeit und bis heute bestehen konnte. Derzeit definiert sich der Verein vordergründig als Forum und Plattform für jüdische Kunst- und Kulturschaffende, wobei alle Künstler in Betracht gezogen werden, die sich in diesem Kontext präsentiert sehen möchten. Bei der Konzipierung des Programms geht der Verein mit der Zeit und reagiert auf aktuelle Entwicklungen. So stellt sich *Omanut* auch insbesondere der Frage, was jüdische Kultur als Beitrag zu Diskussionen über Minderheiten und über andere gegenwärtige Themen leisten kann. Bei der Betrachtung der Geschichte und der Wandlungen, die der Verein durch die Zeit hinweg durchlaufen hat, kann dieser als Spiegel der Zeit betrachtet werden.

Das Veranstaltungsprogramm, das *Omanut* heute bietet, ist dynamischer und zeichnet sich durch seine Vielschichtigkeit aus. Entsprechend den Entwicklungen in der Kulturszene sind die präsentierten Formate provokanter und darauf angelegt, neue Perspektiven zu schaffen. Um als Konzept zu funktionieren, das hat die Geschichte gezeigt, muss *Omanut* sich immer wieder neu erfinden. Momentan ist der Verein in seiner Form noch aktuell und erfolgreich, trotz der wachsenden Konkurrenz durch die zahlreichen Angebote jüdischer Kulturveranstaltungen. Insbesondere im Raum Zürich, der Stadt mit der größten jüdischen Gemeinschaft in der Schweiz, scheinen die Angebote fast schon inflationär zu sein. Seinen eigenen Platz zu finden und diesen zu behaupten, ist hierbei die Herausforderung. Die finanzielle Unterstützung der Stiftungen zeigt jedoch, dass *Omanut* nach wie vor einen festen Platz in der Züricher Kulturszene innehat. Der Verein bedient eine Nische der jüdischen Kultur, unter anderem indem er von einem elitären Kulturbegriff ausgeht. Damit einhergehend wird ein sehr gezieltes Publikum angesprochen, was jedoch zukünftig Probleme mit sich bringen kann. Abgesehen vom Förderpreis, erreicht *Omanut* das jüngere Publikum kaum. Eines der Ziele, die sich der Verein gesetzt hat, ist, künftig auch ein po-

---

66 Bei der genannten Generalversammlung wurde die Nutzung des Begriffs „Forum" anstelle von „Verein" rege diskutiert. Die Teilnehmenden haben sich darauf einigen können, dass die Namensänderung kein Problem für die Organisationsform darstelle, da in den Statuten festgehalten ist, dass es sich bei *Omanut* um einen Verein handelt. (Siehe Omanut: Protokoll außerordentliche Generalversammlung, 13.01.2019).

tentielles Nachwuchspublikum anzusprechen.[67] Eine Rolle in diesem Zusammenhang werden wohl die genutzten bzw. nicht genutzten Kommunikationswege haben. Denn der Verein kommuniziert vorwiegend über den Postversand, den elektronischen Newsletter und die eigene Webseite. Es gibt zwar einen Facebook- und neuerdings auch einen Instagram-Account, aber er wird nicht regelmäßig auf den aktuellen Stand gebracht. Die jüngeren Generationen, die sich bevorzugt in sozialen Medien bewegen und informieren, werden dadurch nicht angesprochen. Eine Veränderung in dieser Hinsicht ist derzeit nicht in Sicht, da *Omanut* ehrenamtlich geführt wird und auch diese Aufgabe der Präsidentin zufällt. Der Umstand, dass sich deren Kapazitäten auf das Fundraising, das Konzipieren des Programms und die Zusammenarbeit mit Kulturinstitutionen fokussieren, ist selbsterklärend. Eine Lösung wäre daher laut Karen Roth, das Amt des Präsidenten bzw. der Präsidentin in Zukunft zu einer bezahlten Stelle zu machen, sodass *Omanut* hauptberuflich geleitet werden könnte. Mit dieser Maßnahme wäre die Haltung des Niveaus und der Besucherzahlen ebenfalls am ehesten zu erreichen. Aktuell sind die Besucherzahlen stabil. Im Schnitt kommen etwa 60–70 Personen zu den Veranstaltungen, bei größeren Events um die 100 Besucher. Seit der Öffnung des Vereins durch die ehemalige Präsidentin Ruth Hoffer ist das Publikum vermehrt gemischt, es setzt sich zu gleichen Teilen aus jüdischen und nichtjüdischen Besuchern zusammen.

In naher Zukunft kann *Omanut* sein 80-jähriges Bestehen feiern. In diesem Zusammenhang gibt es Überlegungen, die *Omanut-Blätter* wieder zu aktivieren, ob als eigene Zeitschrift oder Beilage eines regelmäßig erscheinenden Magazins und in welchem Umfang, steht momentan allerdings noch nicht fest. Eine weitere Idee, die *Omanut* als wünschenswert erachtet, ist ein eigener fester Standort in Zürich – aber auch Basel wäre vorstellbar –, wo der Verein seine Veranstaltungen durchführen könnte.[68] Die Realisierung scheint im Augenblick jedoch allein schon aus finanziellen Gründen in weiter Zukunft zu liegen, falls sie tatsächlich einmal umgesetzt werden sollte. Denn auch wenn es verständlicherweise für den Verein erstrebenswert wäre, zumindest ein offizielles Büro innezuhaben, liegt doch ein Teil des *Omanut*-Geistes seit seiner Gründung in Zürich in den Partnerschaften mit Kulturinstitutionen und in den unterschiedlichen Schauplätzen.

---

67 Karen Roth-Krauthammer, Interview am 02.10.2019, Bern.
68 Ebd.

Definitionen des Jüdischen im Wandel der Zeit

Als *Omanut* 1932 in Zagreb und 1941 die Schwesternorganisation in Zürich gegründet wurde, gab es den Staat Israel noch nicht. Dennoch war der Verein seit
seinen Anfängen von der Vorstellung eines jüdischen Staates geprägt. Bei der
Gründung stand zunächst die Förderung einer nationalen jüdischen Musik im
Vordergrund. Bereits nach kurzer Zeit wurde dieses Vorhaben auf die Künste erweitert, somit sollten jüdische Künstler und Kulturschaffende gefördert werden
und mit *Omanut* eine Plattform erhalten. Eine Hürde, der sich der Verein immer
wieder aufs Neue stellen musste, war und ist noch immer die Definition von jüdischer Kunst, im weitesten Sinne der Künste. Die Überzeugung Rothmüllers,
jegliche Definitionsversuche würden sich nach der Gründung des Staates Israel
erübrigen, hat sich bis heute nicht bewahrheitet. Denn mit Israel ist zwar ein jüdischer Staat entstanden, jedoch keine einheitliche Kunst- oder Kulturrichtung,
die sich als eindeutig *jüdisch* klassifizieren ließe. Es gibt keine Nationalkunst
oder -kultur, wie Rothmüller sie in seinem Buch *Die Musik der Juden* von 1951
vorhergesehen hatte. Auch wenn zu keiner Zeit eine klare Definition gegeben
werden konnte, geht der Verein davon aus, dass jüdische Kunst in einer Form
existiert und förderungswürdig ist. In Betracht gezogen wurden und werden
noch heute Werke von jüdischen Kunst- und Kulturschaffenden, später auch
von nichtjüdischen Künstlern, die sich jedoch jüdischen Themen widmen. Hier
ergibt sich, neben der ähnlichen Problematik der Definition von *jüdischen Themen*, insbesondere die Frage, wer als *jüdisch* angesehen wird. Seit Ruth Hoffer
in den 1950er Jahren das Amt der Präsidentin übernahm, zeigt sich eine Öffnung
des Vereins gegenüber dem nichtjüdischen Publikum und der Definition, was
als *jüdische Kunst* betrachtet wird. Mit Karen Roth als Präsidentin des *Omanut*
verschwimmen die Definitionsgrenzen noch weiter, da nun alle Künstler in Betracht gezogen werden, die sich im Zusammenhang mit *Omanut* als einem Forum für jüdische Kunst und Kultur präsentiert sehen wollen. Das Verständnis,
das der Verein seit seinen Anfängen vom Judentum hat und auch in der Öffentlichkeit präsentiert, ist säkularer Natur[69]. Der Verein hält sich aus religiösen und
politischen Diskussionen heraus. Das, was stets im Vordergrund stand und steht
ist die Qualität der Werke und des Schaffens. Entsprechend der Komplexität der
Beschreibung der jüdischen Identität, besonders in der heutigen Zeit, steckt der
Verein die Grenzen dessen, was und wer als jüdisch zu betrachten ist, sehr weit.

---

[69] An jüdischen Feiertagen und an Schabbat führt *Omanut* keine Veranstaltungen durch, dies
jedoch von sich aus nicht aus religiösen Gründen. Vielmehr möchte *Omanut* keine Mitglieder,
Besucher und Künstler diskriminieren, die halachische Gebote einhalten.

Omanut betrachtet sich heute selbst als einen Ort, an dem man sich nicht definieren muss.[70]

3.3 Vermittlungsprojekt „Doppeltür"

Die „Judendörfer" Endingen und Lengnau

Die beiden Aargauer Ortschaften Endingen und Lengnau sind zahlreichen Schweizern als sogenannte *Judendörfer* bekannt. Diese Bezeichnung ist jedoch irreführend, da sie andeutet, in diesen Orten hätten ausschließlich Juden gelebt oder zumindest eine überwiegende Zahl der Bewohner sei jüdisch gewesen. Dies war jedoch nur für eine kurze Zeit der Fall, die überwiegende Zeit stellte die jüdische Bevölkerung in Lengnau höchstens ein Drittel, in Endingen die Hälfte dar. Die Bezeichnung der Ortschaften als *Judendörfer* verweist vielmehr auf ihre besondere Stellung und Geschichte, die sich deutlich von anderen Dörfern in der Schweiz unterscheiden.[71]

Nachdem Ende des 14. Jahrhunderts das kanonische Zinsverbot für Christen aufgehoben wurde, wurden jüdische Geldverleiher nicht mehr gebraucht und im Zuge dessen im Laufe des 15. Jahrhunderts aus den städtischen Gebieten vertrieben. Fortan wurden sie nur in Gemeinen Herrschaften geduldet.[72] Ende des 16. Jahrhunderts kamen die ersten Juden in die Grafschaft Baden. In Lengnau erfolgte die erste Erwähnung eines jüdischen Namens im Jahr 1622, in Endingen ist dies erst im Jahr 1678 der Fall. Seit Mitte des 17. Jahrhunderts gab es immer wieder Bestrebungen, Juden auch aus den Gemeinen Herrschaften zu vertreiben, jedoch wurde dies nicht umgesetzt. Im Gegenteil gewährten die Obrigkeiten den in Baden lebenden Juden einen Schutzbrief mit umfangreichen Rechten. Die Schutz- und Schirmbriefe galten damals für 16 Jahre. Dieser Zeitraum entsprach dem sogenannten „Umgang", in dem jeder der acht Orte einen Landvogt für die Dauer von zwei Jahren stellte. Mit dem Schutz- und Schirmbrief für die *Judenschaft zu Endingen und Lengnau* vom Jahre 1776 wird Juden das Wohnrecht nur noch in Endingen und Lengnau gewährt und die Anzahl von Haushaltungen auf 108 festgesetzt. Neben diesen Bestimmungen wurde für die jüdischen Bewohner der freie Handel in den Vogteien Baden und Freiamt erlaubt, der Besitz von Häusern und Land jedoch verboten. Zugleich wurde jedoch im Schirmbrief bestimmt, dass die christlichen Gemeindebehörden nicht das Recht hätten,

---

70 Karen Roth-Krauthammer, Interview am 02.10.2019, Bern.
71 Alexandra Binnenkade: KontaktZonen, S. 10 f.
72 Thomas Armbruster: Die jüdischen Dörfer von Lengnau und Endingen, S. 38 f.

Christen davon abzuhalten, ihre Wohnungen an Juden zu vermieten. Aus eben diesen Abschieden stammt das vielzitierte und zentrale Verbot für Juden und Christen, unter einem Dach zu wohnen, was oftmals als Anlass für die Entstehung der sogenannten *Doppeltürhäuser*[73] genommen wird.[74]

Durch die Nationalversammlung wurde den französischen Juden 1791 die formelle Emanzipation eingeräumt, was fünf Jahre später zur Abschaffung von Personalabgaben und Judenzöllen für die französischen Juden in der Schweiz führte. Mit dieser Entwicklung waren die französischen Juden für einige Jahre innerhalb der jüdischen Gemeinschaft in der Schweiz bessergestellt. Am 8. Mai 1798 wurden durch den helvetischen Rat schließlich allen Juden in der Schweiz Menschenrechte zugesprochen. Folglich erhielten Juden im selben Jahr die gleichen Rechte wie fremde Einwohner in der Schweiz. Im Juni 1799 wurde jüdischen Einwohnern der Schweiz das Niederlassungsrecht gewährt. Jedoch blieb es nicht bei dieser positiven Entwicklung. Mit dem Zerfall der Helvetischen Republik im Mai 1803 wurden in zahlreichen Kantonen die zuvor bewilligten Rechte der Juden wieder abgeändert. Erlassene Markt- und Hausiererverordnungen richteten sich speziell gegen jüdische Händler. Durch das aargauische Judengesetz vom Juni 1809 und im Verlauf der Restaurationszeit 1815–1830 wurden Juden erneut in ihren Rechten beschränkt. Unter anderem waren Judengemeinden im Kanton Aargau dazu gezwungen, Primarschulen mit Deutsch als Unterrichtssprache mit eigenen Lehrern einzurichten. Dieses Gesetz wurde jedoch 1830 vom neuen Schulgesetz abgelöst, das die jüdischen Primarschulen gänzlich aufhob. Der Hebräischunterricht wurde an die Gemeindeschulen angegliedert. Ab Juni 1824 trat das Organisationsgesetz der Judengemeinden in Kraft, das die Unterstellung der jüdischen Gemeinden in die Verantwortung des Staates beinhaltete.[75] Erst 1866, mit den Revisionen der Bundesverfassung, wurden Juden freie Niederlassung und Gleichheit vor dem Gesetz und mit der zweiten Revision von 1874 die freie Ausübung des Gottesdienstes gewährt. Im Kanton Aargau dauerte es jedoch noch weitere fünf Jahre, bis Juden mit vollen Bürgerrechten ausgestattet wurden. Damit war der Kanton Aargau der letzte Kanton der Schweiz, der Juden die vollen Rechte zusprach.[76]

Mitte des 19. Jahrhunderts wohnten in Lengnau 525 Juden und 799 Christen, in Endingen waren es 990 Juden und 951 Christen. Während es in Lengnau klare Siedlungsschwerpunkte um den Dorfplatz gab, wo sich seit 1847 auch die neue Synagoge befand, lebten Juden und Christen in Endingen Tür an Tür nebenein-

---

73 Siehe hierzu Abschnitt *Doppeltürhäuser – Konvivenz und Segregation.*
74 Martin Bürgin: Konfessionalismus und Konvivenzgau, S. 150–182.
75 Thomas Armbruster: Die jüdischen Dörfer von Lengnau und Endingen, S. 40–42.
76 Martin Bürgin: Konfessionalismus und Konvivenz, S. 150–182.

ander. Die jüdischen Gemeinden Endingen und Lengnau waren Teil des jüdisch-alemannischen Gemeindenetzwerks. Das Netzwerk war einerseits durch religiöse Praxis, Tradition und Sprache, andererseits auch durch familiäre und berufliche Beziehungen verbunden. Der jüdisch-alemannische Lebensraum kann jedoch nicht sprichwörtlich als *ein Lebensraum* verstanden werden, denn die Gemeinden waren hierfür zu weit voneinander entfernt. Vielmehr handelte es sich hierbei um einen gemeinsamen Handelsraum – die Medina. Durch die zahlreichen Restriktionen bezüglich der Freizügigkeit waren Juden auf die Verbindungen in der Medina angewiesen. Die meisten Juden versuchten sich nach Möglichkeit in ihrer bzw. in der Medina niederzulassen, wo sie schon bekannt waren. Die einstigen Vorzüge der Lage der beiden Surbtaler Dörfer zwischen Baden und Zurzach erwiesen sich in der zweiten Hälfte des 19. Jahrhunderts nicht mehr von Vorteil. Denn Endingen und Lengnau hatten keine Anbindung an Eisenbahn und Fernstraßen. Nach Gewährung der Niederlassungsfreiheit zogen daher zahlreiche Juden aus den ländlich gelegenen Aargauer Gemeinden in größere Städte, aus Endingen und Lengnau insbesondere nach Zürich. So wurde 1883 das Rabbinat in den beiden Ortschaften aufgehoben. Zuständig für dieses Gebiet waren nun Rabbiner aus Baden oder Zürich. Die jüdische Gemeinde in Zürich spielte für Endingen und Lengnau eine bedeutende Rolle. Bei der Gründung des Altersheims in Lengnau 1903 war die ICZ die treibende Kraft. Für den Aufbau des Heims wurde eigens der Schweizerisch-Israelitische Wohltätigkeitsverein gegründet. Das Altersheim ist heute die einzige jüdische Einrichtung, die regelmäßig noch in ihrer ursprünglichen Funktion genutzt wird. Durch die schwindende Zahl der jüdischen Bewohner im Surbtal wurde das Heim 1980 auch für nichtjüdische Betagte geöffnet. Heute sind drei viertel der in diesem Haus lebenden Personen nichtjüdisch, dennoch wird es weiterhin nach jüdischen Richtlinien geführt.[77]

Viele der aus den Surbtaler Dörfern weggezogenen Juden blieben mit ihren Heimatgemeinden zumindest emotional verbunden und sorgten sich um den möglichen Verfall der bestehenden jüdischen Denkmäler. In diesem Zusammenhang wurde 1923 der Verein zur Erhaltung der Synagogen und des Friedhofs Endingen – Lengnau gegründet. Nicht nur Endingen und Lengnau waren von der Abwanderung der Gemeindemitglieder betroffen. Im Kanton Aargau zeigte die Volkszählung zwischen 1930 und 1950, dass pro Jahr etwa ein bis zwei Familien fortgingen. So schrumpfte die Zahl der in Aargau lebenden Juden von 624 im Jahr 1930 auf 496 im Jahr 1950. In Endingen lebten 1950 nur noch 15 jüdische Einwohner, in Lengnau waren es noch 85, wovon die meisten im Israelitischen

---

77 Dominik Sauerländer, Ruth Wiederkehr, in Zusammenarbeit mit Ron Epstein-Mil: Jüdische Lebenswelten im Kanton Aargau 1830–2000, S. 254–294.

Altersheim lebten. Wie an zahlreichen Orten wurden auch die Gemeinden in Endingen und Lengnau schließlich zu klein, um weiterhin als solche bestehen zu können. So wurde eine Mehrzahl von ihnen von Gemeinden in Vereine umgewandelt. In Endingen wurde der Verein Israelitische Kultusgemeinde Endingen gegründet, der 1983 die Synagoge in Endingen sowie den Jüdischen Friedhof übernahm. Zugleich ging die Synagoge in Lengnau in den Besitz der Gemeindegüter Neu-Lengnau über. Heute haben beide Gemeinden aufgrund der kaum noch vorhandenen Mitglieder vordergründig die Rolle einer kollektiven Erinnerungsstätte.[78]

Synagogen und der gemeinsame Friedhof von Endingen und Lengnau

Die jüdische Gemeinde in Lengnau reichte 1748 ein Gesuch für die Baubewilligung einer Synagoge ein, die im gleichen Jahr gewährt wurde. Zwei Jahre später wurde die erste Synagoge in Lengnau, nordwestlich vom Standort des heute noch erhaltenen Gotteshauses, eingeweiht. Im gleichen Jahr baten die Gemeinden in Endingen und Lengnau gemeinsam um die Anlage eines Friedhofs in der Nähe der Ortschaften.[79] Zuvor wurden verstorbene Juden der beiden Dörfer auf einer Insel im Rhein, auf der sogenannten *Judensäule*, bei Koblenz beigesetzt. In der ersten Hälfte des 17. Jahrhunderts haben Juden aus der Grafschaft Baden dieses Stück Land von der Stadt Waldshut gepachtet. Da die Insel mehrfach verwüstet und überflutet worden war, musste ein anderer Ort für die Ruhestätte gefunden werden. Für den gemeinsamen Friedhof konnte 1750 ein Grundstück zwischen den beiden Ortschaften erworben werden. Der jüdische Friedhof wird noch heute genutzt. Seit vielen Jahren finden hier vor allem die verstorbenen Bewohner des Schweizerischen Israelitischen Alters- und Pflegeheims in Lengnau ihre letzte Ruhestätte. Eine Besonderheit, die den Friedhof auszeichnet, ist die Ausrichtung der Gräber in Nord-Südrichtung. Auch wurden Männer und Frauen in getrennten Reihen beerdigt. Seit Dezember 1963 steht der jüdische Friedhof unter Denkmalschutz.[80]

Auch in Endingen bat die jüdische Gemeinde den Landvogt um eine Baugenehmigung für eine Synagoge, die ihr 1745 gewährt wurde. Das erste Gotteshaus in Endingen wurde 1764 eingeweiht. Für die wachsenden Gemeinden wurden die Synagogen jedoch mit der Zeit zu eng. Der Lengnauer Rabbiner Wolf Drey-

---

78 Ebd.
79 Ron Epstein-Mil: Synagogen der Schweiz, S. 67.
80 http://www.alemannia-judaica.de/endingen_lengnau_friedhof.htm (zuletzt abgerufen 09.03.2020).

fuss sprach sich bereits 1837 für einen Umbau der bestehenden Synagoge aus, da das Gebäude nicht nur zu klein, sondern auch baufällig geworden war. Für den Neubau war der bestehende Platz jedoch nicht ausreichend, sodass ein neuer Bauplatz in der Mitte des Ortskerns, am Dorfplatz in Lengnau, erworben wurde. Die neue Synagoge wurde 1847 eingeweiht. Eine äußerliche Besonderheit zeichnet die Lengnauer Synagoge aus: Sie verfügt über einen zweigeteilten Eingang in der Mitte des Baus. Den doppeltürigen Eingang sieht der Architekt Ron Epstein-Mil in seinen Untersuchungen zu *Synagogen der Schweiz* als ein mögliches „Zitat der Bauart von Wohnhäusern Lengnaus".[81] Zugleich verweist er darauf, dass solche *Doppeltüreingänge* auch bei der Synagoge in Genf und im Entwurf von Robert Moser für die Synagoge in Baden von 1872 zu finden sind. Die neue Synagoge in Endingen, die 1852 eingeweiht wurde, weist diese architektonische Besonderheit jedoch nicht auf, obwohl es hier ebenfalls die sogenannten *Doppeltürhäuser* gibt. In Endingen findet sich jedoch ein anderes bauliches Merkmal, das hervorsticht: An der Westfassade der neuerbauten Synagoge befindet sich eine große Uhr. In zwei darüber liegenden Mauernischen befinden sich Glocken, die dafür genutzt wurden, den baldigen Beginn des Gottesdienstes einzuläuten.[82] Obwohl die Synagogen in benachbarten Ortschaften liegen, etwa in der gleiche Zeitspanne errichtet und eingeweiht wurden sowie unter Einfluss von ähnlichen Bedingungen standen, weisen sie deutliche architektonische Unterschiede auf.

Doppeltürhäuser – zwischen Konvivenz und Segregation

Zu den Sehenswürdigkeiten der beiden Ortschaften Endingen und Lengnau gehören nicht, wie man vermuten würde, vor allem die Synagogen, sondern vielmehr private Wohnhäuser mit sogenannten *Doppeltüreingängen*. Dabei handelt es sich um Eingangsbereiche der Häuser mit zwei direkt nebeneinander liegenden Türen, die lediglich durch einen Türsturz getrennt sind. Teilweise sind die zwei separaten Türen nicht als solche erkennbar, sondern lediglich als ein Eingangsbereich. Die Begründung für die Entstehung dieser *Doppeltüreingänge* wird der Anweisung aus dem Schirmbrief von 1776 zugeschrieben, in dem es heißt, dass Juden und Christen nicht unter einem Dach leben dürfen. Dementsprechend herrscht die Erklärung vor, dass eine der Türen für die christlichen, die andere für die jüdischen Bewohner des Hauses bestimmt war. Dieser

---

81 Zit. nach Ron Epstein-Mil: Synagogen der Schweiz, S. 78.
82 Ebd., S. 84.

Sichtweise nach würden die *Doppeltürhäuser* als Symbol für Segregation gedeutet werden.

Abb. 19: Die Türen des Doppeltürhauses sind lediglich durch einen Türsturz getrennt, sodass die separaten Eingänge nicht sofort als solche erkennbar sind. Foto: Autorin.

Ein anderer Erklärungsversuch für die Entstehung der *Doppeltüreingänge* kommt zu einem anderen Schluss. Der Lengnauer Ortshistoriker Franz Laube-Kramer schreibt in seinem 2004 erschienenen Aufsatz, der Ursprung der zwei nebeneinander angelegten Eingänge liege in einem früheren Schirmbrief des Landvogtes von 1658, in dem bestimmt wurde, dass „Juden und Christen nicht beieinander wohnen" sollen. Diese Anweisung, so vermutet Laube-Kramer, wurde im 18. Jahrhundert verallgemeinert mit der Formulierung, dass „Juden und

Christen nicht unter einem Dach wohnen dürfen". Da in der Praxis eine Tür für ein Haus stand, wurde die Eingangstür entsprechend als Dach gedeutet. Somit seien die Wohnhäuser mit *Doppeltüreingängen* ein lokaler Versuch, die Anweisung des Landvogts zu umgehen. Diese Deutung würde der Auffassung der *Doppeltürhäuser* als Symbol der Segregation jedoch widersprechen.[83]

Alexandra Binnenkade weist in *KontaktZonen* darauf hin, dass es begründete Zweifel an der tradierten Vorstellung von jüdisch-christlichen *Doppeltürhäusern* in Lengnau gäbe. Aus den überlieferten Reisebeschreibungen von Hans-Rudolf Maurer aus dem Jahr 1794 gehen sehr detaillierte Darstellungen Lengnaus hervor, jedoch werden die sogenannten *Doppeltürhäuser* mit keinem Wort erwähnt. Beschrieben werden jüdische und christliche Wohnhäuser, die sich äußerlich deutlich voneinander unterscheiden und somit eindeutig als jüdisch bzw. christlich identifizierbar sind. Diese Erkenntnis sieht Binnenkade in den aufgestellten Statistiken über Hausteilungen im Surbtal im 18. und 19. Jahrhundert bestätigt. In den *Oekonomischen Tabellen*, die der Birmenstorfer Pfarrer Fridolin Stamm 1779 angelegt hat, werden jüdische und christliche Haushalte in getrennten Verzeichnissen aufgeführt. Diese Darstellung zeige, dass eine Trennung in der Auflistung möglich war, da jüdische und christliche Bewohner in separaten Häusern wohnten. Eine weitere Volkszählung von 1850 deutet Binnenkades Ansicht nach ebenfalls auf diese Umstände hin, denn den Zahlen nach wurden nur sieben der insgesamt 148 Häuser in Lengnau von Christen und Juden gemeinsam bewohnt. Damit sei die Existenz der *Doppeltürhäuser* als geteilte Häuser nicht widerlegt. Diese Zahlen legen jedoch nahe, dass die verbreitete Ansicht, dass die *Doppeltürhäuser* ein Zeichen der Segregation bzw. der Konvivenz zwischen Juden und Christen seien, nicht den ursprünglichen Daten entspricht. Die Statistiken deuten eher auf beengte Wohnverhältnisse hin, unterstützen jedoch nicht die heute verbreitete Symbolik der *Doppeltüreingänge*.[84] In Endingen war die Situation anders als in Lengnau. Hier konnten bei der vom Birmenstorfer Pfarrer Fridolin Stamm durchgeführten Zählung 1779 keine getrennten Listen von jüdischen und christlichen Bewohnern geführt werden, weil die Bevölkerung durchmischt war. Im Gegensatz zu Lengnau gab es in Endingen kein jüdisches Viertel. So kann davon ausgegangen werden, dass es in Endingen tatsächlich ein christlich-jüdisches Zusammenleben auf engem Raum gab und sich hier christliche und jüdische Bewohner teilweise ein Haus teilten. Dies trifft allerdings nur auf das Dorf Endingen zu, nicht auf Lengnau. Es stellt sich somit die Frage, wie die Häuser mit *Doppeltüreingängen* zum Sinnbild jüdischer Präsenz werden und den Ruf der beiden Surbtaler Dörfer als sogenannte *Judendör-*

---

83 Alexandra Binnenkade: KontaktZonen, S. 120–128.
84 Ebd., S. 128–130.

fer bis heute prägen konnten. Denn die vorliegenden Daten aus den Zählungen im 18. Jahrhundert sowie Mitte des 19. Jahrhunderts zeigen, dass geteilte Häuser nicht nur jüdischen Bewohnern vorbehalten waren. Vielmehr handelte es sich bei dieser Praxis um eine Lösung für schwierige wirtschaftliche Verhältnisse, denn die Miete eines Hausteils war erschwinglicher als der Kauf eines ganzen Wohnhauses. Für Juden, die zur damaligen Zeit kein Grundeigentum erwerben konnten und für die die Anzahl der Haushaltungen beschränkt wurde, war die Hausteilung zweifellos eine willkommene Notlösung. Dennoch beschränkte sich diese Art des Zusammenlebens in einem Wohnhaus nicht nur auf die jüdische Bevölkerung. Die Zuschreibungen und Bedeutungen der *Doppeltürhäuser* änderten sich im Verlauf der Zeit. So zeigt Binnenkade in ihrer Forschung auf, dass die *Doppeltürhäuser* bis zur ersten Hälfte des 19. Jahrhunderts ein Zeichen für Armut und Platznot waren. Insbesondere in Endingen lebten Christen und Juden in Wohnhäusern nebeneinander. Die Anweisung von 1776, in der untersagt wurde, dass Christen und Juden „unter einem Dach leben" spielte kaum mehr eine Rolle. Nachdem Juden Ende des 19. Jahrhunderts die freie Niederlassung gewährt wurde und dies vermehrt zu einer Abwanderung der jüdischen Bevölkerung aus den Ortschaften führte, zeichnet sich eine Umdeutung der *Doppeltürhäuser* ab. Häuser mit *Doppeltüreingängen* wurden mehrheitlich den schwindenden jüdischen Bewohnern zugeschrieben, wobei sich die mehrheitlich christliche Bevölkerung der beiden Dörfer von der besonderen äußeren Erscheinung der Wohnhäuser, von ihrer Andersartigkeit, abgrenzte. Dies änderte sich jedoch seit dem Ende des 20. Jahrhunderts. Die bisherige Abkehr von der architektonischen Besonderheit wich einer Aufnahme in das Selbstbild der Bürger. *Doppeltürhäuser* werden nun als Eigentümlichkeit von Endingen und Lengnau hervorgehoben, die die Dörfer regional und schweizweit von anderen Ortschaften abhebt. Inwieweit Wohnhäuser mit *Doppeltüreingängen* tatsächlich einzigartig in Endingen und Lengnau waren, ist jedoch nicht abschließend geklärt. Alexandra Binnenkade verweist in der bereits erwähnten Arbeit *KontaktZonen* darauf, dass es auch in anderen Regionen Hinweise auf die Existenz sogenannter *Doppeltürhäuser* gibt, so unter anderem im Kanton Zürich im Zürichseegebiet. Über die genaue Funktion der *Doppeltürhäuser* in anderen Gebieten sind jedoch keine Einzelheiten bekannt, sodass auch an dieser Stelle die Frage nach der Einzigartigkeit der *Doppeltüren* in den Surbtaler Dörfern offen bleiben muss, auch wenn es immer wieder Stimmen und Argumente für die besondere Stellung von Endingen und Lengnau gibt.[85] Systematische Vergleiche von *Doppeltürhäusern* der Ortschaften Endingen und Lengnau mit anderen Regionen fehlen derzeit, soll-

---

85 Siehe dazu: Mythen und Fakten zum Surbtaler Doppeltürhaus, Die Botschaft, 01.02.2020; Roy Oppenheim: Doppeltür. Kein Mythos, sondern Realität, AZ, 07.02.2020.

ten jedoch durchgeführt werden, um diese wissenschaftliche Lücke zu schließen. Des Weiteren wäre zu untersuchen, inwieweit die *Doppeltürhäuser* als Zeichen der Ghettoisierung der jüdischen Bevölkerung gesehen werden können, insbesondere da Juden durch die Verfügung von 1776 aus anderen Gebieten vertrieben wurden und gezwungen waren, sich ausschließlich in den Surbtaler Dörfern niederzulassen.[86] Die Verknüpfung der *Doppeltürhäuser* mit dem Verbot der Kohabitation von Juden und Christen ist allerdings wahrscheinlich erst im 20. Jahrhundert entstanden. Auf der Grundlage der historischen Dokumente ist eine direkte Verbindung des Verbots und der Entstehung der *Doppeltüreingänge* nicht gegeben.[87] Da es derzeit nur vereinzelte Untersuchungen zu den *Doppeltürhäusern* gibt, können diese je nach Standpunkt als Zeichen der Segregation oder aber auch als Nachweis der Konvivenz ausgelegt werden. Einerseits finden sich Beschreibungen der *Doppeltüren*, aus denen hervorgeht, dass „Christen und Juden [...] nie denselben Hauseingang [benutzen]". Was auf eine strikte Trennung beider Kulturen hindeutet. Andererseits befinden sich die Türen zugleich so dicht beieinander, dass sie kaum als getrennte Eingänge zu erkennen sind. Die Eingänge sind nicht an zwei unterschiedlichen Hauswänden angebracht, sondern direkt nebeneinander, nur durch einen Türsturz getrennt. Dies wiederum verweist auf ein Zusammenleben auf engstem Raum, was vielfach als Abbild der Konvivenz von Juden und Christen gedeutet wird. Fest steht, dass Endingen und Lengnau sich darin auszeichnen, dass diese Wohnhäuser bis heute noch erhalten sind und aktuell im Zusammenhang der historischen Gegebenheiten als Symbol für einen gemeinsamen christlich-jüdischen Wohnraum stehen. Sie stehen für ein Sinnbild der Toleranz im Miteinander unterschiedlicher Kulturen und Religionen. Der *Doppeltüreingang* wird somit zu einem einprägsamen Zeichen, das seine Wirkung und Botschaft über die regionalen Grenzen hinaus trägt.

Jüdischer Kulturweg Endingen-Lenganu

In den Surbtaler Dörfern Endingen und Lengnau ist im Gegensatz zu vielen anderen Ortschaften im alemannischen Sprachraum das kulturelle jüdische Erbe von über 200 Jahren noch sichtbar erhalten. Während andernorts die Synagogen und andere Orte des jüdischen Lebens zerstört wurden, blieb das Surbtal vom Holocaust verschont. So finden sich noch heute in Endingen und Lengau Synagogen, alte jüdische Schul- und Wohnhäuser, rituelle Tauchbäder, eine

---

86 Ron Epstein, Telefoninterview am 23.09.2019.
87 Alexandra Binnenkade: KontaktZonen, S 131–138.

Abb. 20: Doppeltürhäuser stehen heute symbolisch für einen gemeinsamen christlich-jüdischen Wohnraum und sind zugleich durch ihre Besonderheit ein Merkmal für die „Judendörfer" Endingen und Lengnau. Foto: Autorin.

Metzgerei, das Pflege- und Altenheim sowie der gemeinsame jüdische Friedhof der beiden sogenannten *Judendörfer*. Obwohl die Gebäude und Stätten für jedermann stets sichtbar waren, sind sich noch heute zahlreiche Bewohner der Ortschaften des kulturellen Erbes und der Bedeutung der sie umgebenden Zeugen jüdischen Lebens nicht bewusst. Ein Grund mag auch darin liegen, dass die jüdischen Einrichtungen für Besucher lange Zeit geschlossen waren. Viele der historischen Gebäude waren in einem schlechten Zustand und drohten zu verfallen. Um das Jahr 1995 gab es eine Initiative, die ehemalige Matzebäckerei an der Vogelsangstrasse 7 in Lengnau zu erwerben und diese so vor dem Verfall zu schützen. Die Matzebäckerei wurde von 1875 bis 1910 von Samuel Daniel Guggenheim betrieben. Sie diente ebenfalls als Versammlungsort und Schule der jüdischen Gemeinde. Im Keller des Gebäudes befand sich eine Mikwe, ein rituelles Tauchbad. Nachdem der Ofen der Bäckerei stillgelegt wurde, wurden hier Mietwohnungen eingerichtet. Seit 1973 stand das Gebäude jedoch leer und verfiel. 1985 entstand die Idee, in der ehemaligen Matzebäckerei ein „modernes Resucherzentrum mit einer permanenten Ausstellung zur Geschichte der beiden ‚Judendörfer' einzurichten"[88]. Doch sobald die Pläne für das „Haus der Toleranz" öffentlich wurden, wurden diese sogleich wieder auf Eis gelegt. Denn etwa zur gleichen Zeit entbrannte 1995 eine internationale Debatte um das Schweizer Bankgeheimnis im Zusammenhang mit der Problematik der „nachrichtenlosen" Konten[89]. Die Befürchtung, das Projekt „Haus der Toleranz" könnte mit den nachrichtenlosen Vermögen verknüpft werden, und eine mögliche, damit einhergehende Imageschädigung standen im Raum. Auch seitens der jüdischen Gemeinschaft gab es Befürchtungen, ehemalige Konflikte könnten wieder aufkeimen. Die Bereitschaft, die ehemalige Bäckerei zu retten, schwand, das Projekt scheiterte schlussendlich. Die Erbengemeinschaft, als Eigentümer der ehemaligen Matzebäckerei, konnte sich bezüglich des Verkaufs nicht einigen, sodass das Haus 2001 schließlich versteigert und 2013 abgerissen wurde. Der Schock über den Verlust des historischen Hauses saß auch in der Bevölkerung tief. Es wurde der Entschluss gefasst, künftig ähnliche Destruktion jüdischer Zeugnisse in den Surbtaler Dörfern verhindern zu wollen. Mit dem Erwerb der ehemaligen Mikwe in Lengnau konnte diesbezüglich ein Erfolg verzeichnet werden. Das „alte Badehäuschen" wurde als solches seit 1923 nicht mehr benutzt, es diente den damaligen Eigentümern als Lagerraum. Dank des kantonalen Swiss-Fonds konnten der Verein und die Stiftung zum Erhalt der Synagogen und Gemeindegüter in Endingen und Lengnau 2010 die Mikwe erwerben. Anschließend wurde das „alte Badehäuschen" restauriert und gehört zu den Stationen des *Jüdischen Kulturwegs Endingen – Lengnau*. Diese und weitere kommende Entwicklungen waren um die Jahrtausendwende kaum vorhersehbar. Denn in der Bevölkerung und seitens der Politik gab es nach wie vor eine ablehnende Haltung gegenüber Plänen oder Bemühungen, jüdische Einrichtungen zugänglich zu machen und auch für internationale Besucher zu öffnen. Zwar war das Projekt „Haus der Toleranz" gescheitert, jedoch gab es nun Bestrebungen für den Aufbau des Projekts *Jüdischer Kulturweg Endingen – Lengnau*. Die Bedingungen waren jedoch zunächst schwierig. Eine Kehrtwende kam mit dem Besuch der Nachkommen der amerikanischen Guggenheim-Familie, die 1847 Lengnau unter erschwerten Bedingungen verlassen hatte. Im April 2002 lud der damalige Regierungsrat Rainer Huber die Nachkommen auf das Schloss Lenzburg ein, darunter Karole

---

88 Zit. Roy Oppenheim: Vom „Jüdischen Kulturweg" zum Projekt „Doppeltür" in Endingen und Lengnau, S. 494–503.
89 Es handelt sich hierbei um Konten und Vermögen jüdischer Kunden bei Schweizer Banken, die Opfer nationalsozialistischer Verfolgung wurden. Siehe dazu Thomas Maissen: Verweigerte Erinnerung, S 391–446.

Abb. 21: Anhand von Schrifttafeln werden entlang des „Jüdischen Kulturwegs" die Geschichte und Bedeutung einzelner Bauten vermittelt. Foto: Autorin.

Vail[90] und Philip Rylands[91]. Der Kanton Aargau wollte hiermit ein Zeichen setzen zur Aufarbeitung der judenfeindlichen Geschichte, mit der sich der Kanton zuvor eher schwergetan hatte. Der Besuch eröffnete für die Region neue internationale Beziehungen, so beispielsweise Austauschprogramme für Kunststudenten in der *Collezione Peggy Guggenheim* in Venedig. Das Surbtal erfreute sich nun auch internationalen medialen Interesses aus Venedig, den USA und Eng-

---

90 Karole Vail ist die Enkelin von Peggy Guggenheim und zugleich Kuratorin des Guggenheim Museums in New York.
91 Philip Rylands ist der Direktor der Guggenheim Collection in Venedig.

land.[92] Damit wurde die Aufmerksamkeit auf Themen und Fragen gelenkt, über die zuvor geschwiegen wurde. Sowohl in der Bevölkerung als auch auf Seite der Politik wurde Interesse geweckt, was den Aufbau des *Jüdischen Kulturwegs Endingen – Lengnau* beflügelte. Der Jüdische Kulturweg wurde 2009 von Altbundesrätin Ruth Dreifuss im Beisein von schätzungsweise 600 Gästen eröffnet. Der Kulturweg erzählt anhand von zwanzig Stationen mittels Bild- und Texttafeln die Geschichte der Surbtaler Juden und ihrer Lebenswelt zwischen dem 18. und dem 20. Jahrhundert. Seit der Eröffnung stößt das Projekt auf reges Interesse. Im ersten Jahr wurden bereits 15.000 Besucher gezählt, darunter auch internationales Publikum, insbesondere aus Deutschland. Aktuell finden jährlich etwa 100 Führungen statt, hinzu kommen kulturelle sowie touristische Angebote zu Einzelaspekten.[93]

Vom Jüdischen Kulturweg zum Projekt „Doppeltür"

Nachdem im Februar 2013 die ehemalige Matzebäckerei in Lengnau abgerissen worden war und somit ein sichtbares Stück der jüdischen Kulturgeschichte mit einem Mal verschwand, wurde im gleichen Jahr in der Märzausgabe der Gemeindezeitung *Surbtaler* die Frage aufgeworfen, wie mit dem jüdisch-christlichen Kulturerbe künftig umgegangen werden sollte. Im Raum stand insbesondere die Frage, ob das Surbtal eines Ortes bedürfe, an dem die fast 250 Jahre während christlich-jüdische Geschichte dokumentiert würde. Der veröffentlichte Artikel führte zu einer hitzigen Diskussion, die von den Regionalmedien und dem Regionaljournal ihren Weg auch ins Schweizer Fernsehen, in die *Jüdische Allgemeine* und ins *Tachles* fand. Auch Altbundesrätin Ruth Dreifuss schaltete sich ein.[94] In der Debatte war zunächst von einem jüdischen Museum die Rede – eine Idee, die teils auf Zuspruch, teils jedoch auf erbitterten Widerstand traf.[95] Dabei stand anfangs besonders die Frage der Finanzierung eines solchen Projekts im Fokus. Die Forderung, „die Juden" sollten das Museum selbst bezahlen, fand sich in Le-

---

92 Roy Oppenheim: Vom „Jüdischen Kulturweg" zum Projekt „Doppeltür" in Endingen und Lengnau, S. 494–503.
93 Ebd.
94 Siehe hierzu (Auswahl): Roy Oppenheim: Vergangenheit hat Zukunft, Der Surbtaler, März 2013; Roy Oppenheim rügt seine Heimatgemeinde Lengnau, Regionaljournal Aarau Solothurn, 13.03.2013; Wer soll bezahlen. Streit um Finanzierung des jüdischen Museums, AZ, 19.04.2013; Im Surbtal soll ein jüdisches Museum entstehen, ausgestrahlt im: SRF, Schweiz aktuell, 13.05.2013; Ruth Dreifuss wünscht sich Museum über jüdische Vergangenheit, AZ, 14.05.2013.
95 Siehe hierzu: Die Pläne für jüdisches Museum schreiten voran, Die Botschaft, 10.07.2013.

serbriefen.[96] Doch schließlich kam es zur allgemeinen Einsicht, dass es sich hier nicht allein um eine jüdische Thematik handle, sondern um gemeinsame christlich-jüdische Geschichte, die vermittelt werden sollte. Auf Initiative der Abteilung Kultur des Kantons Aargau kam es im Juni 2013 zu einer ersten Sitzung, zu einem „runden Tisch" mit Gemeindevertretern und Vertretern der jüdischen Lokalorganisationen. Neue Vermittlungsformen und Möglichkeiten wurden besprochen. Ende September des Jahres sprach sich der Regierungsrat für einen Projektauftrag aus. Die Projektenwicklung wurde in die Hände eines Teams gelegt, das aus Repräsentanten der Abteilung Kultur des Kantons Aargau, der Gemeinden Endingen und Lengnau, der lokalen jüdischen Organisationen, des Jüdischen Kulturwegs und externen Spezialisten bestand. Aus der ursprünglichen Idee eines jüdischen Museums entwickelte sich das Vermittlungsprojekt *Doppeltür*.[97] Das Vermittlungsprojekt sollte nach wie vor einen festen Standort bekommen, jedoch sollte es kein Museum werden. Vielmehr stand jetzt eine Vermittlung mit modernen Mitteln im Fokus der Planung. Im weiteren Verlauf wurden Ende 2015 die politischen Behörden und die Gemeinderäte von Endingen und Lengnau konsultiert. Im darauffolgenden Jahr fand in Lengnau eine öffentliche Orientierungsveranstaltung der politischen Gemeinden Endingen und Lengnau statt, welche mehr als 200 Besucher zählte. Dem Publikum wurde das Projekt und ein erster Entwurf des Vermittlungskonzepts vorgestellt. Dabei wurde insbesondere die Bedeutung des Projekts *Doppeltür* und der damit einhergehenden, sich bietenden Möglichkeiten für die Region verdeutlicht. Das Konzept sah neun Module vor, die sich schrittweise, je nach Lage der Finanzierung, verwirklichen lassen. Dabei wurde der bereits bestehende *Jüdische Kulturweg Endingen-Lenganu* in das geplante Projekt *Doppeltür* integriert. Insgesamt wurden für die Umsetzung des Vermittlungsprojekts 16 Millionen Schweizer Franken veranschlagt, die sowohl aus privater, als auch öffentlicher Hand kommen sollen. Das eingesetzte Patronatskomitee, das den Aufbau des Projekts begleitet, hat die Aufgabe, die Interessen des Projekts in der Öffentlichkeit zu vertreten und sich für die Realisierung einzusetzen. Geplant ist die Gründung einer gemeinnützigen Stiftung *Doppeltür* als Träger, sobald die Grundlagen für diesen Schritt personell und finanziell geregelt sind. Eine Überführung des Vereins in einen Publikumsverein *Freundeskreis Doppeltür* ist ebenfalls denkbar.[98] Während die anfängliche Idee eines Vermittlungsortes im Surbtal noch auf Widerstand stieß, erfreute sich das Projekt *Doppeltür* nun breiter Unterstützung. Im Sommer 2016

---

96 Roy Oppenheim, Interview am 26.09.2019, Lengnau.
97 Siehe hierzu: Statt jüdischem Museum nun Projekt „Doppeltür", Die Botschaft, 18.12.2013.
98 Roy Oppenheim: Vom „Jüdischen Kulturweg" zum Projekt „Doppeltür" in Endingen und Lengnau, S. 494–503.

sagte der Regierungsrat dem Vermittlungsprojekt die volle ideelle und finanzielle Unterstützung zu. Noch im gleichen Jahr wurde die Wanderausstellung *Schweizer Juden – 150 Jahre Gleichberechtigung – 15 Porträts* in Lengnau eröffnet. Eine Ausstellung, die einen Einblick in die heutige jüdische Lebenswelt vermittelt. Bei dieser Gelegenheit wurde das Vermittlungsprojekt *Doppeltür* erneut einem breiten Publikum vorgestellt.[99] Um das Projekt umsetzen zu können, wurde Anfang 2017 ein Verein aus Vertretern der Standortgemeinden, des Kantons, jüdischer Organisationen und anderer Organisationen mit thematischem Bezug zum Vermittlungsprojekt gegründet. In der Folge nahm das Vermittlungskonzept weiter Kontur an und wird inhaltlich weiterhin ausgebaut. Im Herbst 2018 ist durch den Kauf einer Liegenschaft am Dorfplatz von Lengnau, in direkter Nähe zur Synagoge, ein bedeutender Schritt zur Umsetzung des Projekts gelungen. Das Projekt *Doppeltür* hat damit seinen eigenen festen Standort erhalten, der künftig zu einem Besucherzentrum und Arbeitsplatz ausgestaltet wird.[100] Im Mai 2019 wurde das Projekt *Doppeltür* in die Liste der lebendigen Kulturen des Bundesamtes für Kultur aufgenommen und erhielt damit eine bedeutende Anerkennung für seine Arbeit.[101]

Vermittlungskonzept des Projekts „Doppeltür"

In den Dörfern Endingen und Lengnau im aargauischen Surbtal zeugen *Doppeltürhäuser* heute vom einstigen Zusammenleben von Christen und Juden auf engstem Raum. Diese baulichen Zeugen stammen aus einer Zeit, in der für Juden noch keine Niederlassungsfreiheit galt und sie gezwungen waren, sich in einem der beiden Surbtaler Dörfer niederzulassen. Hinzu kam eine Anweisung des Landvogts aus dem 18. Jahrhundert, die besagte, dass Christen und Juden nicht unter einem Dach wohnen dürften. Diese Bestimmung soll jedoch mit den *Doppeltüreingängen* umgangen worden sein, sodass die *Doppeltürhäuser* noch heute von der Konvivenz zweier Kulturen und verschiedener Lebenswelten erzählen. Zusammen mit den Synagogen und dem Friedhof sind die Wohnhäuser mit den charakteristischen Eingängen lebendige Schauplätze, anhand derer die gemeinsame Geschichte zweier Kulturen vermittelt werden kann. Eben dies findet seit 2009, dem Jahr der Eröffnung des *Jüdischen Kulturwegs Endingen-Lengnau* statt.

---

99 „Rütli" der Schweizer Juden lädt zur Begegnung, Die Botschaft, 19.12.2016.
100 Verein Doppeltür (Hg.): Medienmitteilung 29.10.2018, Der Verein Doppeltür erwirbt ein historisches Doppeltürhaus im Surbtal.
101 Louis Probst: Bundesamt für Kultur nimmt Projekt „Doppeltür" in seine Liste auf, Badener Tagblatt, 05.05.2019.

An zwanzig Stationen in und zwischen Endingen und Lengnau werden mittels Bild- und Schrifttafeln Eindrücke aus der gemeinsamen christlich-jüdischen Geschichte und den Lebenswelten der ehemaligen Bewohner der sogenannten *Judendörfer* vermittelt. In den zehn Jahren seines Bestehens ist der *Jüdische Kulturweg* sichtlich in die Jahre gekommen. Dennoch, das Vermittlungsprojekt *Doppeltür* soll den Kulturweg nicht ersetzen. Vielmehr sieht das Projekt eine Integration des Kulturwegs und zugleich einen Ausbau des Vermittlungskonzepts und -angebots vor. Das Projekt *Doppeltür* will nicht nur das ehemalige Zusammenleben und die damaligen Lebenswelten von Juden und Christen erlebbar machen, es will zugleich generell die in Endingen und Lengnau vorhandenen Denkmäler sichern. Das Vermittlungskonzept sieht neben den historischen Aspekten ebenfalls eine Sensibilisierung für übergeordnete Themen wie Toleranz, Migration und Multikulturalismus vor.[102] Das Herzstück des Projekts ist das im November 2018 erworbene *Doppeltürhaus* am Spycherweg 2 im Zentrum von Lengnau. In dem *Doppeltürhaus* wird ein Begegnungszentrum entstehen, das als Treffpunkt und zur zentralen Anlaufstelle entwickelt und ausgebaut wird. Zudem sollen hier Veranstaltungen und Ausstellungen durchgeführt werden. Ferner werden hier Arbeitsplätze und Sitzungszimmer entstehen.

Das Vermittlungsprojekt richtet sich an ein breites Publikum sowohl aus der Schweiz als auch aus dem Ausland. Eine wichtige Zielgruppe sind dabei auch Schulen. Unter Einbezug von Bildungsinstitutionen und -fachleuten wird ein entsprechendes Angebot ausgearbeitet, das sich am Lehrplan 21 orientiert.[103] Neben Gruppen ist das Projekt gleichermaßen für Individualbesucher mit oder auch ohne Vorkenntnisse zu den Weltreligionen ausgelegt. Das Projekt *Doppeltür* soll ein interaktives Vermittlungsprojekt sein, das die Besucher bei ihrem individuellen Wissensstand abholt und dazu anregt, die verschiedenen Themenbereiche zu erkunden.[104]

Das Ausstellungskonzept wurde konkret für die Räumlichkeiten des vom Verein *Doppeltür* erstandenen *Doppeltürhauses* ausgearbeitet. Der geplante Ausstellungsrundgang ist in vier Teile unterteilt und beginnt mit einem symboli-

---

102 Auch wenn das detaillierte Ausstellungs- und Vermittlungskonzept Ende 2020 Zuspruch erhielt und lanciert wurde, befindet sich das Projekt nach wie vor in Entwicklung, sodass Änderungen nicht ausgeschlossen sind. Das in dieser Arbeit beschriebene Ausstellungs- und Vermittlungskonzept basiert auf dem Projektdossier *Vorprojekt, Sommer 2020*.
103 Lehrplan 21 ist ein Projekt der Deutschschweizer Erziehungsdirektoren-Konferenz mit dem Ziel, den Lehrplan für die Volksschule in den 21 deutsch-schweizer Kantonen zu harmonisieren. (Siehe: https://www.lehrplan21.ch, zuletzt abgerufen 05.01.2021).
104 Siehe: Friedliche Koexistenz. Ein einzigartiges historisches Erbe in Endingen und Lengnau, September 2017; Verein Doppeltür (Hg.): Vermittlungsprojekt Doppeltür. Begegnen, Entdecken, Ausstrahlen, August 2019.

schen *Abtauchen* in das historische Surbtal von 1820 bis 1866. Hier erleben die Besucher anhand eines Films in fünf Kapiteln die entscheidenden Wendungen der christlich-jüdischen Konvivenz im 19. Jahrhundert. Dabei können die Besucher selbst entscheiden, welchen Erzählstrang sie verfolgen wollen, und erhalten dadurch einen Einblick in verschiedene Lebenswege christlicher und jüdischer Familien. Auf diese Weise werden in einer Kombination aus einem chronologischen und einem biografischen Ansatz, mit teilweise fiktiven Elementen, die Grundlagen des damaligen Zusammenlebens vermittelt.

Mit einem symbolischen und realen *Auftauchen* gelangen die Besucher in die Welt der Gegenwart. Dabei passieren die Besucher einen Aussichtsplatz, von dem aus sie die ehemalige Mikwe in Lengnau betrachten können. Der zweite Teil des Ausstellungsrundgangs befasst sich mit der Zeit nach 1866. Die erfolgte Emanzipation und wiedergewonnene Niederlassungsfreiheit eröffneten Juden zahlreiche Möglichkeiten. Zahlreiche jüdische Familien zogen fort. Diese Entwicklung können die Besucher erneut anhand von Filmen nachvollziehen. Obwohl auch hier bestimmte Familien im Zentrum stehen, wird in diesem Ausstellungsteil der Schwerpunkt weniger auf biografische, sondern vielmehr auf thematische Ansätze gesetzt. Dementsprechend können die Besucher Themenschwerpunkte auswählen, über die sie sich näher informieren wollen, wie beispielsweise Abwanderung und Auswanderung im 19. und 20. Jahrhundert, Wirtschaftsleben, Musik und Sprache, Kunstschaffende und Wissenschaftler usw.

Im dritten und abschließenden Teil der Ausstellung *Eintauchen* sind die Besucher selbst die Experten und können sich in fünf bis sechs Themenbereichen Fragen des Zusammenlebens, der Sensibilisierung für Minderheiten sowie gegenseitigem Respekt annähern.

Das Begegnungszentrum soll ebenfalls ein Ausgangspunkt für die Begehung der Kulturwege werden. So bildet der vierte Abschnitt der Ausstellung *Ausschwärmen* die Verbindung des Zentrums *Doppeltür* mit der geografischen Umgebung. Die einzelnen Rundgänge könnten als Teil eines Workshops oder in Kooperation mit dem Historischen Museum Baden durchgeführt werden. Das geplante Angebot soll modular angelegt sein, sodass hier Neuerungen in den Rundgängen möglich sind.

Insgesamt soll das Zentrum keinen klassischen, musealen Ansatz verfolgen. Viel mehr stehen im Fokus der Geschichtsvermittlung der Dialog und die Sensibilisierung gegenüber Gegenwartsthemen. Inhaltlich steht das Begegnungszentrum in enger Kooperation mit dem Historischen Museum Baden. Künftig sind weitere Kooperationen geplant, so beispielsweise mit dem Jüdischen Museum der Schweiz Basel, dem Jüdischen Museum Hohenems und weiteren in- und ausländischen Institutionen.

Gründung des Vereins „Doppeltür"

Für den Aufbauprozess und das Fundraising des Projekts wurde der Verein *Doppeltür* als Trägerschaft gegründet. Der Verein setzt sich aus zwei Ebenen, der strategischen und der operativen Ebene, zusammen. Zu den Mitgliedern des Vereins gehören Vertreter der Betriebskommission des Jüdischen Kulturwegs, Eigentümer des jüdischen Kulturerbes im Surbtal, Vertreter der Gemeinden Endingen und Lengnau sowie Mitglieder des ursprünglichen Projektteams. Die Projektleitung, die Geschäftsstelle und eine Gruppe von Projektentwicklern agieren auf der operativen Ebene. Die Projektentwicklung übernehmen wiederum Vertreter des Vorstands, die Projektleitung, die Geschäftsstelle, der Vertreter des Jüdischen Kulturwegs sowie externe Fachkräfte. In Zukunft ist die Gründung einer öffentlich-rechtlichen Stiftung geplant. Aktuell befindet sich das Projekt in einer aktiven Weiterentwicklungs- und Konkretisierungsphase. Nachdem die inhaltlichen Ebenen des Gesamtprojekts definiert und erarbeitet wurden, steht nun das Zentrum des Projekts im Vordergrund. Mit dem Kauf des *Doppeltürhauses* am Dorfplatz in Lengnau gelang dem Verein ein großer Schritt, jedoch muss nun ein Konzept für den Um- und Ausbau des Gebäudes zum Begegnungszentrum entwickelt werden. Weiterhin muss Fundraising betrieben und die Teilkonzepte der einzelnen Module müssen weiterentwickelt werden. In den nächsten Schritten ist eine Stiftungsgründung in Planung sowie die Realisierung des Zentrums, die Teilrealisierung der Module[105], die Betriebsorganisation und schlussendlich die Vorbereitung für den Betriebsstart.[106]

„Doppeltür" – ein Vermittlungsprojekt mit internationaler Reichweite

Als das „Rütli" der Schweizer Juden[107] bezeichnete der Initiator des *Jüdischen Kulturwegs Endingen-Lengnau* und des Projekts *Doppeltür*, Roy Oppenheim, vor wenigen Jahren die Dörfer Endingen und Lengnau. Der Begriff „Rütli" als Metapher des Ursprungs des heutigen Schweizer Judentums im Surbtal hat sich mittlerweile etabliert. Seit 1776 war es Juden fast ausschließlich in diesen beiden Dörfern gestattet sich niederzulassen. Hier, so die Ansicht von Roy Oppenheim, liegen ihre Wurzeln. Der *Jüdische Kulturweg Endingen-Lengnau* erzählt seit 2009 von der Geschichte der Juden in den beiden Ortschaften und veranschaulicht

---

105 Die Realisierung wird je nach Lage der Finanzierung schrittweise erfolgen.
106 Siehe: Verein Doppeltür (Hg.): Newsletter Doppeltür, Nr. 8, 07.02.2020; Verein Doppeltür (Hg.): Vermittlungsprojekt Doppeltür. Begegnen, Entdecken, Ausstrahlen, August 2019.
107 Siehe hierzu Martin Bürgin: Konfessionalismus und Konvivenz, S. 159–182.

zugleich ihre Lebenswelten. Ein Kulturprojekt, das sich noch heute großen Zuspruchs und Interesses erfreut. Bereits im ersten Jahr verzeichnete der Kulturweg um die 10.000 Besucher aus dem In- und Ausland. Doch seine Bedeutung zeigt sich nicht nur regional, sie reicht über die Ländergrenzen hinaus. Bei der Eröffnung des Jüdischen Kulturwegs waren auch Martina Bucher-Nezirovic und ihre Mutter Magdalena Bucher aus Weilheim respektive Waldshut-Tiengen anwesend. Von der Idee und dem Konzept inspiriert, haben sie mit Unterstützung von Roy Oppenheim, der Gemeinde Lengnau und der Hochrheinkommission den Freundeskreis Jüdisches Leben in Tiengen ins Leben gerufen, der den Beginn des Projekts *Brückenschlag* einläutete. Im September 2014 wurde die erste Station eines Jüdischen Kulturwegs durch Tiengen eröffnet. An der Stelle, an der sich einst die Synagoge befunden hat, verweist eine große Tafel auf die ehemalige jüdische Geschichte dieses Standortes. Weitere Stationen sind der jüdische Friedhof, das Löwendenkmal, die ehemalige Metzgerei, die Mikwe, die einstige jüdische Schule, die Druckerei sowie Ladengeschäfte. Mit der Einweihung der Station sind beide Länder, die Schweiz und Deutschland, nun miteinander verbunden. Seither führt der Jüdische Kulturweg von Endingen und Lengnau über Bad Zurzach grenzüberschreitend nach Waldshut-Tiengen.[108]

Trotz des bereits bestehenden *Jüdischen Kulturwegs Endingen-Lengnau* und des breiten Interesses an diesem Kulturprojekt war es nicht möglich, die alte Matzebäckerei in Lengnau zu retten. Dieses historische Gebäude, ein sichtbarer Teil des jüdischen Kulturerbes, war unwiederbringlich verloren. Dies führte zu der Frage, ob es im Surbtal eines Ortes der Vermittlung der über 200-jährigen jüdischen Geschichte bedarf. Diese Frage und die dadurch aufgeworfenen Aspekte des Umgangs mit dem jüdischen Kulturerbe führten zu einer Debatte um ein mögliches jüdisches Museum. Die Idee eines jüdischen Museums wurde nicht konkret weiterverfolgt, jedoch führte die Diskussion zur Entwicklung des Vermittlungsprojekts *Doppeltür*, das den bestehenden Kulturweg in sein Konzept integriert. Neben der Vermittlung der gemeinsamen christlich-jüdischen Geschichte der beiden Dörfer ist es den Akteuren des Projekts ein wichtiges Anliegen, Wissen an ein breites Publikum zu vermitteln und damit den Vorurteilen, stereotypem Denken und Antisemitismus entgegen zu wirken. Seit der Eröffnung des *Jüdischen Kulturwegs Endingen-Lengnau* hat sich insbesondere in den geführten Touren die ausgeprägte Ignoranz gegenüber der jüdischen Kultur und Religion gezeigt. Das Projekt *Doppeltür* will mit einem breitangelegten, für unterschiedliche Gruppen bis hin zu Individualbesuchern maßgeschneiderten Vermittlungskonzept die Besucher bei ihrem Wissensstand abholen und dazu anregen, die damaligen Lebenswelten zu erkunden. Dabei sieht das Vermittlungs-

---

108 Der jüdische Kulturweg wird international, Die Botschaft, 29.09.2014.

konzept stets einen Brückenschlag zwischen der Vergangenheit und der Gegenwart vor, wodurch Themen wie Toleranz, Respekt, Umgang mit Minderheiten und Migration greifbar werden. Ein grundlegender Teil des Konzepts ist das Erleben und Eintauchen in eine vergangene Zeit. Es ist vorgesehen, dass Besucher anhand von Filmsequenzen Einblicke in die gemeinsame Lebenswelt von christlichen und jüdischen Bewohnern erhalten. Die Besucher sollen Lebenswege nachverfolgen und sich in verschiedene Aspekte einer vergangenen Zeit hineinversetzen können. Die konkrete Umsetzung dieses Vermittlungskonzepts steht aktuell noch nicht fest und so bleiben zahlreiche Fragen noch offen. Grundlegend basiert das Vermittlungskonzept auf der Annahme bzw. der Deutung, dass die *Doppeltürhäuser* in Endingen und Lengnau auf der Welt einzigartig sind und zugleich Zeugnisse einer Konvivenz von Christen und Juden auf engstem Raum.[109] Wie Binnenkade jedoch in ihrer Arbeit *KontaktZonen* aufzeigt, gibt es für diese Sichtweisen keine stichhaltigen Belege. Sie legt sogar Dokumente vor, die eher auf das Gegenteil hindeuten. So können die *Doppeltüreingänge* ebenfalls als Zeichen der Segregation betrachtet werden. Es gibt gleichfalls Verweise darauf, dass es die sogenannten *Doppeltürhäuser* auch an anderen Orten in der Schweiz gegeben hat, als Beispiel führt sie das Zürichseegebiet an. Somit wären die *Doppeltürhäuser* historisch gesehen nicht einzigartig, jedoch sind sie die einzigen erhalten gebliebenen Exemplare, die bekannt sind. Zusammenfassend lässt sich festhalten, dass es kaum wissenschaftliche Studien zu der Funktion der *Doppeltüreingänge*, der architektonischen Aufteilung solcher Wohnhäuser gibt, die eindeutig für oder gegen die eine oder andere Deutung dieser architektonischen Besonderheiten sprechen. So bleibt der Raum für Interpretationen offen. Es bleibt jedoch die Frage, wie der beschriebene Umstand bei der späteren Umsetzung des Projekts vermittelt oder, im Gegenteil, umgangen wird.

Das Projekt befindet sich nach wie vor in der Entwicklungsphase. Bis zur geplanten Eröffnung im Jahr 2023 können bezüglich des Konzepts noch einige Änderungen und Anpassungen vorgenommen werden. Das aktuell vorliegende Konzept weicht bereits vom ersten Entwurf des Projekts ab. Hier war beispielsweise eine *Inszenierung* eines *Doppeltürhauses* geplant sowie die Nutzung der Lengnauer Synagoge als Ausstellungs- und Vermittlungsraum. Die Synagoge sollte zu einem „sprechenden Gebäude" erweitert werden, indem reversible Einbauten im Gebäude vorgenommen werden, die die Synagoge mit Hilfe von medialen Elementen in unterschiedlichen Situationen präsentieren. Verschiedene Abläufe und Szenerien hätten auf diese Weise für die Besucher erlebbar gemacht werden können. Das neuere Konzept sieht die Lengnauer Synagoge als Vermittlungsraum nicht mehr konkret vor. Da die Synagoge im Gegensatz zur

---

109 Dies bezieht sich auf den aktuellen Stand des Vermittlungskonzepts, April 2020.

Synagoge in Endingen nicht für Gottesdienste genutzt wird, stellt sich die Frage, welchen Zweck sie innerhalb des Projekts *Doppeltür* künftig erfüllen soll und kann.

Weiterhin offen sind ebenfalls die Details zur Gestaltung und Umsetzung der einzelnen Filmsequenzen, die für den ersten und zweiten Ausstellungsabschnitt geplant sind. Es wird zu beobachten sein, wie biografische Anteile und fiktive Elemente kombiniert und wie die einzelnen Teile in ihrem Realitätsbezug kenntlich gemacht werden. Auch sind die konkreten Darstellungen der christlichen und jüdischen Bewohner zu beachten, besonders in Bezug auf die Darstellungen der sichtbaren bzw. unsichtbaren äußeren Unterschiede oder Gemeinsamkeiten. Ebenso ist der Einsatz von real existierenden Quellen und eine mögliche *Inszenierung* der damaligen Lebenswelt mit Hilfe von Schauspielern noch offen. Wie bei Ausstellungen in Museen birgt der Einsatz von *Inszenierungen* auch hier Gefahren der Homogenisierung. Zudem basieren *Inszenierungen* auf einer Vorstellung, wie es hätte sein können. Sie bilden nicht die Realität ab, wie das Leben damals tatsächlich ausgesehen hat. Wie mit dieser Problematik umgegangen oder sie gar umgangen wird, bleibt zu beobachten.

3.4 Jom Ijun

Limmud als Vorbild

Der *Jom Ijun* wurde von Valérie Rhein und Emily Silverman[110] 2001 gegründet. Inspiriert von der Teilnahme am *Limmud*[111] 2001 in England, kam die Idee eines jüdischen Lerntages in Basel auf. *Limmud* ist ein fünftägiges *Lernhappening* und entstand in England aus der Motivation heraus, eine Plattform des gemeinsamen Lernens zu schaffen, die nicht von religiösen Organisationen initiiert wird. An der ersten *Limmud*-Tagung 1980 nahmen lediglich 75 Personen teil, doch das Konzept und die Idee, die hinter der Tagung standen, stießen auf großen Zuspruch. Bis heute ist *Limmud* auf über 2.500 Teilnehmer pro Tagung in England herangewachsen. Die Grundidee, durch das gemeinsame Lernen Brücken zwi-

---

110 Valérie Rhein und Emily Silverman waren und sind beide Mitglieder des *Ofek*, eines Vereins, der sich 1998 gebildet hat mit dem Ziel, „ein pluralistisches Judentum zu pflegen, das jüdische Leben in Basel in den Bereichen Religionspraxis, Bildung, Kultur und Politik aktiv mitzugestalten und das bestehende Angebot der Gemeinde zu ergänzen". Der Verein richtet sich an Mitglieder IGB und Interessierte, organisiert egalitäre Gottesdienste, *Shiurim* und andere Veranstaltungen. (https://ofek.ch/Startseite/, zuletzt abgerufen 14.04.2020; zu *Ofek* siehe auch Daniel Gerson: Pluralisierungen und Polarisierungen, S. 99–158).
111 *Limmud*, aus dem Hebräischen übersetzt, bedeutet so viel wie „unterrichten".

schen Lehrenden, Lernenden und den unterschiedlichen Strömungen des Judentums zu bauen und zugleich alle Teilnehmenden in alle Prozesse der Tagung einzubeziehen, war so erfolgreich, dass sich weltweit *Limmud*-Gruppen in verschiedenen Ländern gebildet haben und nun ihre eigenen *Lernhappenings* veranstalten.[112] Der *Jom Ijun* ist einer der ersten Ableger des *Limmud* außerhalb Großbritanniens. Bei der Gründung des Lerntages in Basel wollten die Gründerinnen entsprechend dem Vorbild ein möglichst breites Publikum ansprechen und Referierende für die *Shiurim* gewinnen, die beruflich mit dem Judentum zu tun haben oder sich in der Freizeit intensiv mit geplanten Themen befassten. Der erste *Jom Ijun* fand im Juni 2001 statt und zählte über 100 Teilnehmer aus Basel, Zürich, Genf, Süddeutschland und anderen Orten. Aus neun unterschiedlichen *Shiurim* konnten sich die Teilnehmenden aus den Themenbereichen Tora, Midrasch[113], Liturgie, *Chawruta*[114] und Politik ihr ganz eigenes Programm zusammenstellen.[115] Während in den ersten beiden Jahren der *Jom Ijun* sich unterschiedlichen Aspekten des Judentums zuwandte, wurde der Lerntag seit 2003 jeweils unter einem zuvor festgelegten Thema durchgeführt. So stand beispielsweise *Integration & Ausgrenzung* 2003 im Fokus, im darauffolgenden Jahr widmete sich der Lerntag der *Jüdischen Identität* und den damit einhergehenden Fragen. Im November 2005 übergaben die Gründerinnen des *Jom Ijun* die Leitung an Rochelle Allebes und Miriam Victory Spiegel. Mit dem Wechsel des Leitungs- und Organisationsteams änderte sich auch der Standort des Lerntages. Seit 2006 findet der *Jom Ijun* in Zürich statt.[116] Neben dem Standortwechsel haben Miriam Victory Spiegel und Rochelle Allebes noch weitere Änderungen eingeführt und damit eigene Ideen verwirklicht und Akzente gesetzt. So wurde der *Jom Ijun* nun stets mit einem Einführungsreferat zum Thema des Lerntages gestartet. Der gemeinsame Auftakt für alle Teilnehmenden, bevor diese sich in die verschiedenen *Shiurim* verteilen, hat sich seither bewährt und wird bis heute in dieser Form weitergeführt. Für Kinder wurde ebenfalls ein eigenes Programm eingeführt, bei dem eine Theaterpädagogin das jeweilige Thema des *Jom Ijun* spielerisch umsetzte. Wie den Gründerinnen war es auch Rochelle Allebes und Miriam Victory Spiegel weiterhin ein Anliegen, ein anspruchsvolles Programm zu bieten und damit ein breites Publikum, von liberal bis orthodox, jung und alt, anzusprechen. Ihre Motivation, die Leitung des Lerntags innezuhaben, war

---

112 https://limmud.org/wp-content/uploads/2018/10/Limmud-Impact-Study_K-Khan-Harris_-June2018.pdf (zuletzt abgerufen 12.06.2022).
113 Als Midrasch wird die Auslegung religiöser Texte im rabbinischen Judentum bezeichnet.
114 *Chawruta* ist eine Methode des gemeinsamen Lernens, bei der zwei Lernpartner gemeinsam lernen und diskutieren.
115 Ofek (Hg.): Den Horizont im Blick, S. 29.
116 Ebd., S. 30.

unterschiedlich, ergänzte sich jedoch angesichts der Grundidee des *Jom Ijun* gut. Für Rochelle Allebes stand das gemeinsame Lernen im traditionellen Sinne im Vordergrund. Miriam Victory Spiegel hingegen war es ein Anliegen, mit dem Lerntag die Gemeinschaftsbildung zu stärken und trennende Elemente in den jüdischen Gemeinden zu überwinden. Im *Jom Ijun* sahen sie einerseits die Möglichkeit, beide Motivationen zu verbinden, andererseits eine Plattform der Vielfalt des Jüdischen zu zelebrieren.[117] In Zürich fand der *Jom Ijun* zunächst im *Haus der jüdischen Jugend* statt, wird seit 2010 jedoch in den Räumlichkeiten der ICZ durchgeführt. Nach ihrem langjährigen Engagement gaben Rochelle Allebes und Miriam Victory Spiegel 2015 die Leitung des *Jom Ijun* an ein junges Team ab. Der Generationenwechsel brachte zunächst nur wenige Änderungen mit sich. Die Grundstruktur und der Standort blieben erhalten. Jedoch wandte sich das Team nun aktuelleren Themen zu, die in einem weiteren Sinne aufgefasst und diskutiert werden konnten. In den letzten Jahren standen beispielsweise Themen wie Emanzipation, Liebe, Geld oder auch Grenzen im Fokus. Zahlreiche Vorträge, *Shiurim* und Workshops beleuchteten die Themen aus ganz unterschiedlichen Perspektiven, die bewusst verschiedene Standpunkte in der heutigen jüdischen Gemeinschaft widerspiegeln. Auch das von den vorherigen Leiterinnen eingeführte, jedoch zwischenzeitlich ausgesetzte Kinderprogramm wurde wieder ins Programm aufgenommen. Dies mit dem Ziel, insbesondere junges Publikum und Familien anzusprechen.[118]

Die Struktur des *Jom Ijun* hat sich über die Jahre hinweg kaum verändert. Der Lerntag beginnt stets mit einer Begrüßung und einem Einführungsreferat zum Thema des *Jom Ijun* für alle Teilnehmenden gemeinsam, bevor diese sich in die verschiedenen Workshops und *Shiurim* verteilen. Während der *Keynote* werden die Teilnehmenden auf den Lerntag eingestimmt und an das jeweilige Thema des *Jom Ijun* herangeführt. In anschließenden *Sessions* wird das Thema des Lerntags aus unterschiedlichen Perspektiven und in verschiedenen Formaten beleuchtet und diskutiert. Es werden jeweils vier *Sessions* von je 75 Minuten gleichzeitig angeboten. Nach dem ersten Block gibt es eine Mittagspause mit einem koscheren Essen. Danach folgen weitere zwei Blöcke, sodass sich alle Teilnehmenden ein individuelles Programm aus zwölf *Sessions*, die zu je 50 % auf Englisch und auf Deutsch angeboten werden, zusammenstellen können. Während eines Apéros lassen die Teilnehmenden den Lerntag gemeinsam ausklingen.

---

117 Ebd., S. 55.
118 Dana Landau, Noam Arnold und Ron Caneel, Interview am 03.11. 2018, Zürich.

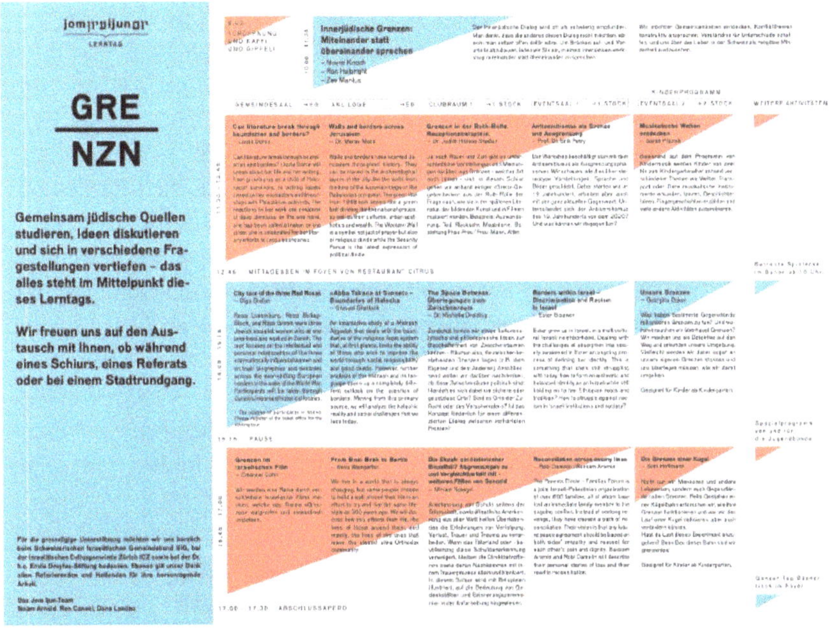

Abb. 22: Programm des Jom Ijun zum Thema „Grenzen", Zürich 2020. Abbildung: Jom Ijun.

Nach wie vor orientiert sich der *Jom Ijun* in Zürich an den Leitgedanken des in England gegründeten *Limmud*. Das gemeinsame Lernen als Brücke zwischen den unterschiedlichen Strömungen innerhalb des Judentums ist die Basis, auf der der jüdische Lerntag in Zürich noch heute beruht.

„Pluralität zelebrieren durch gemeinsames Lernen"

Trotz des abweichenden Namens orientiert sich der *Jom Ijun* in Zürich an den Grundideen und Werten des *Limmud*. Dies gilt für das neue, junge Team im besonderen Maße. Wie bei *Limmud* steht auch beim *Jom Ijun* das gemeinsame Lernen und Diskutieren über jüdische Themen und Texte im Mittelpunkt. Dabei liegt das Ziel keineswegs darin, in den *Shiurim*, Vorlesungen und Workshops zu einem Endpunkt zu gelangen, an dem alle Meinungen gemeinsam zu einem Standpunkt zusammenfließen. Vielmehr geht es um die Diskussion selbst als Bereicherung des Wissens, um den Austausch untereinander. Ein wichtiger Aspekt ist das Anerkennen der unterschiedlichen Meinungen und Strömungen innerhalb des Judentums, die beim *Jom Ijun* eine Plattform erhalten. Grenzen in nerhalb des Judentums aufzuweichen, einen Austausch der unterschiedlichen Gruppierungen zu fördern und auch der eher kleinen jüdischen Gemeinschaft in der Schweiz einen Input von außen zu geben, sind vor allem die Motivationen, die das Team aktuell dazu inspirieren, den Lerntag auf ehrenamtlicher Basis zu organisieren und durchzuführen. Während die Motivationen der Teammitglieder sich überschneiden, sind die persönlichen Beweggründe, sich für den *Jom Ijun* zu engagieren, vollkommen unterschiedlich, ergänzen sich jedoch im Sinne der Leitgedanken des Lerntages. Das aktuelle Kernteam des *Jom Ijun* besteht aus drei Mitgliedern, die zum Teil bereits seit einigen Jahren fest im Organisationsteam dabei waren oder sich in der einen oder anderen Weise an der Durchführung des Lerntages beteiligt haben. Jedoch engagieren sich teilweise auch die ehemaligen Teammitglieder, die 2015 die Leitung von Rochelle Allebes und Miriam Victory Spiegel übernommen haben, noch immer für den *Jom Ijun*. Somit vollzog sich der Wechsel innerhalb des Organisationsteams in den letzten Jahren fließend.

Einen bedeutenden Einfluss auf das aktuelle Team haben jüdische Jugendbünde bzw. ein bestimmter Zürcher Jugendbund. In Zürich existieren drei Jugendbünde, die eine unterschiedliche Ausrichtung haben, von religiös, zionistisch bis hin zu sozialistisch-zionistisch. *Haschomer Hatzair Zürich* ist ein sozialistisch-zionistisch ausgerichteter Jugendbund. Das Judentum wird in diesem Rahmen vor allem als Kultur vermittelt. Diskussionen über Geschichte und Politik nehmen innerhalb der Aktivitäten des Jugendbunds eine große Rolle ein. Zwei der aktuellen Teammitglieder sind mit dem Jugendbund *Haschomer Hatzair Zürich* aufgewachsen und beschreiben die Erfahrungen im Bund als sehr prägend, was sich auch auf ihre Motivation und die Vorstellungen bezüglich des *Jom Ijun* auswirkt. Auch sehen sie Parallelen zwischen *Jom Ijun* und Jugendbund, insbesondere was das Gemeinschaftsgefühl und die Dynamik des gemeinsamen Lernens und Diskutierens betrifft. Das dritte Mitglied sieht sich selbst eher als modern-orthodoxe Vertretung im Team, sodass das Team verschiedene Strömungen innerhalb des Judentums im kleinen Rahmen repräsentiert. Da die drei Mitglieder gleichberechtigt sind und sich jeweils an allen Bereichen der Organisation beteiligen, bringt jedes von ihnen einen Anteil seiner persönlichen Motivation und Vorstellungen vom Lerntag in die Gestaltung des *Jom Ijun* ein.[119]

Eines der angestrebten Ziele des Teams ist die Verjüngung der Teilnehmer. *Jom Ijun* hat sich beim älteren Publikum über die Jahre hinweg, in Basel und Zürich, etabliert, jedoch erreicht der Lerntag das jüngere Publikum noch nicht in dem Maße, wie es vom derzeitigen Team erwünscht wäre. Das Durchschnittsalter der Besucher liegt momentan noch bei 50+. Das junge Team möchte jedoch

---

119 Ebd.

mit seinem Konzept vermehrt auch ein jüngeres Publikum ansprechen. Mit einem eigenen Kinderprogramm versucht das Team junge Familien mit Kindern zu erreichen. Derzeit wird dieses allerdings nur von einer kleinen Anzahl von Teilnehmern in Anspruch genommen. Im Durchschnitt nehmen etwa zehn Kinder am Kinderprogramm teil[120], sodass von Jahr zu Jahr im Team neu entschieden werden muss, ob sich der Arbeitsaufwand, ein separates Programm anzubieten, rentiert. Noch hält das Team am Kinderprogramm fest mit der Hoffnung, es werde sich in den kommenden Jahren mehr etablieren. Die Verjüngung des Publikums soll ebenfalls durch einen weiteren Ausbau des Programms vorangetrieben werden. Für den *Jom Ijun* 2020 hat das Organisationsteam die Zürcher Jugendbünde dazu eingeladen, eigene *Shiurim* und Workshops beim *Jom Ijun* zu organisieren.[121] Die Neuerung stieß auf reges Interesse. Dies zeigt sich deutlich in den Teilnehmerzahlen. Insgesamt wuchs der *Jom Ijun* 2020 auf 230 Teilnehmer, im Jahr zuvor haben 153 Personen am Lerntag teilgenommen. Wobei der Begriff „Teilnahme" im Zusammenhang mit dem *Jom Ijun* den Charakter der Interaktion und die Dynamik des Lerntages nicht erfasst. Die Grundidee sieht eine aktive Partizipation aller Teilnehmenden im Verlauf des ganzen Tages vor, dies einschließlich der *Speaker*. Ob Vortragende oder Publikum, alle Beteiligten werden dazu animiert, sich aktiv in den Lerntag einzubringen und somit Teil des Events zu werden. Um Teilnehmende noch mehr in den Prozess und Ablauf des Lerntages zu involvieren, hat das Organisationsteam das Publikum über das Thema des *Jom Ijun* 2020 auf ihrer Webseite abstimmen lassen. Vier Themen wurden vom Team vorgeschlagen und standen für Interessierte zur Auswahl. Die Idee des sogenannten *Crowdsourcing* entstammt dem Vorbild *Limmud*.[122] Seit 2006 bietet *Limmud* in England ein eigenes Unterstützungsprogramm für alle an, die in anderen Ländern und Städten ein eigenes *Lernhappening* durchführen wollen bzw. bereits durchführen. Dieses beinhaltet Lern- sowie Aus-

---

120 Stand November 2018.

121 Bezeichnenderweise wurden die Jugendbünde zur Organisation eigener *Sessions* beim *Jom Ijun* in dem Jahr eingeladen, als der Lerntag unter dem übergeordneten Thema *Grenzen* stattfand. Die Jugendbünde stehen insbesondere durch ihre unterschiedliche Ausrichtung im Konkurrenzkampf zueinander – dies wissen einige der Teammitglieder des *Jom Ijun* aus eigener Erfahrung. Es kann durchaus von *Grenzen* zwischen den Jugendbünden gesprochen werden. Eine der Intentionen für die Einladung der Jugendbünde zum *Jom Ijun*, abgesehen von der Erweiterung des jüngeren Publikums, war einen Raum zu schaffen, der das Aufweichen der *Grenzen* ermöglichen würde. (Dana Landau, Interview am 26.08.2019, Bern.) Dies ist dem Team des *Jom Ijun* gelungen, denn Teilnehmende der Jugendbünde berichteten anschließend an den Lerntag, sie würden sich künftig dafür engagieren wollen, die Differenzen und herrschenden Vorurteile zwischen den Bünden abzubauen und künftig mehr zusammenzuarbeiten. (Nëomi Knoch, Telefoninterview am 24.04.2020, Bern).

122 Dana Landau, Noam Arnold und Ron Caneel, Interview am 03.11.2018, Zürich.

tauschmöglichkeiten, Mentoring und kleine finanzielle Unterstützungen für die Umsetzung der *Lernhappenings*.[123] Im Winter 2019 haben zwei der Teammitglieder am *Limmud* in England, vor allem mit besonderem Interesse am speziellen Programm für Organisationsteams teilgenommen und sich für die künftigen Lerntage in Zürich inspirieren und schulen lassen. Eine weitere Idee, die aus der Teilnahme am *Limmud* 2019 entstand, ist die Einrichtung von *Sessions*, die von den Teilnehmenden zum Thema des *Jom Ijun* selbst organisiert und gestaltet werden können. Damit würde ein Teil des Lerntages für das Publikum zur aktiven Gestaltung geöffnet und somit könnte zugleich eine intensivere Partizipation ermöglicht werden. Wann und ob es zur Umsetzung dieser *Sessions* kommt, steht derzeit noch nicht fest, diese Idee wird jedoch im Team diskutiert.[124]

Vom Jom Ijun zum Limmud Switzerland?

Die Gründung des *Jom Ijun* 2001 in Basel wurde vom *Limmud* in England inspiriert. Noch heute ist der *Limmud* das Vorbild für den gemeinsamen Lerntag, der seit 2006 in Zürich in der ICZ stattfindet. Doch trotz der gemeinsamen Grundideen und Struktur unterscheidet sich der *Jom Ijun* vom *Limmud* in einigen Punkten, sodass der Lerntag in Zürich einen eigenen Charakter hat. Neben dem Aspekt, dass sich die Gründerinnen von Beginn an dafür entschieden haben, den Referenten ein Honorar zu zahlen, gab es nach den ersten Jahren die Entwicklung, den *Jom Ijun* jedes Jahr einem anderen übergeordneten Thema zu widmen. Einen weiteren Unterschied gibt es zudem in Bezug auf die Referenten. Beim *Limmud* ist es üblich, dass jeder Teilnehmer sowohl Lehrer als auch Schüler sein kann, d.h. in der Organisationsphase reichen Freiwillige ihre Vorschläge für Workshops, Vorträge und *Shiurim* mit Themenschwerpunkten selbst ein. Die Teilnehmer sind hier in den Prozess der Gestaltung weitreichender involviert als beim *Jom Ijun*. Das Team des *Jom Ijun* sucht hingegen gezielt qualifizierte *Speaker* für den Lerntag aus.[125] Auch das Thema wurde bis 2020 allein vom Organisationsteam bestimmt. Für den *Jom Ijun* 2020 wurde die Wahl des Themas erstmals dem Publikum überlassen, doch dies nur bis zu einem gewissen Grad,

---

123 https://limmud.org/wp-content/uploads/2018/10/Limmud-Impact-Study_K-Khan-Harris_-June2018.pdf (zuletzt abgerufen 12.06.2022).
124 Dana Landau, Interview am 26.08.2019, Bern.
125 Durch den Newsletter-Verteiler werden potentielle Teilnehmer und Interessierte um ihre Meinung und Vorschläge für mögliche *Sessions* gefragt. Auch können Referenten z.B. im Evaluationsbogen für den kommenden *Jom Ijun* vorgeschlagen werden, jedoch bewerben sich die *Speaker* beim *Jom Ijun* nicht selbst mit einem Thema für eine Session.

denn das Team traf eine Vorauswahl an vier Themen, die letztendlich auf der Webseite offen zugänglich zur Wahl standen.[126]

Ein weiterer deutlicher Unterschied zwischen dem *Jom Ijun* und dem *Limmud* zeigt sich in der Ausrichtung bezüglich des Zielpublikums. Während *Limmud* in England so viele Menschen wie möglich aus der ganzen Welt gleichzeitig erreichen möchte, ist der *Jom Ijun* vorwiegend auf das Publikum in und aus der Schweiz angelegt. Dies gründet noch heute auf dem ursprünglichen Konzept des *Jom Ijun*. Der Lerntag, anfänglich in Basel gegründet, wurde als ein gemeinsamer Lernevent konzipiert mit dem Hintergrund, innerjüdische Grenzen in der Schweiz zu überwinden und die Vielfalt des Judentums zu zelebrieren. Auch mit der Fortführung des *Jom Ijun* in Zürich hat sich das Konzept nicht geändert. Das junge Team hat den *Jom Ijun* ein wenig für internationale Teilnehmer geöffnet, indem es Referenten beispielsweise aus Israel, England und Deutschland einlädt. Die Teilnehmer kommen jedoch nach wie vor bis auf wenige Ausnahmen aus der Schweiz. Des Weiteren spricht der Standort des Lerntags in der ICZ ein bestimmtes Zielpublikum an. Auch wenn sich die Israelitische Cultusgemeinde Zürich mittlerweile als kultureller Veranstaltungsort etabliert hat, haftet der Gemeinde noch immer ein konservativ-religiös geprägtes Image an, mit dem sich ein Teil der jüdischen Gemeinschaft in der Schweiz nicht identifizieren kann bzw. welches er bewusst ablehnt. Für säkulare Events und Veranstaltungen, die die Pluralität des Judentums propagieren und zelebrieren, kann dieser Umstand durchaus problematisch werden, weil der Veranstaltungsort eine Hemmschwelle oder gar Konflikte in sich birgt. Das aktuelle Organisationsteam des *Jom Ijun* stellt sich darum immer wieder die Frage, ob der Veranstaltungsort gewechselt werden sollte und welche Vor- bzw. Nachteile dies mit sich bringen würde. Bis jetzt wird der Standort jedoch aus eher praktischen Gründen beibehalten. Dies sind vor allem finanzielle und logistische Gründe. Passende Räumlichkeiten mit den nötigen technischen Voraussetzungen für den Lernevent im Umfang von ca. 200–250 Teilnehmern und Helfern zu finden, würde in erster Linie höhere Ausgaben bedeuten, auch da zusätzlich für die Sicherheit des Events gesorgt werden müsste, die in der ICZ von den Räumlichkeiten untrennbar ist. Bezüglich des Standorts und eines möglichen Wechsels hat das Team 2016 eine Umfrage bei den Teilnehmenden durchgeführt, bei der die deutliche Mehrheit sich für den Standort in der ICZ aussprach.[127] Es wird an dem jungen Team sein, in den

---

126 Die Anzahl der abgegebenen Stimmen sowie ihre Verteilung auf die einzelnen Themen wurde nicht auf der Webseite veröffentlicht, sodass an dieser Stelle darauf vertraut werden muss, dass das Team sich bei der Themenwahl tatsächlich nach der Mehrheit der abgegebenen Stimmen gerichtet hat.
127 Dana Landau, Noam Arnold und Ron Cancel, Interview am 03.11.2018, Zürich.

nächsten Jahren einen Weg zu finden, das gewohnte Publikum zwar beizubehalten, aber auch neue, jüngere Teilnehmer für sich zu gewinnen. Wie der *Jom Ijun* künftig aussehen könnte, dafür hat das junge Team zahlreiche Vorstellungen. Eine grundlegende Frage, die das Team immer wieder beschäftigt, ist die Länge des Events. Im Vergleich zu seinem Vorbild *Limmud* ist der *Jom Ijun* bisher nur eine Tagesveranstaltung. Eine Annäherung an den *Limmud*, nun auch in Bezug auf die Veranstaltungslänge, wird in Betracht gezogen. Jedoch birgt dies einige Herausforderungen. Bisher findet der *Jom Ijun* stets an einem Sonntag statt. Eine Verlängerung des Events würde bedeuten, dass der *Jom Ijun* bereits am Samstag oder gar am Freitag beginnen würde, was zeitlich den Schabbat einschließt. Wie der *Limmud* versucht auch der *Jom Ijun*, allen Strömungen des Judentums einen Platz einzuräumen. So müssten dementsprechend allen Gruppierungen, die den Wunsch dazu haben, die Räume und sämtliche Möglichkeiten geboten werden, Gottesdienste abzuhalten. Aber auch denen, die dies nicht tun möchten, müsste ein physischer und geistiger Raum dazu gegeben werden. Dies ist nicht allein ein räumliches oder organisatorisches Problem, es kann unter den Teilnehmenden zu Reibungen führen, auch wenn der Grundgedanke des Events ein pluralistischer ist.[128] Allein aus organisatorischer Sicht werden für die Umsetzung eines mehrtätigen Events zahlreiche helfende Hände gebraucht. Da der *Jom Ijun* auf ehrenamtlicher Basis funktioniert, müssten hier zunächst noch einige Helfer rekrutiert werden. Des Weiteren stellt die Erweiterung das Budget des *Jom Ijun* auf die Probe. Denn im Gegensatz zum *Limmud* haben sich die Gründerinnen des *Jom Ijun* in Basel zu Beginn dafür entschieden, zumindest den Referenten und Referentinnen ein Honorar zu zahlen, was bis heute noch umgesetzt wird. Ein Mehr an *Sessions* bedeutet mehr *Speaker* und damit mehr Honorare, die bezahlt werden müssten. Der *Jom Ijun* wird seit vielen Jahren zum großen Teil von der Dr. h. c. Emile Dreyfus-Stiftung unterstützt. Zu weiteren Teilen finanziert sich der Lerntag durch einen Beitrag des SIG und durch die Einnahmen an der Kasse. Um die höheren Ausgaben zu decken, müsste die Finanzierung angepasst werden. In diesem Zusammenhang stellt sich die Frage, ob überhaupt das Interesse an einem mehrtägigen Lernevent bei potentiellen Teilnehmern vorhanden ist und zugleich die Bereitschaft, dementsprechend einen höheren Beitrag zu zahlen. Das *Jom-Ijun*-Team spielt mit dem Gedanken, den *Jom Ijun* zunächst um einen Abend zu verlängern, sodass der Lerntag nach dem Schabbat mit einem

---

128 Dies zeigt sich teilweise beim *Limmud England* und zeigte sich auch beim *Limmud Deutschland*, solange dieser als ein fünftätiges Event stattfand. (Siehe hierzu https://limmud. org/wp-content/uploads/2018/10/Limmud-Impact-Study_K-Khan-Harris_June2018.pdf, zuletzt abgerufen 14.04.2020. Bezüglich des *Limmud Deutschland* spricht die Autorin an dieser Stelle aus eigener Erfahrung durch die mehrfache Teilnahme am Limmud.de.)

Abendprogramm beginnen könnte. Hierfür wären Kooperationen mit anderen Kulturveranstaltern und -projekten wie beispielsweise *Omanut* oder *Yesh!*[129] denkbar.

20 Jahre Jom Ijun

Aktuell steht das Organisationsteam des *Jom Ijun* vor einer großen Herausforderung. Im Zusammenhang mit der COVID-19-Pandemie ist im Frühjahr 2020 noch immer nicht abzusehen, welche Folgen der weltweite Ausbruch des neuartigen Virus für den Kulturbereich in diesem und in den folgenden Jahren auch in der Schweiz haben wird. Die Planung des *Jom Ijun*, der 2021 sein 20. Jubiläum feiert, hat bereits gestartet, jedoch sind noch zahlreiche organisatorische Fragen offen. So kann noch nicht vorhergesehen werden, ob eine zweite Infektionswelle die Schweiz erreichen und wie stark diese ausfallen wird. Dementsprechend sind Einschränkungen und Maßnahmen, mit denen eventuell zu rechnen ist, nicht absehbar. Auch ist es fraglich, ob Großveranstaltungen, zu denen der *Jom Ijun* zählt, wieder stattfinden dürfen. Den *Jom Ijun* nicht stattfinden zu lassen, ist für das Team jedoch undenkbar. Der *Limmud* in England hat am 3. Mai 2020 einen online Event-Tag mit zahlreichen *Sessions* veranstaltet, an welchem auch das Team teilgenommen hat. Aus der Teilnahme hat das Organisationsteam die Erfahrung mitgenommen, dass ein solches *Lernhappening* auch online funktionieren kann. Da der *Jom Ijun* sich in seiner Grundidee am *Limmud* orientiert, schöpft das Team hier Hoffnung. So könnte der *Jom Ijun* alternativ ebenfalls online durchgeführt werden. Sicherlich wäre die Dynamik und die Atmosphäre nicht mit einem *Jom Ijun* in der ICZ vergleichbar, jedoch würde der jährliche Lernevent stattfinden können. Womöglich birgt eben diese Loslösung vom festen Standort die Chance, ein jüngeres und breiteres Publikum anzusprechen, auf das das *Jom-Ijun*-Team seit Jahren hofft und abzielt. Bezüglich der Referenten wäre die Planung und Organisation kaum anders. Technisch gesehen wäre die Struktur jedoch eine vollkommen andere. Es bleibt, die weiteren Entwicklungen und Entscheidungen des Schweizer Bundesrats abzuwarten. Derzeit steht bereits das Thema des kommenden *Jom Ijun* fest: *Wahrheit & Lüge* werden 2021 im Fokus stehen. Anlässlich des 20. Jubiläums des Lerntages ist eine eigene Session zum Thema 20 Jahre *Jom Ijun* mit den Gründerinnen des Lernevents Valérie Rhein und Emily Silverman geplant.

---

129 *Yesh! Neues aus der jüdischen Filmwelt* ist ein Filmfestival in der Schweiz mit einem jüdischen Fokus.

4 Präsentations- und Vermittlungskonzepte des Jüdischen im alemannischen Sprachraum

Darstellungskonzepte als Spiegel der Erinnerungskulturen

Mit Ausnahme desjenigen in der Schweiz sind die heutigen Jüdischen Museen im alemannischen Sprachraum in den 1980er und 1990er Jahren entstanden, in einer Zeit, in der die Erinnerung an die Geschehen des Zweiten Weltkriegs Konjunktur hatte. Es war auch eine Zeit, in der eine neue Generation ins Zentrum der Gesellschaft rückte, die nicht mehr unmittelbar Zeuge der Kriegsgeschehen war und sich mit Interesse und offenen Fragen der jüngsten Geschichte zuwandte. Die Intensität, aber auch die Intention hinter diesem Wendepunkt war in den jeweiligen Ländern unterschiedlicher Natur und auch unterschiedlich ausgeprägt. Während es der sogenannten zweiten Generation in Westdeutschland darum ging, gezielt und offen mit dem Schweigen der ersten Generation zu brechen und klar mit Handlungen einen Bruch zu symbolisieren, spielte das „Schulderbe" der Elterngeneration in Österreich oder Frankreich keine Rolle. Hier fanden Opfergruppen lange Zeit keinen Weg in das nationale Gedenken und Gedächtnis. Österreich knüpfte nach dem Ende des Zweiten Weltkriegs an die Moskauer Deklaration vom November 1943 an, in der sich das Land als das erste Opfer der nationalsozialistischen Aggressionstaktik sah und präsentierte. In Frankreich hingegen war es der Résistance-Mythos, der dem nach dem Krieg gespaltenen Land ein gemeinsames Erinnerungsnarrativ bot und der bis heute nachschwingt. Doch auch hier war die französische Bevölkerung der Überzeugung, sie hätte durch die deutsche Besatzung genügend gelitten, sodass es keinen Raum für eine „konkurrierende" Opfergruppe oder gar Eingeständnisse der Mitschuld im offiziellen Erinnern gab. In vielerlei Hinsicht sah die Situation in der Schweiz gänzlich anders aus, denn das Land war während des Krieges nicht besetzt worden und war ebenfalls größtenteils antinazistisch eingestellt. Die scheinbar „neutrale Insel" inmitten der NS-Zeit hielt auch nach dem Kriegsende über Jahrzehnte hinweg am Bild der Neutralität fest. Diese Umstände spiegeln sich in den Entstehungsgeschichten der Jüdischen Museen und teilweise noch heute in den Konzepten sowie Darstellungen des Jüdischen in den Dauerausstellungen wider. Das Jüdische Museum Gailingen im Kreis Konstanz ist ein charakteristisches Beispiel der deutschen Erinnerungskultur. Wie vielerorts erlebte auch Gailingen eine Renaissance des Jüdischen im Verlauf der 1980er und 1990er Jahre. Die regionale jüdische Geschichte und die jüdischen Orte wurden wiederentdeckt und es bildete sich ein Verein, um das noch erhaltene Erbe zu bewahren. Was zunächst noch als Verein zur Erhaltung des Jüdischen Friedhofs Gailingen begann, dehnte sich bald auf weitere Objekte aus. Das besondere Augenmerk lag auf Verfall und Abriss bedrohter Häuser mit jüdischer Geschichte. Die ehemalige jüdische Schule sollte nicht nur gerettet und saniert werden, sondern auch wieder die Funktion eines Lehrhauses erhalten. Doch das Entscheidende an diesem Prozess war die Diskussion, die um den Umgang mit der Geschichte in der Bevölkerung entstand. Als das Museum schließlich 2008 seine Türen mit vorerst nur einem Ausstellungsraum öffnete, spiegelte sich auch hier der Umgang mit der nationalen Erinnerungskultur wider. Sowohl an der Diskussion um den Umgang mit dem historischen Erbe als auch an der Konzeption des Museums war die jüdische Gemeinschaft der Region bzw. des Landkreises nicht beteiligt. Zwar mag es seit und aufgrund der Zeit des Nationalsozialismus keine jüdischen Bewohner vor Ort mehr geben, dennoch hätte die wiederauflebende jüdische Gemeinschaft des Landkreises in den Aufbauprozess eingebunden werden sollen. Jüdische Museen in Deutschland nehmen nach wie vor eine ambivalente Rolle ein und haben stets einen Doppelcharakter – sie sind Bildungseinrichtung und Mahnmal zugleich. Sie sind aber in erster Linie deutsche Kultureinrichtungen und so bezieht sich das „Jüdische" in ihrer Bezeichnung nicht auf ihren Charakter, sondern vielmehr auf den ausgestellten Inhalt. Wenn die jüdische Gemeinschaft jedoch nicht in den Konzeptions- und Aufbauprozess des Museums und der Präsentation eingebunden wird, obliegt die Definition, was als „jüdisch" zu betrachten ist, noch immer den einzelnen Institutionen. Die Abwesenheit der „jüdischen Eigenpräsentation" zeigt sich im Jüdischen Museum Gailingen sehr deutlich. Sowohl im ersten Ausstellungsraum als auch in der restlichen Dauerausstellung, die im Verlauf von mehreren Jahren erweitert worden ist, wird die Präsentation von zwei Erzählsträngen geprägt: Zum einen ist es die Aufklärung über das Judentum allgemein – denn was in der Gesellschaft nicht mehr sichtbar ist, muss zunächst erklärt werden –, zum anderen die Darstellung der jüdischen Geschichte Gailingens. Letzteres geschieht in einem permanenten Spannungsverhältnis zwischen Darstellungen der jüdischen Bevölkerung als Fremde und zugleich Eigene, Dazugehörende. Rückwirkend wird das deutsch-jüdische Zusammenleben als eine Symbiose dargestellt, zugleich werden jedoch die Unterschiede hervorgehoben, die die jüdischen Bewohner als anders und fremd statuieren. Das „Jüdische", das die Bewohner von der christlichen Bevölkerung abhob, wird jedoch in der Dauerausstellung aus der Perspektive der Mehrheitsgesellschaft definiert und akzentuiert. Problematisch an Fremdzuschreibungen, wie sie hier zu finden sind, sind die Vermittlung und Bestätigung gängiger Vorurteile und Stereotype. Für Bildungseinrichtungen, wie Schulen, Gedenkstätten und Museen, deren Auftrag es ist, über die Geschichte des Nationalsozialismus aufzuklären und in diesem Zusammenhang gegenüber

Diskriminierung von Minderheiten zu sensibilisieren, ist eine unreflektierte Vermittlung daher ein besonders kritischer Punkt. Die Einstellung einer wissenschaftlichen Mitarbeiterin im bisher ehrenamtlich geführten Jüdischen Museum Gailingen ist in dieser Hinsicht erfreulich, ebenfalls die Gründung eines wissenschaftlichen Beirats aus Vertretern des Instituts für Judaistik der Universität Bern und des Zentrums für Jüdische Studien der Universität Basel, der das Museum künftig bei Neukonzeptionen und Erweiterungen der Dauerausstellung unterstützen soll.

Der Umgang mit dem sichtbaren jüdischen Erbe nach dem Zweiten Weltkrieg und der Umgang mit ehemaligen jüdischen Wohn- und Lehrhäusern markierte auch im österreichischen Vorarlberg in den 1970er und 1980er Jahren den Grundstein für die Gründung eines Jüdischen Museums. Im Gegensatz zu Gailingen ergaben sich in Hohenems jedoch bereits im Verlauf der Konzepterarbeitung hitzige Diskussionen, aus welcher Perspektive die Ausstellung gestaltet und welche Aussage damit vermittelt werden sollte. So unterschiedlich die Hintergründe und Motivationen der am Projekt Beteiligten, so verschieden waren auch ihre Sichtweisen. Letztendlich entstand ein Museum mit einer Ausstellung, die von Nichtjuden vordergründig für Nichtjuden konzipiert worden war. So erfolgte auch hier die Präsentation des Jüdischen zunächst nicht aus der Perspektive einer Selbstdarstellung. Zwar hatte die Ausstellung auch einen aufklärerischen Kern, jedoch war bewusst nicht ein Religionsmuseum gestaltet worden. Vielmehr präsentierte die Dauerausstellung die Geschichte der regionalen Gemeinschaft aus kultursoziologischer und rechtshistorischer Sicht. Die entstandene Reibungsenergie durch die im Vorfeld geführten Debatten wurde im Fall von Hohenems positiv umgesetzt, denn für seine Zeit und Verhältnisse argumentierte das Museum auf hohem Niveau und auf aktuellem Stand, was wissenschaftliche Erkenntnisse und Museumspädagogik betraf. Die negativen Aspekte des progressiven Charakters des Hauses zeigten sich jedoch um die Jahrtausendwende, als der neue Museumsdirektor mit der Programmgestaltung auf politischer Ebene auf Widerstand stieß. Erneut brachen die unterschiedlichen Ansichten über die Funktion des Jüdischen Museums hervor, insbesondere darüber, welche Themen und kritische Fragen das Museum in den öffentlichen Raum stellen sollte. Es wurden wieder einmal Stimmen laut, die das Jüdische Museum gerne rein in der Funktion eines Heimatmuseums gesehen hätten. Was folgte, war eine Umstrukturierung des Museums und seiner Ziele. In den darauffolgenden Jahren entstand eine neue Dauerausstellung, die aus einer gewachsenen Sammlung schöpfen konnte. Unter dem Titel *Heimat Diaspora* zeigt das Museum seit 2007 eine Dauerausstellung, die die Besucher in die jüdische Lebenswelt eintauchen lässt und zugleich Themen wie Migration und Antisemitismus in den Vordergrund stellt. Die Präsentation erfolgt nun aus der Perspektive der Juden, wobei religiöse Aspekte des Judentums eher in den Hintergrund rücken. Das Judentum war zwar das verbindende Element der jüdischen Gemeinschaft in Hohenems, dennoch war es nicht die religiöse Ausübung, die im Vordergrund stand. So wird das Jüdische in Hohenems als ein verbindendes, das Leben ordnendes Moment präsentiert. Das Konzept, auch die jüdischen Feiertage zum großen Teil anhand von persönlichen Gegenständen und Dokumenten darzustellen, widerspricht dem sonst in zahlreichen Jüdischen Museen gängigen Modell vom Einsatz von Judaika. Die Darstellung von jüdischen Feiertagen anhand von Judaika mag naheliegend erscheinen, da religiöse Gegenstände zu den Feierlichkeiten dazugehören. Auch sind es oftmals ästhetische Objekte, die gerne präsentiert werden. Doch, wie oft beschrieben, birgt die reine Präsentation von religiösen Objekten, ohne ihre Einbindung in den Kontext die Gefahr einer Betonung der Fremdartigkeit. Das Jüdische Museum Hohenems wirkt mit seinem Konzept dem entgegen, da es mit seiner Darstellung den Besuchern auf Augenhöhe begegnet und sie bei ihrem Wissensstand abholt. Den fortschrittlichen, aber zum Teil aneckenden Charakter hat sich das Museum weiterhin bewahrt, denn mit den Wechselausstellungen geht es über die Inhalte und Aspekte des Judentums hinaus. Es schaut kritisch auf aktuelle Themen wie Diskriminierung, Xenophobie etc. und regt seine Besucher dazu an, zu diskutieren und in Dialog zu treten.

Auch im Elsass und insbesondere im elsässischen Bouxwiller stand die Erhaltung baulicher Zeitzeugen am Anfang der Entstehungsprozesse der Jüdischen Museen. In Bouxwiller gab es jedoch im Gegensatz zu Gailingen oder Hohenems keine öffentliche Auseinandersetzung mit der nationalsozialistischen Geschichte. Wie vielerorts gab es kaum den Wunsch, sich den heruntergekommenen Bauten zu widmen und in sie zu investieren. So sollte zum Beispiel die vom Verfall gezeichnete und während des Krieges als Kartonagenfabrik genutzte Synagoge einem Parkplatz weichen. Der Architekt Gilbert Weil hat es sich zum persönlichen Anliegen und zu seinem Lebenswerk gemacht, in der ehemaligen Synagoge, in deren Umgebung er einst aufgewachsen war, ein Jüdisches Museum zu errichten. Im Vergleich zu anderen Museen, welche sich in ehemaligen jüdischen Schulen oder Wohnhäusern befinden, ist das Jüdische Museum hier jedoch nicht in die ehemalige Synagoge „eingezogen". An die ehemalige Synagoge erinnern nur noch die äußeren Mauern und ein kleines Stück Bodenbelag unter einer Glasplatte im ersten großen Ausstellungsraum. Die Architektur im Inneren wurde völlig verändert. Der Ausstellungsrundgang folgt einem stetig aufwärts verlaufenden Gang – eine symbolische Darstellung des aufstrebenden Judentums, allen Widrigkeiten trotzend. Dabei wird das Judentum zugleich als eng mit der elsässischen Kultur verbunden präsentiert. Verbindungen in der Sprache und der gemeinsame Widerstand gegen den Nationalsozialismus werden in der Dauerausstellung besonders betont. Der Résistance-Mythos, der durch Nicolas Sarkozy Mitte der 1990er Jahre wieder aufgeflammt war, wird hier im Ausstellungskapitel *Widerstand und Wiederaufbau* erneut zum Leben erweckt. Dabei werden diese Narrative nicht weiter kritisch betrachtet oder hinterfragt, obwohl sie bereits historisch und wissenschaftlich entkräftet worden waren. Es ist zu betonen, dass es sich beim *Musée Judéo-Alsacien de Bouxwiller* um eine Selbstdarstellung der jüdischen Bevölkerung im Elsass handelt. Somit wird hier aus der Sicht einer „Opfergruppe" eine Geschichtsschreibung präsentiert und bekräftigt, die die Opfer und die französische Mitverantwortung am Geschehen des Zweiten Weltkrieges über fünfzig Jahre ausgeklammert hat.

In der Schweiz verlief der Umgang mit der Vergangenheitspolitik gänzlich anders im Vergleich zum übrigen in dieser Studie betrachteten geografischen Raum. Daher verwundert es nicht, dass in der Schweiz das erste Jüdische Museum im deutschsprachigen Raum nach dem Zweiten Weltkrieg gegründet wurde. Seit seiner Eröffnung 1966 leitete die Gründungsdirektorin Katja Guth-Dreyfus fast vierzig Jahre lang das Museum, bis zunächst Dr. Gaby Knoch-Mund und schließlich Dr. Naomi Lubrich die Leitung übernahm. Das Konzept des Museums änderte sich allmählich unter der Leitung von Dr. Naomi Lubrich seit Herbst 2016. Nach wie vor steht die Sammlung des Hauses im Mittelpunkt der Dauerausstellung, indem zahlreiche Judaika die Präsentation des Jüdischen bestimmen. Im großen Ausstellungsraum des Museums sowie in den Wechselausstellungen gibt es allerdings in den letzten Jahren Ansätze, historische Hintergründe und auch die Pluralität innerhalb des Judentums aufzuzeigen. Die geplante Erweiterung der Räumlichkeiten durch einen Umzug des Museums kann gerade bezüglich der Vermittlung eines Selbstbildes aus der Perspektive einer pluralistischen jüdischen Bevölkerung in der Schweiz eine Chance bieten. Wann genau der Umzug vollzogen werden kann und wie das neue Konzept aussehen wird, bleibt momentan noch abzuwarten.

Vermittlungskonzepte – Identitäts-, Öffentlichkeitsarbeit und Selbstinszenierung

Museen sind nicht nur als Symptome und Ergebnisse der Erinnerungskulturen zu sehen, sie sind umgekehrt auch stets ein Teil des Diskurses. Museen inszenieren Identitäten durch die Anlage von Sammlungen, durch das Ausstellen von kulturellem, materiellem Erbe. Sie sind somit Teil der Identitätsarbeit, eines Prozesses zwischen Zustimmung und Ablehnung, Integration und Ausgrenzung von Tradierungen und Bildern, die die Geschichtsschreibung in der Gesellschaft mitbestimmen.[1] Wie der Begriff der Identitätsarbeit bereits vermuten lässt, sind die persönliche und kulturelle Identität keineswegs starre Gebilde. Es sind vielschichtige Konstrukte aus sozialen Lebenspraxen und Symbolen, Erinnerungen, Positionierungen zu historischen und kulturellen Debatten.[2] Je nach Kontext können dabei bestimmte Anteile hervorgehoben oder aber auch ausgeklammert werden. Dementsprechend ist die Beantwortung der Frage nach der Identität komplex und kann je nach Hintergrund bei derselben Person und derselben kulturellen oder religiösen Gemeinschaft unterschiedlich ausfallen. Die Frage, was unter „jüdischer Identität" zu verstehen ist, ist ebenso komplex. Denn durch die weltweite Diaspora, seit den Reformbewegungen in den westlichen Ländern und nicht zuletzt seit der Gründung des Staates Israel haben sich zahlreiche Formen und Kategorien jüdischen Lebens herausgebildet. Das *eine* Judentum gibt es nicht, ebenso sind Kategorien wie „die Orthodoxen", „die Liberalen" oder „die Säkularen" künstliche Konstrukte, die verschiedene Strömungen, Richtungen und Parteien in sich vereinen, die jeweils nur im Kern übereinstimmen.[3] Die Vielschichtigkeit bringt jedoch auch Konflikte um Identifizierungen mit verschiedenen Traditionsdeutungen des Judentums und religionspolitische Präferenzen mit sich.[4] Der *Jom Ijun*, 2001 in Basel von Valérie Rhein und Emily Silverman nach dem Vorbild des *Limmud* in England gegründet, nimmt eben diese Vielfalt innerhalb des Judentums zum Anlass, durch gemeinsames Lernen und Diskutieren die bestehenden Grenzen und Konkurrenzen aufzuweichen. Was in Basel in den ersten Jahren als gemeinsame Lernplattform begann, entwickelt sich in den letzten Jahren zunehmend durch das junge Team zu einer Plattform für diejenigen, die sich mit dem „Mainstream" nicht identifizieren können und darin untergehen.[5] Der jüdische Lerntag bietet somit einen Ort, an dem alle Strömungen und Meinungen innerhalb des Judentums ihren Platz finden können und auch willkommen sind. Da das gemeinsame Lernen und Diskutieren zwar momentan noch in den Räumlichkeiten der ICZ stattfindet, jedoch dezentral und außerhalb der jüdischen Gemeindestrukturen organisiert wird, spielen religionspolitische Grundhaltungen in diesem Rahmen keine Rolle. Diese Struktur öffnet auch denjenigen die Türen, die sich von jüdischen Gemeinden ausgeschlossen fühlen bzw. sehen. Dies betrifft beispielsweise nichtjüdische Partner, Personen, die sich nicht mit einer jüdischen Gemeinde identifizieren können oder auch nichtjüdische Personen, die sich jedoch im besonderen Maße für jüdi-

---

1 Katrin Pieper: Resonanzräume, S. 198.
2 Siehe dazu Stuart Hall: Cultural Identity and Diaspora, S. 222–237.
3 Madeleine Dreyfus: Jüdische Identitäten in der Schweiz, S. 363–376.
4 Jacques Picard: Zur Situation des Schweizer Judentums heute, S. 98–113.
5 Dana Landau, Interview am 26.08.2019, Bern.

sche Themen interessieren. Das Team spiegelt selbst die Vielfalt des Jüdischen wider und schöpft seine Motivation aus persönlichen Erfahrungen und Ansichten. Dabei ist den Teammitgliedern wohl bewusst, dass die jüdische Identität heute nicht zwangsläufig mit religiösen Überlieferungen und Ritualen einhergeht oder gar eine reine Glaubenssache ist, sondern vielmehr Ausdruck einer soziokulturellen, wenn nicht gar emotionalen Zugehörigkeit ist. Diese Überzeugungen finden sich in der jährlichen Programmgestaltung. Religiöse Themen oder das Studieren von religiösen Texten stehen nicht auf dem Programm. Wenn religiöse Aspekte zum Thema erhoben werden, werden diese stets aus der aktuellen Perspektive betrachtet und kritisch hinterfragt. Viel öfter sind es jedoch gegenwärtige kulturelle, gesellschaftliche und politische Fragen, die aus jüdischer Perspektive betrachtet und zur Diskussion gestellt werden. Dies geschah in den letzten Jahren zum Teil bewusst provokativ aus dem Wunsch heraus, bestehende Vorurteile und Grenzen auch innerhalb des Schweizer Judentums aufzuweichen. Die Stärkung der kollektiven, aber auch individuellen jüdischen Identität in ihrer ganzen Komplexität durch den gemeinsamen Lernprozess steht hierbei im Fokus. Die Identitätsarbeit steht ebenfalls bei den zahlreichen Kulturaktivitäten der jüdischen Gemeinden im Mittelpunkt. Anhand der Tätigkeiten der Kulturkommission der Jüdischen Gemeinde Bern zeigt sich erneut, dass sich das Gemeindeleben nicht allein auf religiöse Praxen beschränken lässt.[6] Die Förderung des kulturellen Lebens der jüdischen Gemeinde richtet sich vor allem an die Gemeindemitglieder, ist zugleich jedoch ein Versuch, Jüdinnen und Juden, die nicht Mitglieder der Gemeinde sind, anzusprechen und einzubinden. So steht weniger die Gemeinde mit ihren religionspolitischen Ansichten im Mittelpunkt, sondern die jüdische Kultur und die jüdische Identität, die es zu fördern gilt. Die JGB nimmt mit ihren Kulturaktivitäten innerhalb der Schweiz eine besondere Stellung ein. Denn die Kulturarbeit der Jüdischen Gemeinde richtet sich nicht nur nach innen, sondern seit den 1980er Jahren vermehrt auch nach außen und nimmt den Charakter einer Öffentlichkeitsarbeit an. Bereits mit der Gründung des *Forum* schuf die Jüdische Gemeinde Bern eine öffentliche Plattform, in der Gemeindemitglieder, aber auch das Rabbinat, zum Teil durchaus kritisch und provokativ über Aspekte und Formen des Judentums berichten und diskutieren können. Ein weiterer Meilenstein war die Ausstellung *Juden in der Schweiz* 1983, zu deren Begleitprogramm die Vortragsreihe *Begegnungen mit dem Judentum* gehörte und die von mehreren hundert Personen besucht wurde. An diesen Schritt in die Öffentlichkeit knüpfte das Organisationskomitee für die Jubiläumsfeier anlässlich des 150-jährigen Bestehens der JGB im Jahr 1998 an. Für das große Jubiläum war es gelungen, neben Medien, Kunst-

---

6 Siehe dazu Daniel Gerson: Öffnung und Anerkennung seit den 1980er Jahren, S. 461–486.

und Kulturinstitutionen auch die Universität Bern einzubinden. Die im Rahmen des *Collegium generale* veranstaltete Vortragsreihe *Zeit und Fremde jüdischer Kultur* erfreute sich so großen Interesses, dass die damalige Kulturkommissions-präsidentin Celia Zwillenberg dies nicht ungenutzt lassen wollte und eine Vorle-sungsreihe unter der Bezeichnung *JGB-College* in Angriff nahm. Was als einjäh-riges Projekt begann, sollte schließlich über zehn Jahre Bestand haben. Der Aus-tausch und Kontakt zur Öffentlichkeit ist seither ein fester Bestandteil der Kulturarbeit der JGB. Seit 2002 engagiert sich die Jüdische Gemeinde beim Pro-jekt *Haus der Religionen*. Zwar unterhält die JGB keine eigenen Räumlichkeiten im *Haus der Religionen*, jedoch ist die Jüdische Gemeinde stets präsent und sichtbar, nicht zuletzt durch die Koscher-Zertifizierung des hausinternen Re-staurants *Vanakam*. Ähnlich wie das Gemeinde-*Forum* hat sich das *Haus der Re-ligionen* für die Gemeinde als eine weitere öffentliche Plattform etabliert, in der die Vielschichtigkeit des Judentums außerhalb der JGB aus unterschiedlichen Blickwinkeln diskutiert und vermittelt werden kann. Zudem tritt die Jüdische Gemeinde hier in den interreligiösen Dialog. Dabei geht es nicht nur um die äu-ßere symbolische Wirkung, sondern es geht auch darum, auf praktischer Ebene Vorurteile abzubauen, Gemeinsamkeiten zu erkennen und im Miteinander auf-kommende Probleme zu lösen. Aufklärung ist ebenfalls ein wichtiger Aspekt des Radiosenders *Radio Judaïca Strasbourg*, denn trotz der engen Verbundenheit der elsässischen und jüdischen Kultur gibt es nach wie vor große Wissenslücken bezüglich des Judentums seitens der französischen Gesellschaft. Der Radiosen-der sieht sich selbst in der Rolle einer Vermittlungsinstitution mit einer jüdi-schen Identität, was wohl auch mit seinem Standort im Untergeschoss der *Syn-agogue de la Paix* in Strasbourg zusammenhängt. Der Sender beachtet den jüdischen Kalender und klärt zugleich durch seinen Rhythmus und die Pro-gramminhalte über das Judentum als Kultur auf. Dabei zeigen sich zwei Schwer-punkte im Programm: zum einen die regionale jüdisch-elsässische Kultur, zum anderen Israel als Staat des jüdischen Volkes. Zwar untersteht das Programm des Radiosenders nicht der Aufsicht des Rabbinats, dennoch ist fraglich, inwie-weit ein Sender sich die Freiheit herausnimmt, kritische Töne aus den Mauern einer Synagoge anzuschlagen. Die räumliche Situation des *Radio Judaïca Stras-bourg* lässt sich in etwa mit der des *Jom Ijun* in Zürich vergleichen – mit dem Unterschied, dass der Radiosender die Räumlichkeiten im Untergeschoss der Synagoge das ganze Jahr über nutzt. Im Gegensatz zum *Jom Ijun* fehlen im Pro-gramm des *Radio Judaïca Strasbourg* die kritischen oder gar provokativen Fra-gen. Der Radiosender klärt über Aspekte des Judentums auf und unterhält, je-doch regt er nicht an, über den Horizont hinaus zu denken und Grenzen aufzu-brechen, was der *Jom Ijun* mit seinem Format anzustoßen versucht.

Einen eher wissenschaftlich-pädagogischen Hintergrund haben hingegen die Projekte *Alemannia Judaica* und das Vermittlungsprojekt *Doppeltür*. Hier steht die Aufarbeitung der jeweiligen regionalen jüdischen Geschichte im Vordergrund, wobei beim Vermittlungsprojekt *Doppeltür* auch das Bewahren des einzigartigen Kulturerbes ein Hauptaspekt ist. Da sich das Konzept momentan noch im Aufbau befindet und Änderungen möglich sind, ist an dieser Stelle die Ausrichtung nicht genau definierbar. Jedoch deuten die Vorkonzepte darauf hin, dass die allgemeine Aufklärung über das Judentum neben der regionalen Geschichte zu den Schwerpunkten zählen dürfte. Basierend auf der Interpretation der Konvivenz von Juden und Christen in den sogenannten *Doppeltürhäusern* soll die Darstellung der jüdischen Lebenswelt sowohl aus der Perspektive der Juden als auch der Christen geschehen. Die Idee einer Selbst- und zugleich Fremddarstellung auf engstem Raum ist ein spannendes Konzept, dessen Umsetzung mit Interesse zu verfolgen sein wird.

Einen gänzlich anderen Ansatz verfolgt *Omanut – Forum für jüdische Kunst und Kultur*. Religiöse Aspekte finden in diesem Rahmen keinerlei Beachtung, da hier von einem säkularen Verständnis ausgegangen wird. Auch wenn die Definition von jüdischer Kunst und Kultur seit der Gründung des *Omanut*, zunächst in Zagreb und später als Schwesternorganisation in Zürich, nie klar abgegrenzt werden konnte, war deren Förderung stets das oberste Ziel. So wie sich die Definition von jüdischer Kunst veränderte, so war auch der Verein einem Wandel unterworfen. Eine große Veränderung ergab sich in den 1950er Jahren, als Ruth Hoffer die Leitung des *Omanut* übernahm und nicht nur die Veranstaltungen sondern zugleich den Verein für nichtjüdisches Publikum und nichtjüdische Mitglieder öffnete. Mit diesem Schritt gingen langfristige Kontakte zu Kulturinstitutionen in Zürich einher, was ebenfalls dazu führte, dass *Omanut* sich in der Züricher Kulturszene etablierte. Heute, unter der Leitung von Karen Roth-Krauthammer, hat *Omanut* einen Salon-Charakter und bietet jenen Kulturschaffenden eine Plattform, welche sich selbst in einem jüdischen Kontext präsentiert sehen wollen. Mit zahlreichen Konzerten, Lesungen, Ausstellungen, Filmvorführungen und kleinen Festivals versucht *Omanut* verschiedene Sichtweisen auf gesellschaftliche wie politische Themen aufzuzeigen und einen Austausch anzuregen, ohne jedoch selbst Position zu beziehen. Von einem elitären Kulturbegriff ausgehend, spricht das Forum jedoch ein sehr spezielles Publikum an, wodurch es *Omanut* womöglich in Zukunft an Nachwuchs fehlen könnte. Attraktiver erscheinen für jüngere Besucher jüdischer Kunst- und Kulturforen beispielsweise das jüdische Filmfestival *Yesh!* in Zürich oder das jüdische Kulturfestival *Kibbut – Jewish Arts Festival*, das ebenfalls alljährlich in Zürich stattfindet.

Im jährlichen Veranstaltungskalender im alemannischen Sprachraum finden sich auch zwei weitere Vermittlungsprojekte, an denen sich regelmäßig zahlreiche jüdische Institutionen beteiligen: die *Nacht der Religionen* sowie der *Europäische Tag der Jüdischen Kultur*. Diese Projekte werden unabhängig von den jüdischen Institutionen geplant, jedoch beteiligen sich Jüdische Museen, jüdische Gemeinden und andere Institutionen, wie beispielsweise das *Haus der Religionen*, an diesen Events. Die Häuser öffnen an diesen Tagen nicht nur ihre Türen, es wird aufwendig Werbung betrieben und ganze Veranstaltungsreihen werden geplant. Auffallend ist dabei der Charakter der Selbstinszenierung. Klassische Führungen durch die Ausstellungen oder Synagogen allein reichen nicht mehr aus. Die Besucher werden mit Hummus-Verkostungen, Lesungen und Klezmer-Konzerten in die Häuser „gelockt", sodass sich an dieser Stelle die Frage stellt: Wieviel von diesen Programmpunkten entspricht der Selbstdarstellung und was davon appelliert an die Bilder, die die Besucher sehen wollen, sodass man auf bestimmte Besucherzahlen kommt? Vor dem Hintergrund dieser Aktivitäten ist es ebenfalls fraglich, ob der eigentliche Sinn der Veranstaltungen, nämlich über Religionen und Kulturen aufzuklären, um damit Vorurteilen entgegenzutreten, nicht untergraben wird.

Grenzen und Freiräume der Darstellungs- und Vermittlungskonzepte

Bei der Betrachtung der Präsentations- und Vermittlungskonzepte des Jüdischen im alemannischen Sprachraum fällt zunächst ihre Vielfalt auf. Es gibt zahlreiche kleine Jüdische Museen, Ausstellungen, Gedenkstätten, Kultursymbole und Vermittlungsprojekte, die sich jüdischen Themen verschrieben haben. Die genauere Untersuchung der Jüdischen Museen und Veranstaltungen, die explizit als jüdisch angeboten werden, hat große Unterschiede in den Konzepten aufgezeigt. Dabei sind es nicht nur die Differenzen zwischen den einzelnen Kulturhäusern, die auffällig sind. Es ist vor allem der Gegensatz zwischen den Jüdischen Museen und Vermittlungsprojekten, der hervorsticht. Während sich Museen meistens der Geschichte und den religiösen Aspekten des Judentums zuwenden, stehen bei Vermittlungsprojekten insbesondere die jüdische Kultur und die Pluralität des Judentums im Fokus. Dies mag an der Natur sowie an der Struktur der Institutionen und Projekte liegen. Museen sind durch ihre Sammlungstätigkeit an Objekte gebunden, sie sind bestrebt, *dingliche* Überreste zu bewahren und zu präsentieren. Durch das Zusammenstellen der Exponate versuchen Museen, Traditionen in ihrer Entwicklung und Ganzheit zu verstehen und zu vermitteln. Ihr Fokus liegt somit auf der *materiellen Kultur* bzw. dem *materiellen Kulturerbe*. Nichtsdestotrotz gibt es seit einigen Jahren Bemühungen einzelner Museen, auch das *immaterielle Kulturerbe* in den Ausstellungsprozess einzubeziehen und sichtbar zu machen. Die Vermittlung der verschiedenen Ebenen eines Ausstellungsobjekts kann durch das Einbinden des Exponats in seinen kulturellen oder historischen Bezugsrahmen vollzogen werden. Dies geschieht beispielsweise im Jüdischen Museum der Schweiz anhand des Videoguides. Während der Besucher anhand von ausgewählten Objekten durch die Dauerausstellung geführt wird, werden die Exponate durch Hintergründe und Geschichten „zum Leben erweckt". Sie werden zum sichtbaren Träger von kulturellen Symbolen, Traditionen und Praktiken. Die Bemühungen, auch das *immaterielle Kulturerbe* in Museen für Besucher sichtbar und greifbar zu machen, sind jedoch noch vereinzelt. Denn Museen sind nach wie vor Institutionen, die sich auf die Welt der greifbaren Dinge fokussieren und sich über diese definieren.[7] Daher sind den Häusern bereits von vornherein gewisse Grenzen gesetzt. Vermittlungsprojekte haben in diesem Sinne flexiblere Strukturen, sie können ihren Rahmen und ihre Bedingungen selbst definieren. So vielschichtig das jüdische Kulturerbe ist, so vielfältig sind jüdische Kulturprojekte im alemannischen Sprachraum, und die Tendenz ist noch immer steigend. In den letzten Jahren kamen weitere Projekte und Festivals hinzu, die eine Lücke in der jüdischen Kulturlandschaft schließen. Bei den Vermittlungs- und Kulturprojekten im alemannischen Sprachraum, die kein rein wissenschaftliches oder pädagogisches Ziel erkennen lassen, lässt sich ein großes Bedürfnis nach Selbstdarstellung erkennen. Eben hierin liegt ein weiterer Gegensatz zu Jüdischen Museen. Obwohl Jüdische Museen innerhalb der Gesellschaft als das Spiegelbild des Judentums gesehen werden, finden sich in diesen Institutionen vermehrt Fremdzuschreibungen, historische Fehlangaben und Fehlinterpretationen. Am Beispiel des *Musée Judéo-Alsacien de Bouxwiller* zeigt sich, dass Fremdtradierungen in einer Präsentation auch dann übernommen werden können, wenn die Darstellung aus der eigenen Perspektive vorgenommen wird. Es kann also nicht pauschal gesagt werden, dass es generell ein Problem der Selbst- vs. Fremddarstellung ist. Vielmehr sind zwar Intention und Motivation für die Gründung des Museums bzw. des Projekts ausschlaggebend, aber auch die periodische Reflexion der eigenen Perspektive. Dem Jüdischen Museum Hohenems ist eben dies im Verlauf der Entstehungsgeschichte gelungen. Trotz oder womöglich gerade durch die große Reibungsenergie zu Beginn der Gründungsphase des Museums und durch den Umbruch um die Jahrtausendwende präsentiert das Museum heute eine Dauerausstellung aus einer jüdischen Perspektive erzählt, jedoch ohne vorgefertigte Aussagen zu präsentieren. Die permanente Ausstellung sowie die Wechselausstellungen werfen zum Teil kritische Fragen auf und regen dazu an, gewohnte Ansichten zu überdenken.

Im Vergleich zu Jüdischen Museen sind die meisten in dieser Studie betrachteten Vermittlungsprojekte nicht aus einer Bewegung der Erinnerungskultur des

---

7 Rosmarie Beier-de Haan: Jenseits der Dinge, S. 57–76.

jeweiligen Landes entstanden. So ist auch die Motivation für die Gründung der Projekte nicht in der Auseinandersetzung mit der NS-Geschichte oder im Schuldbewusstsein zu suchen. Vielmehr sind die Vermittlungs- und Kulturprojekte Ausdruck eines emotionalen Zugehörigkeitsgefühls, eines Wunsches nach mehr Transparenz und Austausch innerhalb der jüdischen wie nichtjüdischen Gesellschaft. Gerade die Projekte, die im Verlauf der letzten zwanzig bis dreißig Jahre entstanden sind, betonen vermehrt die strikte Trennung zwischen religiösen Praktiken und jüdischer Kultur. Auffallend sind ebenfalls die Betonung und oftmals das Zelebrieren der Pluralität des Judentums. Vieles ist noch immer im Aufbau, zum Beispiel das Vermittlungsprojekt *Doppeltür* und der *Jom Ijun*, oder aktuell im Umbruch, wie beim Jüdischen Museum Gailingen und Jüdischen Museum der Schweiz Basel. Anstehende Entwicklungen in diesem Bereich werden weiterhin zu beobachten sein.

Schlussbemerkungen

Im Zusammenhang mit der vorliegenden Studie sind einige Fragen entstanden, die in diesem Rahmen jedoch nicht näher untersucht werden konnten und auch teilweise anderweitig wissenschaftlich noch nicht erforscht worden sind. So stellt sich beispielsweise im Zusammenhang mit Jüdischen Museen bei der Betrachtung ihrer Ausstellungen und des begleitenden Programms teils die Frage, ob mit Befriedigung von Erwartungshaltungen Besucherquoten erreicht werden wollen oder gar erreicht werden müssen. Mit anderen Worten, inwieweit Museen teils bewusst bestimmte Vorstellungen, Erwartungen oder gar Vorurteile der Besucher ansprechen bzw. ansprechen müssen, um ihre Aufmerksamkeit für sich zu gewinnen oder vielleicht um schlichtweg noch immer bestehende Hemmschwellen und Berührungsängste abzubauen. Denn gerade so spezialisierte Museen wie Jüdische Museen haben zwar den Anspruch, eine möglichst breite Öffentlichkeit anzusprechen, haben jedoch oftmals ein recht spezielles Publikum, das sie tatsächlich ansprechen. Vereinnahmungen und Annahmen von Fremdzuschreibungen, aus der bewussten oder auch unbewussten Intention heraus, eine Ebenbürtigkeit in den Ausstellungen zu präsentieren, zeigen sich im alemannischen Sprachraum beispielsweise in den Museen Bouxwiller und Gailingen sehr deutlich, auch wenn die Ausgangsperspektiven unterschiedlich sind. Die *Inszenierung* als Präsentationsform, wie sie in Bouxwiller gewählt worden ist, bespielt und untermauert zudem visuell gewisse Vorstellungen der jüdischen Lebenswelt, insbesondere da die Präsentation hier in der Vergangenheit und in religiösen Aspekten des Judentums verharrt. Das Jüdische Museum Hohenems hingegen hat in den Jahren 2005 und 2006 gezielt mit seinen Wechselausstellungen *Jüdischer Kitsch und andere heimliche Leidenschaften* sowie *Antijüdischer Nippes und populäre „Judenbilder"* auf Fantasien und Vorstellungen über Juden angespielt und diese aus einer bewusst ironischen Perspektive reflektiert und hinterfragt. Welche Beweggründe hinter solchen Präsentationen stehen und inwieweit sie bereits innerhalb der jüdischen und nichtjüdischen Gesellschaft erwartet werden, da gewisse Vorstellungen, Zuschreibungen etc. sich etabliert haben, wäre eine Frage, die noch zu beantworten bleibt.

Ein weiterer Punkt, dem in dieser Arbeit nicht nachgegangen werden konnte, ist die aktuelle Entwicklung zahlreicher Online-Projekte der Jüdischen Museen in Europa, somit auch im alemannischen Sprachraum, und ihre Auswirkungen auf das Bild des Jüdischen innerhalb der Gesellschaft. Beflügelt wird die Zunahme der Online-Projekte durch die weltweite COVID-19-Pandemie, während der innerhalb Europas alle Museen für einige Zeit ihre physischen Türen schließen mussten. Um dennoch ihrem Bildungsauftrag nachzukommen und den Kontakt zu ihrem Publikum aufrecht zu erhalten, haben zahlreiche Häuser sich vermehrt den Online-Plattformen zugewandt und unterschiedlichste Projekte entwickelt. Das Jüdische Museum der Schweiz Basel hat gängige Begriffe aufgenommen und Kulturschaffende gebeten, sie aus einer jüdischen Perspektive zu reflektieren, woraus das *Jüdische Lexikon für Pandemie und Poesie* entstanden ist. Das Jüdische Museum Berlin entwickelte das Online-Projekt *Museum für die Couch* und das Jüdische Museum Frankfurt redete *Tacheles* im *Videocast zur Krise*. Dies sind jedoch nur die aktuellen Projekte, die im Zusammenhang mit der Pandemie entstanden sind. Zahlreiche Jüdische Museen sind bereits zuvor aktiv geworden und haben den Besuchern ihre Türen online auf unterschiedlichste Weise geöffnet. Das Online-Medium ist jedoch schwieriger zu kontrollieren als der physische Raum. So verläuft auch das Kuratieren einer Online-Ausstellung oder eines Online-Projekts anders als im Museum selbst. Sobald etwas online ist, gibt man es praktisch aus der Hand. Hier wäre genauer hinzuschauen, welche Informationen die Museen online stellen und inwieweit sie sensibler auf den Inhalt, die Wortwahl etc. achten als im physischen Raum, wo Museumsmitarbeiter präsent sind und jederzeit intervenieren können. Ist es womöglich ein selektives Bild, das vermittelt wird? Stimmt es mit dem Bild des Jüdischen in den physischen Museen überein oder ist es nur eine Ergänzung? Generell wäre somit zu untersuchen, welches Bild des Jüdischen in den Online-Projekten vermittelt wird und wie dieses die Vorstellungen des Jüdischen innerhalb der Gesellschaft beeinflusst bzw. beeinflussen kann. Dies wäre ein wichtiger Aspekt, da aktuelle Studien zu antisemitischen Äußerungen im Internet und Online-Radikalisierung einen steten Zuwachs dieser Bewegungen sehen.[8]

---

8 Siehe dazu https://fra.europa.eu/sites/default/files/fra_uploads/fra-2018-experiences-and-perceptions-of-antisemitism-survey_en.pdf (zuletzt abgerufen 01.10.2020); https://www.zhaw.ch/storage/hochschule/medien/news/2020/200702-zhaw-antisemitismus-studie.pdf (zuletzt abgerufen 01.10.2020); Lagebild Antisemitismus, Broschüre Juli 2020, herausgegeben vom Bundesamt für Verfassungsschutz Deutschland.

Quellen- und Literaturverzeichnis

Mündliche Quellen und Korrespondenzen

Arnold, Noam, Caneel, Ron und Landau, Dana: Interview am 03.11.2018, Zürich.
Epstein, Ron: Telefoninterview am 23.09.2019.
Gerson, Daniel: Telefoninterview am 30.10.2019.
Loewy, Hanno: Interview am 12.06.2018, Jüdisches Museum Hohenems.
Loewy, Hanno: E-Mail-Korrespondenz vom 30.01.2020.
Lubrich, Naomi: Interview am 08.05.2018, Jüdisches Museum der Schweiz, Basel.
Lubrich, Naomi: Telefoninterview am 17.11.2020.
Klose, Joachim: Interview am 12.06.2018, Jüdisches Museum Gailingen.
Knoch, Nёomi: Telefoninterview am 24.04.2020, Bern.
Rabbiner Kohn, Michael: Telefoninterview am 08.07.2020.
Landau, Dana: Interview am 26.08.2019, Bern.
Levy, Raymond: Telefoninterview am 01.05.2020.
Levy, Raymond: E-Mail-Korrespondenz vom 01.05.2020 und 04.06.2020.
Oppenheim, Roy: Interview am 26.09.2019, Lengnau.
Roth-Krauthammer, Karen: Interview am 02.10.2019, Bern.
Roth-Krauthammer, Karen: E-Mail-Korrespondenz vom 01.03.2020.
Zaktreger, Sybille: Schriftliches Interview vom 10.06.2020.
Zaktreger, Sybille: Telefoninterview am 25.05.2020.

Audiovisuelle Quellen

Im Surbtal soll ein jüdisches Museum entstehen, ausgestrahlt im: SRF, Schweiz aktuell,
13.05.2013.

Internetquellen

Von und zur Arbeitsgemeinschaft Alemannia Judaica

http://www.alemannia-judaica.de/marmoutier_synagogue.htm (zuletzt abgerufen
08.06.2020).
http://www.alemannia-judaica.de/bischheim_synagogue.htm (zuletzt abgerufen 06.11.2019).
https://www.sr.de/sr/sr3/sr_3_aktionen/tour_de_kultur/museum_des_juedischen_ri-
tualbads100.html (zuletzt abgerufen 06.11.2019).
http://www.alemannia-judaica.de/goeppingen_synagoge.htm (zuletzt abgerufen 25.11.2019).
http://www.alemannia-judaica.de/hohenems_synagoge.htm (zuletzt abgerufen 17.11.2019).
http://www.alemannia-judaica.de/emmendingen_synagoge_a.htm#Zur%20Geschichte%
20des%20Betsaales%20/%20der%20Synagoge (zuletzt abgerufen 21.11.2019).
http://www.alemannia-judaica.de/bouxwiller_synagogue.htm (zuletzt abgerufen 15.05.2020).

http://www.alemannia-judaica.de/pfaffenhoffen_synagogue.htm (zuletzt abgerufen
26.05.2020).

http://www.alemannia-judaica.de/endingen_lengnau_friedhof.htm (zuletzt abgerufen
09.03.2020).

https://www.jewisheritage.org/about (zuletzt abgerufen 29.06.2020).

https://www.bib.uni-mannheim.de/datenbanken/details/?libconnect%5Btitleid%5D=10458
(zuletzt abgerufen 29.06.2020).

https://www.uni-heidelberg.de/institute/sonst/aj/FRIEDHOF/ALLGEM/p-bund.htm (zuletzt abgerufen 29.06.2020).

https://www.ub.uni-leipzig.de/recherche/fachspezifische-datenbanken/detailansicht-dbis/?
libconnect%5Btitleid%5D=10458 (zuletzt abgerufen 29.06.2020).

https://www.jmberlin.de/jewish-places (zuletzt abgerufen 29.06.2020).

https://www.jewish-places.de/de/ueber-uns (zuletzt abgerufen 29.06.2020).

https://www.jewish-places.de/de/join (zuletzt abgerufen 29.06.2020).

https://www.jewish-places.de/de/search?term=&filter[partner][0]=Alemannia%20Judaica&-
filter[location][center]=51.2058017,10.4586661&rows=100000 (zuletzt abgerufen
29.06.2020).

Alemannischer Sprachraum

https://alemannisches-institut.de/website.php?id=deralemannischeraum.htm (zuletzt abgerufen 20.08.2020).

Antisemitismus

https://fra.europa.eu/sites/default/files/fra_uploads/fra-2018-experiences-and-perceptions-
of-antisemitism-survey_en.pdf (zuletzt abgerufen 01.10.2020).

https://www.zhaw.ch/storage/hochschule/medien/news/2020/200702-zhaw-antisemitis-
mus-studie.pdf (zuletzt abgerufen 01.10.2020).

Erinnerungskultur

https://www.uek.ch/de/ (zuletzt abgerufen 24.09.2020).

Jüdische Museen Elsass

http://www.crdp-strasbourg.fr/data/histoire/alsace_XV-XVI/boecklin.php?parent=7 (zuletzt
abgerufen 04.11.2019).

https://courdesboecklin.ville-bischheim.fr/data/courdesboecklin.ville-bischheim.fr/users/
museum-des-judischen-ritualbaden_bischheim.pdf?time=1523111494424&modified=pre-
viewUrl&modified=selectItem (zuletzt abgerufen 04.11.2019).
https://www.sr.de/sr/sr3/sr_3_aktionen/tour_de_kultur/museum_des_juedischen_ri-
tualbads100.html (zuletzt abgerufen 06.11.2019).
https://www.bischheim.alsace/fileadmin/MES_LOISIRS/Culture/La_cour_des_Boecklin/Mu-
see/Parcours_du_judaisme/parcours_du_judaisme_bischheim.pdf (zuletzt abgerufen
08.11.2019).

Jüdisches Museum Gailingen

https://www.gedenkstaetten-bw.de/fileadmin/gedenkstaetten/pdf/gedenkstaetten/gailin-
gen_juedisches_museum.pdf (zuletzt abgerufen 05.12.2019).
https://www.suedkurier.de/region/kreis-konstanz/gailingen/Fotograf-Peter-Seidel-zeigt-Rae-
ume-unterhalb-der-Alltagsoberflaeche;art372441,10266207 (zuletzt abgerufen
09.12.2019).
http://www.jmw.at/de/exhibitions/ganz-rein-juedische-ritualbaeder-fotografien-von-peter-
seidel (zuletzt abgerufen 09.12.2019).
https://www.juedisches-museum.org/ganz-rein-judische-ritualbader-fotografien-von-peter-
seidel/ (zuletzt abgerufen 09.12.2019).
http://www.jm-gailingen.de/?page_id=1460 (zuletzt abgerufen 09.12.2019).
https://www.suedkurier.de/region/kreis-konstanz/gailingen/Neue-Gesichter-im-Juedischen-
Museum-Gailingen;art372441,10249512 (zuletzt abgerufen 06.06.2022).

Jüdisches Museum Hohenems

https://www.jm-hohenems.at/ueber-uns/freunde/american-friends-of-jmh (zuletzt abgerufen
05.01.2020).
http://www.hagalil.com/archiv/2000/09/hohenems.htm (zuletzt abgerufen 05.01.2020).
http://www.hagalil.com/archiv/2001/03/hohenems.htm (zuletzt abgerufen 05.01.2020).
http://juedische-sammlungen.de/about (zuletzt abgerufen 05.01.2020).
https://www.aejm.org/about-us (zuletzt abgerufen 05.01.2020).
https://www.jgk.geschichte.uni-muenchen.de/sommeruniversitaet/index.html (zuletzt abgerufen 07.01.2020).
https://www.jm-hohenems.at/programm/sommeruniversitat (zuletzt abgerufen 07.01.2020).
https://www.jm-hohenems.at/programm/alle-veranstaltungen (zuletzt abgerufen 10.01.2020).
https://www.jm-hohenems.at/ausstellungen/rueckblick/ein-viertel-stadt (zuletzt abgerufen
30.01.2020).
https://www.jm-hohenems.at/ausstellungen/rueckblick/auszeit (zuletzt abgerufen
30.01.2020).
https://www.jm-hohenems.at/ausstellungen/rueckblick/die-weibliche-seite-gottes (zuletzt
abgerufen 30.01.2020).

https://www.jm-hohenems.at/ausstellungen/rueckblick/sag-schibbolet (zuletzt abgerufen
    30.01.2020).
https://taz.de/BDS-Tweet-des-Juedischen-Museums-Berlin/!5600322 (zuletzt abgerufen
    09.04.2022).

Museé Judéo-Alsacien de Bouxwiller

http://judaisme.sdv.fr/today/musee/inaug.htm (zuletzt abgerufen 18.05.2020).
http://judaisme.sdv.fr/today/musee/amjab12.pdf (zuletzt abgerufen 18.05.2020).
http://judaisme.sdv.fr/perso/neher/index.htm (zuletzt abgerufen 03.06.2020).
http://judaisme.sdv.fr/today/musee/expo.htm (zuletzt abgerufen 03.06.2020).

Jüdisches Museum der Schweiz Basel

https://juedisches-museum.ch/de/museum-531.html (zuletzt abgerufen 09.08.2019).
http://jms-altland.ch/?portfolio=mobile-attachment (zuletzt abgerufen 25.08.2019).
http://glaubensdinge.ch/glaubensdinge/glaubensdinge/ (zuletzt abgerufen 25.08.2019).

Vermittlungsprojekte alemannischer Sprachraum

https://www.haus-der-religionen.ch/idee/ (zuletzt abgerufen 03.07.2020).
https://www.csa.fr (zuletzt abgerufen 10.06.2020).
https://www.juedische-allgemeine.de/juedische-welt/was-ins-ohr-geht/ (zuletzt abgerufen
    22.06.2020).
https://www.radiojudaicastrasbourg.fr (zuletzt abgerufen 22.06.2020).
https://www.juedische-allgemeine.de/allgemein/herausgehoert/ (zuletzt abgerufen
    19.06.2020).
https://zbl.lzmk.hr/?p=2280 (zuletzt abgerufen 27.02.2020).
https://www.encyclopedia.com/religion/encyclopedias-almanacs-transcripts-and-maps/gott-
    lieb-hinko (zuletzt abgerufen 27.02.2020).
https://hls-dhs-dss.ch/de/articles/010002/2010-11-11/ (zuletzt abgerufen 20.02.2020).
https://www.lehrplan21.ch (zuletzt abgerufen 05.01.2021).
https://ofek.ch/Startseite/ (zuletzt abgerufen am 14.04.2020).
https://limmud.org/wp-content/uploads/2018/10/Limmud-Impact-Study_K-Khan-
    Harris_June2018.pdf (zuletzt abgerufen 14.04.2020).
https://limmud.org/wp-content/uploads/2018/10/Limmud-Impact-Study_K-Khan-
    Harris_June2018.pdf (zuletzt abgerufen 14.04.2020).
hierzu https://limmud.org/wp-content/uploads/2018/10/Limmud-Impact-Study_K-Khan-
    Harris_June2018.pdf (zuletzt abgerufen 14.04.2020).

Zizenhausen Terrakotten

https://bawue.museum-digital.de/index.php?t=sammlung&instnr=128&gesusa=282 (zuletzt
abgerufen 18.09.2019).

Zeitungsartikel

Oppenheim, Roy: Vergangenheit hat Zukunft, Der Surbtaler, März 2013.
Roy Oppenheim rügt seine Heimatgemeinde Lengnau, Regionaljournal Aarau Solothurn,
13.03.2013.
Wer soll bezahlen. Streit um Finanzierung des jüdischen Museums, AZ, 19.04.2013.
Ruth Dreifuss wünscht sich Museum über jüdische Vergangenheit, AZ, 14.05.2013.
Die Pläne für jüdisches Museum schreiten voran, Die Botschaft, 10.07.2013.
Statt jüdischem Museum nun Projekt „Doppeltür", Die Botschaft, 18.12.2013.
Der jüdische Kulturweg wird international, Die Botschaft, 29.09.2014.
„Rütli" der Schweizer Juden lädt zur Begegnung, Die Botschaft, 19.12.2016.
Züritipp, Nr. 20, 17.–23.05.2018.
Probst, Louis: Bundesamt für Kultur nimmt Projekt „Doppeltür" in seine Liste auf, Badener
Tagblatt, 05.05.2019.
Mythen und Fakten zum Surbtaler Doppeltürhaus, Die Botschaft, 01.02.2020.
Oppenheim, Roy: Doppeltür. Kein Mythos, sondern Realität, AZ, 07.02.2020.

Weitere schriftliche Quellen

Bulletin: 20 Jahre Jüdisch-Elsässisches Museum Bouxwiller, Bouxwiller, 2009.
Lagebild Antisemitismus, Broschüre Juli 2020, herausgegeben vom Bundesamt für Verfas-
sungsschutz Deutschland.
Loewy, Hanno: Das Jüdische Museum Hohenems, in: Alte Freiheit von Ems, Nr. 1, Juli 2017.
Loewy, Hanno: Das jüdische Viertel, in: Alte Freiheit von Ems, Nr. 1., Juli 2017.
Mund, Ruth: „Wir müssen nach aussen treten und zeigen, dass wir jetzt ein Teil des offiziellen
Bern sind". Interview, in: JGB-Forum, Nr. 62, 1997.
Ofek (Hg.): Den Horizont im Blick. Zehn Jahre Ofek, Ofek, Basel 2009.
Omanut: Protokoll außerordentliche Generalversammlung, 13.01.2019.
Picard, Jacques: undatiertes Schreiben an Rolf Bloch, Staatsarchiv Bern, V JGB/31.
Rundbrief des Jüdischen Museums der Schweiz Basel, Oktober 2020
Schreiben der Marktgemeinde Hohenems an Bezirkshauptmannschaft Feldkirch vom
13.09.1938, Archiv JMH.
Verein Doppeltür (Hg.): Medienmitteilung 29.10.2018. Der Verein Doppeltür erwirbt ein histori-
sches Doppeltürhaus im Surbtal.
Verein Doppeltür (Hg.): Vermittlungsprojekt Doppeltür. Begegnen, Entdecken, Ausstrahlen,
August 2019.
Verein Doppeltür (Hg.): Newsletter Doppeltür, Nr. 8, 07.02.2020.
Verein Doppeltür (Hg.): Projektdossier Vorprojekt, Sommer 2020.

Literatur

Abelin, Peter: Gehe hin und lerne. Jüdische Bildung und das College der Jüdischen Gemeinde
    Bern, in: René S. Bloch, Jacques Picard (Hg.): Wie über Wolken. Jüdische Lebens- und
    Denkwelten der Stadt und Region Bern, 1200–2000. Schriftenreihe des SIG, Beiträge zur
    Geschichte und Kultur der Juden in der Schweiz, Band 16, Chronos Verlag, Zürich 2014,
    S. 499–504.
Abelin, Peter: Zwischen Hoffen und Bangen – Haus der Religionen in Bern. Eine Chronik, in:
    Hartmut Haas (Hg.): Gegenwärtig, noch nicht fertig. Haus der Religionen – Dialog der Kul-
    turen, SWS Medien AG Print, Sursee, Bern 2012, 21–37.
Armbruster, Thomas: Die jüdischen Dörfer von Lengnau und Endingen, in: Karl Heinz Burmeis-
    ter (Hg.): Landjudentum im Süddeutschen- und Bodenseeraum. Wissenschaftliche Tagung
    zur Eröffnung des Jüdischen Museums Hohenems vom 9.–11. April 1991, Vorarlberger Ver-
    lagsanstalt, Dornbirn 1992, S. 38–86.
Assall, Paul: Zwischen Welten, die sich verneinen. Juden im Elsass, in: Manfred Bosch (Hg.):
    Alemannisches Judentum. Spuren einer verlorenen Kultur, Edition Klaus Isele, Eggingen
    2001, S. 24–33.
Assmann, Aleida: Das neue Unbehagen an der Erinnerungskultur. Eine Intervention, Verlag
    C. H. Beck, München 2013.
Assmann, Aleida: Persönliche Erinnerung und kollektives Gedächtnis in Deutschland nach
    1945, in: Hans Erler (Hg.): Erinnern und Verstehen. Der Völkermord an den Juden im politi-
    schen Gedächtnis der Deutschen, Campus Verlag, Frankfurt am Main 2003, S. 126–138.
Aumüller, Jutta: Assimilation. Kontroversen um ein migrationspolitisches Konzept, transcript
    Verlag, Bielefeld 2009.
Azaryahu, M., Gehring, U., Meyer, F, Picard, J., Späti, C. (Hg.): Erzählweisen des Sagbaren und
    Unsagbaren. Formen des Holocaust-Gedenkens in schweizerischen und internationalen
    Perspektiven. Erinnerungsräume, Geschichte – Literatur – Kunst, Band 3, Vandenhoec-
    k&Ruprecht Verlag, Göttingen 2021.
Bauerkämper, Arnd: Das umstrittene Gedächtnis. Die Erinnerung an Nationalsozialismus, Fa-
    schismus und Krieg in Europa seit 1946, Ferdinand Schöningh, Paderborn 2012.
Beier-de Haan, Rosmarie: Jenseits der Dinge. Die Generierung des Intangible Heritage in den
    ‚Gedächtnisorten' Museum und Ausstellung, in: Moritz Csáky, Monika Sommer (Hg.): Kul-
    turerbe als soziokulturelle Praxis, Studien Verlag, Innsbruck 2005, S. 57–76.
Bhend, Angela: Verbürgerlichung und Konfessionalisierung. Jüdische Lebenswelt in der Grün-
    derzeit, 1848–1914, in: René Bloch, Jacques Picard (Hg.): Wie über Wolken. Jüdische
    Lebens- und Denkwelten der Stadt und Region Bern, 1200–2000. Schriftenreihe des SIG,
    Beiträge zur Geschichte und Kultur der Juden in der Schweiz, Band 16, Chronos Verlag,
    Zürich 2014, S. 105–171.
Binnenkade, Alexandra: KontaktZonen. Jüdisch-christlicher Alltag in Lengnau. Schriftenreihe
    des Arbeitskreises für moderne Soziologie, Industrielle Welt, Herausgegeben von
    Andreas Eckert und Joachim Rückert, Band 75, Böhlau Verlag, Köln 2009.
Bodemann, Y. Michal: In den Wogen der Erinnerung. Jüdische Existenz in Deutschland,
    Deutscher Taschenbuch Verlag, München 2002.
Bogner, Alexander, Littig, Beate, Menz, Wolfgang (Hg.): Experteninterview. Theorien,
    Methoden, Anwendungsfelder, 3., grundlegend überarbeitete Auflage, VS Verlag für Sozi-
    alwissenschaften, Wiesbaden 2009.

Bogner, Alexander, Littig, Beate, Menz, Wolfgang: Interviews mit Experten. Eine praxisorientierte Einführung, Springer Fachmedien, Wiesbaden 2014.

Bosch, S. Manfred (Hg.): Alemannisches Judentum. Spuren einer verlorenen Kultur, Edition Klaus Isele, Eggingen 2001.

Brunnschweiler Spoendlin, Heidi: „Gebt kund von eurem Volkstum, vom Schatz eurer Religion, eurer Überlieferung!": Zur Sammlungs- und Museumsgeschichte des Jüdischen Museums der Schweiz Basel, in: Basler Zeitschrift für Geschichte und Altertumskunde, Band 103 (2003).

Bürgin, Martin: Konfessionalismus und Konvivenz. Die Surbtaler Juden und ihr Umfeld vom 17. Jahrhundert bis zu den Anfängen des Kantons Aargau, in: Jacques Picard, Angela Bhend (Hg.): Jüdischer Kulturraum Aargau, hier+jetzt, Baden 2020, S. 159–182.

Dreyfus, Madeleine: Jüdische Identitäten in der Schweiz, in: Gabrielle Rosenstein (Hg.): Jüdische Lebenswelt Schweiz, 100 Jahre Schweizerischer Israelitischer Gemeindebund (SIG), Chronos Verlag, Zürich 2004.

Eco, Umberto: Semiotik. Entwurf einer Theorie der Zeichen, Wilhelm Fink Verlag, München 1987.

Ehrlich, Ernst Ludwig: Pluralismus im Judentum, in: Gabrielle Rosenstein (Hg.): Jüdische Lebenswelt Schweiz, 100 Jahre Schweizerischer Israelitischer Gemeindebund (SIG), Chronos Verlag, Zürich 2004, S. 332–343.

Epstein-Mil, Ron: Synagogen der Schweiz. Bauten zwischen Emanzipation, Assimilation und Akkulturation. Schriftenreihe des SIG, Beiträge zur Geschichte und Kultur der Juden in der Schweiz, Band 13, Chronos Verlag, Zürich 2008.

Erler, Hans (Hg.): Erinnern und Verstehen. Der Völkermord an den Juden im politischen Gedächtnis der Deutschen, Campus Verlag, Frankfurt am Main 2003.

Gerson, Daniel: Öffnung und Anerkennung seit den 1980er Jahren, in: René Bloch, Jacques Picard (Hg.): Wie über Wolken. Jüdische Lebens- und Denkwelten der Stadt und Region Bern, 1200–2000. Schriftenreihe des SIG, Beiträge zur Geschichte und Kultur der Juden in der Schweiz, Band 16, Chronos Verlag, Zürich 2014, S. 461–485.

Gerson, Daniel: Pluralisierungen und Polarisierungen. Jüdische Reformbewegungen in der Schweiz 1950–2010, in: Jacques Picard, Daniel Gerson (Hg.): Schweizer Judentum im Wandel. Religion und Gemeinschaft zwischen Integration, Selbstbehauptung und Abgrenzung, Chronos Verlag, Zürich 2014, S. 99–157.

Giltzer, Mechtild: Denkmäler als Medien der Erinnerungskultur in Frankreich seit 1944, Martin Meidenbauer, München 2007.

Grabherr, Eva: Das Gestalten der Erinnerung. Das Beispiel Hohenems, in: Manfred Bosch (Hg.): Alemannisches Judentum. Spuren einer verlorenen Kultur, Edition Klaus Isele, Eggingen 2001, S. 497–503.

Graf, Esther: Die jüdischen Gemeinden Hohenems und Sulz und der Minhag Schwaben, in: S. Manfred Bosch (Hg.): Alemannisches Judentum. Spuren einer verlorenen Kultur, Edition Klaus Isele, Eggingen 2001, S. 12–17.

Gruber, Ruth Ellen: Virtually Jewish. Reinventing Jewish Culture in Europe, University of California Press, Berkeley 2002.

Hall, Stuart: Cultural Identity and Diaspora, in: Jonathan Rutherford (Hg.): Identity. Community, Culture, Difference, Lawrence and Wishaer, London 1990, S. 222–237.

Hanzer, Markus: Krieg der Zeichen. Spurenlesen im urbanen Raum, Verlag Hermann Schmidt, Mainz 2009.

Helle, Horst Jürgen: Soziologie und Symbol. Verstehende Theorie der Werte in Kultur und Gesellschaft. Sozialwissenschaftliche Abhandlungen der Görres-Gesellschaft, Band 5, Dunker&Humbolt, Berlin 1980.

Kotowski, Elke-Vera: Kulturelle Identität und die Metapher von den gepackten Koffern. Ein Rückblick und eine Vorschau, in: Kotowski, Elke-Vera: Das Kulturerbe deutschsprachiger Juden. Eine Spurensuche in den Ursprungs-, Transit- und Emigrationsländern, Band 9 der Reihe Europäisch – jüdische Studien – Beiträge, De Gruyter Oldenburg, 2014, S. 593–602.

Kugelmann, Cilly: Bringschuld, Erbe und Besitz. Jüdische Museen nach 1945, in: Sabine Hödl, Eleonore Lappin (Hg.): Erinnerung als Gegenwart. Jüdische Gedenkkulturen, Philo Verlagsgesellschaft, Berlin 2000, S. 173–192.

Lepsius, M. Rainer: Das Erbe des Nationalsozialismus und die politische Kultur der Nachfolgestaaten des „Großdeutschen Reiches", in: Max Haller, Hans-Jürgen Hoffmann-Nowotny, Wolfgang Zapf (Hg.), Kultur und Gesellschaft. Verhandlungen des 24. Deutschen Soziologentags, des 11. Österreichischen Soziologentags und des 8. Kongresses der Schweizerischen Gesellschaft für Soziologie in Zürich 1988, Campus Verlag, Frankfurt am Main 1989, S. 247–264.

Holländer, Katarina: Die Frage nach der jüdischen Kunst. 60 Jahre „OMANUT, Verein zur Förderung jüdischer Kunst in der Schweiz", in: Jüdische Rundschau, 2001.

Loewy, Hanno (Hg.): Festschrift 20 Jahre Jüdisches Museum Hohenems. 25 Jahre Verein Jüdisches Museum Hohenems, Jüdisches Museum, Hohenems 2011.

Loewy, Hanno: Vorwort, in: Hanno Loewy (Hg.): Heimat Diaspora. Das Jüdische Museum Hohenems, Bucher Verlag, Hohenems 2008.

Macdonald, Sharon: Memorylands. Heritage and Identity in Europe Today, Routledge, London 2013.

Macdonald, Sharon: Museen erforschen. Für eine Museumswissenschaft in der Erweiterung, in: Joachim Baur (Hg.): Museumsanalyse. Methoden und Konturen eines neuen Forschungsfeldes, transkript Verlag, Bielefeld 2010, S. 49–69.

Mahrer, Stefanie: Alemannisches Judentum. Jüdische Nachbarschaften in Elsass, Südbaden und der Schweiz, in: Jacques Picard, Angela Bhend (Hg.): Jüdischer Kulturraum Aargau, hier+jetzt, Baden 2020, S. 29–46.

Maissen, Thomas: Verweigerte Erinnerung. Nachrichtenlose Vermögen und die Schweizer Weltkriegsdebatte 1989–2004, Verlag Neue Züricher Zeitung, Zürich 2005.

Offe, Sabine: Ausstellungen, Einstellungen, Entstellungen. Jüdische Museen in Deutschland und Österreich, Philo Verlagsgesellschaft, Berlin 2000.

Oppenheim, Roy: Vom „Jüdischen Kulturweg" zum Projekt „Doppeltür" in Endingen und Lengnau, in: Jacques Picard, Angela Bhend (Hg.): Jüdischer Kulturraum Aargau, hier+jetzt, Baden 2020, S. 494–501.

Petry, Erik: Gedächtnis und Erinnerung. Das „Pack" in Zürich, Böhlau Verlag, Köln 2014.

Picard, Jacques: Konfliktuelle Vielfalt und sekundäre Pluralisierung. Zum Werte- und Traditionswandel im Schweizer Judentum heute, in: Jacques Picard, Daniel Gerson (Hg.), Schweizer Judentum im Wandel. Religion und Gemeinschaft zwischen Integration, Selbstbehauptung und Abgrenzung, Chronos Verlag, Zürich 2014, S. 11–65.

Picard, Jacques: Über den Gebrauch der Geschichte: Die UEK im Kontext schweizerischer Vergangenheitspolitik, in: Gabrielle Rosenstein (Hg.): Jüdische Lebenswelt Schweiz, 100 Jahre Schweizerischer Israelitischer Gemeindebund (SIG), Chronos Verlag, Zürich 2004, S. 391–405.

Picard, Jacques: Vom Zagreber zum Züricher Omanut 1932 bis 1952. Wandel und Exil einer jüdischen Kulturbewegung, in: Claus-Dieter Krohn, Erwin Rotermund, Lutz Winkler, Wulf Koepke (Hg. i. A. der Gesellschaft für Exilforschung): Exilforschung. Ein internationales Jahrbuch, Band 10, edition text+kritik, München 1992, S. 168–186.

Picard, Jacques: Zur Situation des Schweizer Judentums heute. Neuere Forschungen und das Nationale Forschungsprogramm „Religionsgemeinschaften, Staat, Gesellschaft", in: Schweizerische Zeitschrift für Religions- und Kulturgeschichte, 107. Jahrgang, 2013, S. 98–113.

Pieper, Katrin: Die Musealisierung des Holocaust. Das Jüdische Museum Berlin und das U. S. Holocaust Memorial Museum in Washington D. C. Ein Vergleich, Böhlau Verlag, Köln 2006.

Pieper, Katrin: Resonanzräume: Das Museum im Forschungsfeld Erinnerungskultur, in: Joachim Baur (Hg.): Museumsanalyse. Methoden und Konturen eines neuen Forschungs- feldes, transkript Verlag, Bielefeld 2013, S. 187–212.

Poehls, Kerstin: Europe Blurred. Migration, Margins and the Museum, in: Culture Unbound, Band 3, 2011.

Rosenstein, Gabrielle (Hg.): Jüdische Lebenswelten. 100 Jahre Schweizer Israelitischer Gemein- debund (SIG), Chronos Verlag, Zürich 2004.

Rothmüller, Aron Marko: Die Musik der Juden. Versuch einer geschichtlichen Darstellung ihrer Entwicklung und ihres Wesens, Pan Verlag, Zürich 1951.

Rueß, Karl-Heinz (Hg.): Jüdisches Museum Göppingen in der Alten Kirche Jebenhausen. Veröf- fentlichungen des Stadtarchivs Göppingen, Band 29, Anton H. Konrad Verlag, Weissen- horn 1992.

Sadowski, Piotr: From Interaction to Symbol. A Systems View of the Evolution of Signs and Communication. Iconicity in Language and Literature, Volume 8, John Benjamins Publi- shing Company, Amsterdam 2009.

Sauerländer, Dominik, Wiederkehr, Ruth, in Zusammenarbeit mit Epstein-Mil, Ron: Jüdische Lebenswelten im Kanton Aargau 1830–2000, in: Jacques Picard, Angela Bhend (Hg.): Jüdischer Kulturraum Aargau, hier+jetzt, Baden 2020, S. 254–294.

Scholze, Jana: Kultursemiotik. Zeichenlesen in Ausstellungen, in: Joachim Baur (Hg.): Muse- umsanalyse. Methoden und Konturen eines neuen Forschungsfeldes, transkript Verlag, Bielefeld 2010, S. 121–148.

Scholze, Jana: Medium Ausstellung. Lektüren musealer Gestaltung in Oxford, Leipzig, Amsterdam und Berlin, transcript Verlag, Bielefeld 2004.

Spickernagel, Ellen: Präsentationsformen der Postmoderne, in: Ekkehart Nuissl, Ulrich Paatsch, Christa Schulze (Hg.): Wege zum lebendigen Museum. Museen und Kunstvereine als Orte kultureller Bildung. Tagungsberichte, Band 5, Arbeitsgruppe für Empirische Bil- dungsforschung, Heidelberg 1987.

Stehr, Johannes: Normierungs- und Normalisierungsschübe. Zur Aktualität des Foucaultschen Disziplinbegriffs, in: Roland Anhorn, Frank Bettinger, Johannes Stehr (Hg.): Foucaults Machtanalytik und soziale Arbeit. Eine kritische Einführung und Bestandsaufnahme, VS Verlag für Sozialwissenschaften, Wiesbaden 2007, S. 29–40.

Sulzenbacher, Hannes: Zyklische Zeit. Die Darstellung von Religion im Jüdischen Museum Hohenems, in: Neues Museum. Die österreichische Museumszeitschrift, Band 18/3, 2018.

Welzer, Harald, Giesecke, Dana: Das Menschenmögliche. Zur Renovierung der deutschen Erin- nerungskultur, edition Köber-Stiftung, Hamburg 2012.

Wiesemann, Falk: Antijüdischer Nippes und populäre „Judenbilder". Die Sammlung Finkenstein, Klartext Verlag, Essen 2005.

Wieviorka, Olivier: Divided Memory. French Recollections of World War II from the Liberation to the Present. Translated by George Holoch, Stanford University Press, Stanford 2012.

Ziegler, Meinrad, Kannonier-Finster, Waltraud: Österreichisches Gedächtnis. Über Erinnern und Vergessen der NS-Vergangenheit, Böhlau Verlag, Wien 1993.

Index

www.ingramcontent.com/pod-product-compliance
Lightning Source LLC
Chambersburg PA
CBHW070408100426
42812CB00005B/1670